国家社科基金项目资助（项目名称：社会转型期壮族民间文化变迁研究，

项目批准号：10CSH019；结项证书号：20161180）

社会转型期壮族民间文化变迁研究

吴德群 著

中国社会科学出版社

图书在版编目（CIP）数据

社会转型期壮族民间文化变迁研究／吴德群著 . —北京：中国社会科学
出版社，2017.6

ISBN 978 - 7 - 5203 - 0448 - 1

Ⅰ.①社⋯　Ⅱ.①吴⋯　Ⅲ.①壮族—俗文化—研究—中国　Ⅳ.①K281.8

中国版本图书馆 CIP 数据核字（2017）第 117327 号

出 版 人　赵剑英
责任编辑　赵　丽
责任校对　闫　莘
责任印制　王　超

出　　　版　中国社会科学出版社
社　　　址　北京鼓楼西大街甲 158 号
邮　　　编　100720
网　　　址　http://www.csspw.cn
发 行 部　010 - 84083685
门 市 部　010 - 84029450
经　　　销　新华书店及其他书店

印　　　刷　北京明恒达印务有限公司
装　　　订　廊坊市广阳区广增装订厂
版　　　次　2017 年 6 月第 1 版
印　　　次　2017 年 6 月第 1 次印刷

开　　　本　710 × 1000　1/16
印　　　张　19.5
插　　　页　2
字　　　数　319 千字
定　　　价　79.00 元

目　　录

第 一 章

引　言

一　研究缘起与研究的问题

　　笔者之所以研究壮族民间文化变迁这一问题，主要有三个缘由。一是源于笔者对壮族山歌文化的好奇及对其衰落的惋惜，也是笔者对壮族山歌文化思考的自然延伸；二是出于感动和对壮族人的感激；三是源于对壮族民间文化历史贡献及其现实处境的思考。

　　先说第一个缘由。笔者对壮族山歌产生好奇，始于 2003 年。当时，笔者在广西师范大学攻读硕士研究生，住在大学生公寓城。一天，突然从宿舍里飘出一阵熟悉而又陌生的歌声：是几个同学在合唱。之所以说熟悉，是因为笔者曾经听过此歌；之所以说陌生，是因为笔者当时怎么也想不起那究竟是什么歌。经过吃力的记忆搜索，笔者才想起原来那歌就是小时候看过的电影《刘三姐》中的插曲《山歌好比春江水》。① 突如其来的歌声让笔者倍感兴奋和惊喜。笔者如梦初醒般地意识到，原来自己竟身处具有"歌海"美誉的壮乡。久违的歌声不仅激活了笔者关于壮族山歌的美好回忆，还激发了笔者对壮族山歌的好奇。正是那阵偶然的歌声，使笔者开始关注山歌。

---

　　① 根据林雪娜、何振强的查证，《山歌好比春江水》并不是 1961 年在全国上映的电影《刘三姐》中的歌曲，而是 20 世纪 60 年代创作的广西民间歌舞剧《刘三姐》的序曲和主题曲。林雪娜、何振强认为，尽管 20 世纪 70 年代广西民间歌舞剧《刘三姐》被拍摄成舞台艺术，但是由于电影《刘三姐》影响更加广泛，因而造成很多人误认为《山歌好比春江水》是电影《刘三姐》的插曲。参见林雪娜、何振强《刘三姐寻源：〈山歌好比春江水〉词曲原创在哪?》，《广西政协报》2011 年 4 月 30 日第 001 版。这或许也是笔者有上述记忆的原因。

那时，桂林七星公园旁边，有一个小歌圩。笔者对山歌实况的体验，就是从身临这个歌圩开始。每逢星期天，都会有一些老人到歌圩对唱山歌或听歌。老人们多来自桂林市周边的村子。他们通常都自带凳子，三五成群，一大早步行到歌圩，天黑时又步行回家。当笔者真正在歌圩中听到山歌的时候，才知道山歌并不像电影《刘三姐》中的山歌那么好听。因为，就笔者听来，山歌不仅调子单一，没有乐器伴奏，更主要的原因是，笔者根本听不懂山歌。但老人们对山歌的热情和痴迷，却感染着笔者，并激发了笔者试图探寻山歌奥秘和理解山歌魅力的冲动。与其说笔者是对山歌感到好奇，不如说是对这些唱歌的老人们感到好奇。

硕士毕业后，笔者留在壮乡百色工作。2007年大年初一，笔者到百色市森林公园游玩，一进公园，就被公园中对唱山歌的"歌海"场面所震撼。成百上千的对歌人聚满了整个公园。歌声此起彼伏，热闹非凡。第一次亲临歌海，笔者不仅目睹了"歌海"的盛况，而且感受到壮族山歌与壮族人的密切关系。带着对壮族山歌与壮族人关系的思考，笔者在博士论文选题的时候，选择了壮族山歌与人的社会化这一论题。

在研究壮族山歌的过程中，随着对壮族山歌认识的逐渐加深，笔者对壮族山歌及唱歌者的好奇感逐渐淡化，随之增强的却是对壮族山歌文化逐渐衰落的惋惜。因为，在观察和访谈过程中，笔者感到山歌已渐行渐远。年轻人，尤其是少年儿童不仅已不会唱山歌，甚至已听不懂山歌。笔者在调查研究中所听见的多数已是老人们关于山歌生活的昔日回忆！美好的回忆，一方面令言者怀想留恋，另一方面也令听者惋惜。

作为壮族民间文化典型的壮族山歌的衰落，在令笔者惋惜的同时，也引起了笔者的思考：在商业大潮和全球化浪潮的冲击下，在壮族社会结构急剧转型的当下，壮族民间文化处境究竟如何？

再说第二个缘由。思考壮族民间文化变迁，一个重要原因还在于笔者对壮族人民充满感激。自2003年至今十余年，笔者绝大部分时间生活在广西，生活在壮乡。在壮乡，笔者获得了攻读硕士研究生的机会；硕士毕业后，又在壮乡获得了工作机会，成为一名高校教师，成就了笔者的教师梦；在壮乡，笔者以少数民族骨干人才的身份，获得了攻读博士学位的机会；在壮乡，笔者获得了专业技术高级职称；也是在壮乡，笔者的妻子不仅攻读了硕士研究生，而且成为一名工作在壮乡的大学教师。壮乡人民巨大的恩惠让笔者满怀感激。不仅如此，长时间的壮乡生活，还让笔者深切感受到了壮乡人民的真诚朴实，热情乐观，勤劳坚强，自信包容，并为之深深感动。

2008年大年初一，或许是当时笔者的母亲卧病在床，笔者却与妻女留在百色，没能回家团聚；或许是身在异乡，佳节思亲的缘故，笔者的心情有些沉重。吃午饭的时候，突然有人敲门，笔者打开门，原来是一位阿姨来给我家送粽子！三个粽子，大大的，沉甸甸的，热乎乎的，笔者至今难忘。笔者接过粽子，心中顿时充满了温暖，感动得不知所措！

2009年3月，笔者到那坡县果巴村作关于壮族山歌的入户访谈，当时就住在笔者的学生家里。其间，不仅得到学生家长的细心关照和热情款待，也得到了果巴村民的热情支持。入户访谈时，每到一家，主人都会热情地端上一碗自酿米酒给笔者喝。访谈结束时，学生的家长为了给笔者饯行和答谢各位被访者，将笔者访谈过的邻居们一起请到家里吃午饭。饭间，无论男女长幼，都相互对歌饮酒助兴。伴着歌声和笑声，午饭从中午12点左右开始，到下午3点多才结束。临别时，邻居们共同举杯，向笔者敬酒，并以歌辞别：

再见了

东家祖宗

我俩暂离别

以后再相见

再见了

东家父母

我俩暂离别

以后再相见

再见了同桌同排

我俩今日暂分别

今日分别各两方

不知哪年再相见

别了，老师，暂别了

莫嫌我们家里穷

多住几天你再走

不要忘记我们啊

以后有机会再来

暂别了，亲朋好友

以后有机会再来①

看着门外高耸绵延的群山，想着唱歌者的常年辛苦劳作和他们山一般的坚强，感受着他们的热情、朴实、善良与真诚，听着这悠长高亢并带几分伤感的旋律，笔者感动得热泪盈眶！

这些感激与感动，都是从壮乡人那里获得的，是从壮族独特的民间文化中感受到的。正是这种感动与感激的驱动，笔者才为这些美好民间文化的衰落感到焦虑和不舍。正是这种不舍，驱使着笔者思考壮族民间文化的变迁。

之所以研究转型期壮族民间文化的变迁问题，还有第三个缘由，那就是在壮族历史发展过程中发挥过重要作用的壮族民间文化正面临着衰落的挑战。壮族是中国人口数量最多的少数民族。历史上，壮族民间文化在壮族人民反抗阶级剥削和民族压迫，抵御外敌入侵和维护祖国统一，维护民族团结，促进社会和谐和保护生态环境过程中，都发挥了重要作用。新时期，壮族民间文化又在促进社会主义两个文明建设中发挥了重要作用。然而，在社会转型期，由于经济全球化的日益加深，尤其是由于中国—东盟自由贸易区的兴建和泛北部湾开发步伐的加快，壮族社会由传统的文化边缘被推向全球文化交融的前沿，壮族民间文化受到前所未有的挑战和冲击。在此背景下，关注壮族民间文化的变迁，理解壮族民间文化变迁的规律，把握壮族民间文化变迁的动力、方向、过程、趋势，思考引导壮族民间文化变迁的对策，迫在眉睫。

基于上述缘由和背景，本书努力思考和试图回答：社会转型期，壮族民间文化发生了怎样的变迁？壮族民间文化变迁具有怎样的特征？壮族民间文化变迁的动力何在？壮族民间文化变迁经历了怎样的过程？壮族民间

---

① 吴德群：《壮族山歌与人的社会化——以认知和情感为视角》，人民出版社 2015 年版，第 138 页。

文化变迁的趋势怎样？壮族民间文化变迁产生了怎样的社会影响？国家和地方政府在引导壮族民间文化变迁过程中面临哪些困难？应该怎样引导壮族民间文化变迁？

二　概念界定与理论基础

（一）概念界定

本书涉及以下主要概念：社会转型与社会转型期，广西、壮族与壮族地区，民间文化、壮族民间文化和文化变迁。

1. 社会转型与社会转型期

就国内而言，郑杭生先生是较早界定社会转型概念的学者。他关于社会转型的表述是"'社会转型'，是一个有特定含义的社会学术语，意指社会从传统型向现代型的转变，或者说由传统型社会向现代型社会转型的过程，说详细一点，就是从农业的、乡村的、封闭的半封闭的传统型社会，向工业的、城镇的、开放的现代型社会的转变"[①]。这一概念有三层含义。一是经济发展模式的转变，指社会的生产模式由传统的农业经济向现代工业经济转变，概括的理解即工业化；二是生活方式的转变，指社会生活由传统的乡村生活方式向现代城市生活方式转变，即城市化；三是社会关系性质的转变，指社会结构的不同地位或不同阶层之间的关系由传统的封闭关系向现代的开放关系转变，社会流动——尤其是社会成员的向上流动——渠道更加畅通。

郑杭生先生认为，中国社会转型正式开始于1840年的鸦片战争。迄今为止，中国社会转型经历了三个阶段。第一阶段是从鸦片战争到新中国成立（1840—1949年）；第二阶段是从新中国成立到改革开放（1949—1978年）；第三阶段是从改革开放至今（1978年至今）。郑杭生先生同时认为，中国社会转型的三个阶段具有不同的特点，即具有不同的"社会转型度"。社会转型度，是郑杭生先生提出的用来理解社会转型特点的概念，包括社会转型的速度、广度、深度、难度和向度五个维度。运用上述

[①]　郑杭生：《改革开放三十年：社会发展理论和社会转型理论》，《中国社会科学》2009年第2期。

五个维度，郑杭生先生对中国社会转型的三个阶段进行了比较认为，较前两个转型阶段，第三个阶段的转型具有快速、全面、深层、利益大、调整难、建设难等特征。其价值向度是探索中国特色社会主义现代化道路和模式。因此，他将第三阶段也称为"社会转型加速期"。①

尽管郑杭生先生没有明确说明社会转型期的确切内涵，但从他关于社会转型内容和表现的分析中，可以清楚地看出，社会转型期实际上就是特指 1978 年以来，即改革开放至今这一时期。"与改革开放前，即 1979 年前相比，二十多年来，中国大陆社会的利益格局、社会关系、次级制度、价值观念、生活方式、文化模式、社会控制机制、社会承受能力等等方面都发生了巨大的变化。……从社会学视角看，这也是中国社会转型在各个方面的表现。"② 这段表述表明，社会转型，实际上指的就是改革开放以来的中国社会转型。相应地，社会转型期指的就是改革开放至今，中国社会加速转型这一特定阶段。

本书中的社会转型期，指的就是改革开放以来的中国"社会转型加速期"。

2. 广西、壮族与壮族地区

广西，是一个行政区划概念，即广西壮族自治区。广西壮族自治区地处中国西南，位于东经 104°28′~112°04′，北纬 20°54′~26°23′，南接北部湾，与海南省相邻，东邻广东省，东北接湖南，西北邻贵州，西邻云南，西南与越南人民共和国接壤。行政区域总面积 23.6 万平方千米。广西壮族自治区内有壮、汉、瑶、苗、侗、仫佬、毛南、仡佬、回、京、彝、水等多个民族。③

广西历史悠久。秦朝时期，广西属布政司，设桂林郡，下辖桂林府、柳州府、庆远府、思恩府、泗城府、平乐府、梧州府、浔州府、南宁府、太平府、镇安府、玉林府 12 府；唐朝时，广西属岭南道，分设岭南西道。宋朝设广南西路。元朝先设广西等道宣慰司，隶属湖广行省，后设广西等

---

① 郑杭生：《社会转型论及其在中国的表现——中国特色社会学理论探索的梳理和回顾之二》，《广西民族学院学报》2003 年第 5 期。
② 同上。
③ 何成学、樊东方：《广西改革开放手册》，广西人民出版社 1998 年版，第 1—2 页。

处行中书省。明朝洪武九年设广西布政使司。①

从空间上看，清朝时期，广西属京师布政使司。所辖疆域东至桂林府灌阳县，与湖南永州接壤，西至泗州府西隆州，与贵州普安相邻；南至梧州府岑溪县，与广东信宜交界，北至桂林龙胜县，与湖南城步县相邻；东南至梧州怀集县凤岗堡；西北至桂林龙胜与湖南相邻；东北至全州与湖南东安相邻。西南至太平府思陵土州接交趾高楼夷州、西陵县与云南广南相邻；镇安府与云南富州相邻。东西相距2920里，南北相距1465里。②至嘉庆二十五年，广西疆域除怀集县今改属广东，今北海、钦州、合浦、防城、浦北、灵山和邕宁等市县（自治县）当时属广东而不属今广西外，与今广西疆域基本相同。民国时期疆域与清朝基本相同。但设置有所简化，至民国三十七年，仅有市、县两种设置类型。③

1950年，广西解放。同年2月8日，广西省人民政府成立，下设龙州、百色、桂林、柳州、平乐、南宁、宜山、武鸣、梧州、玉林10个专署和南宁、梧州、桂林、柳州4个市。④

1958年3月5—13日，广西壮族自治区第一届人民代表大会第一次会议召开，3月5日，广西壮族自治区正式成立，撤销广西省建制。⑤首府设在南宁。

2002年年末，广西全区设立南宁、柳州、桂林、梧州、北海、防城港、钦州、贵港、玉林、百色、贺州、河池、来宾、崇左14个地级市，76个县（包括县级市、县和自治县）。⑥

壮族（壮语：Bouxcuengh），是岭南土生土长的民族。壮族由百越人中的西瓯、骆越发展而来。在唐朝，作为一个民族实体，壮族雏形已形

①　（清）谢启昆修，（清）胡虔纂：《广西通志》，广西人民出版社1988年版，第105—112页。

②　沈秉成：《广西省广西通志辑要》（全），成文出版社1967年版，第17页。

③　雷坚：《广西建置沿革考录》，广西人民出版社1996年版，第20—28页。

④　广西壮族自治区档案馆：《广西解放》，广西人民出版社1999年版，第361、458页。

⑤　中共广西区委党史研究室：《广西壮族自治区50年纪事》，广西人民出版社2008年版，第9页。

⑥　廖新华，广西壮族自治区统计局等：《百年广西工业1840—2002》，广西人民出版社2004年版，第73页。

成。北宋侬志高起兵反宋，标志着壮族实体基本形成。在漫长的历史发展过程中，其他民族对壮族有过不同的称谓。自秦至唐，壮族先民曾分别被称为西瓯、骆越、蛮、俚、乌浒、僚等。宋朝之后又出现土人、僮、沙人或沙蛮、侬人、俍等称谓；[①] 新中国成立之后，壮族统称为"僮族"。1965 年周恩来总理建议改"僮"为"壮"，"僮族"改为"壮族"，壮族称谓由此统一。[②]

壮族地区，作为一个概念，较少见完整统一的定义。有关于壮族地区的表述，主要是根据壮族人口的集中程度来划分的。例如，特指广西区内的"壮族地区"表述："指 2002 年广西行政区划未变动前的壮族人口聚居的南宁、柳州、河池、百色四个地区以及南宁、柳州两个市（含市辖县）；2002 年行政区划变动后，按 2005 年行政区划为南宁、柳州、百色、河池、来宾、崇左 6 个市所辖的县、区。简称'壮族地区'。"[③]

上述特指广西壮族自治区内的壮族地区定义，在很大程度上还不能作为壮族地区的一般定义。因为，从人口分布的角度来说，广西尽管是壮族人口聚居最多的地区，但除了广西，其他省份也有壮族人口的大量聚居区。特别是云南和广东，还有贵州、湖南和海南，均有大量的壮族人口聚居。以第六次人口普查数据为例，全国共有壮族人口 16926381 人，全国31 个省（区）、市都有分布。其中，广西的壮族人口为 14448422 人，占全国壮族人口的 85.36%；云南有壮族人口 1215260 人，占壮族总人口的7.18%，广东有壮族人口 877509 人，占壮族人口总数的 5.18%。广西、云南和广东三省的壮族人口占全国壮族总人口的 97.72%。贵州有壮族人口 52577 人，占壮族总人口的 0.31%，湖南有壮族人口 30387，占壮族总人口的 0.18%；海南有壮族人口 45909 人，占壮族总人口的 0.27%。值得强调的是，浙江的壮族人口已达到 72820 人，超过了贵州的壮族人口数量（见表 1—1）。可见，若仅从人口比重来看，壮族地区至少应该包括广西、云南和广东。

---

① 张声震：《壮族通史》（上、中、下），民族出版社 1997 年版，第 282—294、575—581 页。

② 黄现璠、黄增庆、张一民：《壮族通史》，广西民族出版社 1988 年版，第 46 页。

③ 肖永孜：《壮族人口》，广西人民出版社 2008 年版，第 268 页。

表 1—1　　　　　　全国壮族人口分布（第六次人口普查数据）

地区	人口数量	地区	人口数量
全国	16926381	河南	5361
北京	14994	湖北	12240
天津	6123	湖南	30387
河北	17295	广东	877509
山西	2007	广西	14448422
内蒙古	2319	海南	45909
辽宁	4285	重庆	4634
吉林	1547	四川	10050
黑龙江	2070	贵州	52577
上海	16219	云南	1215260
江苏	20880	西藏	173
浙江	72820	陕西	3555
安徽	6998	甘肃	1647
福建	29696	青海	980
江西	7979	宁夏	977
山东	5822	新疆	5646

注：本表数据来源于国务院人口普查办公室、国家统计局人口和就业统计司编：中国 2010 年人口普查资料第一卷，概要 1—6：各地区分性别、民族的人口。

　　民族区域，作为一个民族学概念，除了要考虑民族人口分布的状况外，还应考虑民族文化在地理空间上的历史稳定性。在这一点上，壮族地区的划分，可以从壮族文化的区域分类中得到启发。梁庭望教授认为，壮族人口分布区域广大，具有跨省而居的特点，因而形成了区域性文化。梁教授将壮族文化区域划分为 9 个板块：红水河中下游文化区、柳江龙江文化区、桂西北文化区、桂粤湘文化区、邕江右江文化区、左江文化区、邕南文化区、桂边文化区和文山文化区。① 文化区及其所属范围详见表1—2。

---

① 梁庭望：《壮族文化概论》，广西教育出版社 2000 年版，第 20—23 页。

表1—2   壮族文化的 9 个区域板块

文化区类型	文化区范围
红水河中下游文化区	桂平、武宣、贵港、上林、马山、都安、来宾县红水河以南
柳江龙江文化区	象州、荔浦、阳朔、永福、鹿寨、柳州市、柳江、来宾、忻城、宜山、合山
桂西北文化区	龙胜、三江、融水、融安、罗城、环江、南丹、天峨、东兰
桂粤湘文化区	贺县、钟山、富川、恭城、广东连山、湖南江华
邕南文化区	邕宁南、扶绥、上思、防城、钦州、灵山、合浦
邕江右江文化区	横县、宾阳、邕北、武鸣、隆安、平果、田东、田阳、百色
左江文化区	崇左、宁明、凭祥、龙州、大新、天等、德保、靖西、那坡
桂边文化区	田林、西林、隆林、凌云、凤山、乐业等县
文山文化区	富宁、广南、邱北、砚山、西畴、文山、麻栗坡、马关

注：本表根据梁庭望教授关于壮族文化区域类型的划分整理。梁庭望：《壮族文化概论》，广西教育出版社 2000 年版。

从梁庭望教授关于壮族文化的区域划分可以看出，9 个壮族文化板块跨越了广西、云南、广东和湖南四省区。除了文山文化区属云南、桂粤湘文化区部分在广东和湖南外，其余 7 个文化区均在广西境内。

综合壮族人口分布和壮族文化的区域特点两个方面，本书的壮族地区指的是广西壮族人口较为集中的地区及云南的文山文化区、桂粤湘文化区中的广东连山和湖南江华一带的壮族人口聚集区。

3. 民间文化与壮族民间文化

民间，按照钟敬文先生的理解，"指民众中间，它对应官方而言，概而言之，除统治集团机构以外，都可称作民间。它的主要组成部分，是直接创造物质财富和精神财富的广大中、下层民众"[1]。与这种社会分层相对应，钟先生将中国传统文化分为三类：封建地主阶级创造和享有的上层文化，城市商业市民创造和享有的中层文化和广大农民创造和享有的底层文化。[2] 按此理解，民间应包括城市商业市民和农民两个社会阶层，而民间文化指的是城市商业市民阶层的文化和农民阶层的文化。在后来的研究

---

[1]　钟敬文：《民俗学概论》，上海文艺出版社 2009 年版，第 2 页。

[2]　钟敬文：《话说民间文化》，人民日报出版社 1990 年版，第 3 页。

中，文化分类的概念被调整，钟先生的三类文化概念分别被精英文化、大众文化和民间文化概念所取代，相应地，民间文化的外延缩小，仅指"广大农民所创造和传承的文化"。①

本书中的壮族民间特指壮族农民，而壮族民间文化，特指壮族农民所创造、实践和传承的传统文化。

但从外延上看，壮族民间文化却非常广泛。从既有文献来看，民间文化通常被归入民俗学范畴，民间文化的分类也因此与民俗事象的分类相一致。参照民俗学对民俗事象的分类，民间文化相应地可划归为四类：民间物质文化、民间社会文化、民间精神文化和民间语言文化。其中，民间物质文化主要包括民间生产、民间商贸、民间饮食、民间服饰、民居、民间交通和民间医药保健，即民间物质生产和物质生活；民间社会文化包括民间组织、民间社会制度、岁时节日和民间娱乐；民间精神文化主要包括民间信仰、民间巫术、民间哲学伦理和民间艺术；民间语言文化主要包括民间语言和民间文学。②

鉴于壮族民间文化包含了不同的文化层面，涉及不同的文化特质，而不同层面和不同特质的文化，变迁规律不尽相同，例如，物质文化和精神文化在变迁的速度上就存在差异，因此，本书在论及壮族民间文化变迁的不同问题时，为了论述方便，通常会以壮族民间文化的某个层面或特质为例进行说明。

4. 文化变迁

文化变迁是人类学和社会学共同关心的问题。由于二者所理解的文化概念不同，因而理解文化变迁的角度也有差异。人类学将人类活动的几乎一切方面都称为文化。典型代表就是英国人类学家泰勒（Edward Burnett Tylor）。泰勒将文化理解为"一个复杂的整体，它包括知识、信仰、艺术、道德、法律、风俗以及作为社会成员的人所具有的其他一切能力和习惯"③。在人类学那里，社会被包含在文化之中："社会群体以及各社会群

---

① 高丙中：《精英文化、大众文化、民间文化：中国文化的群体差异及其变迁》，《社会科学战线》1996 年第 2 期。

② 钟敬文：《民俗学概论》，上海文艺出版社 2009 年版，第 5—6 页。

③ ［英］泰勒：《原始文化》，蔡江浓编译，浙江人民出版社 1988 年版，第 1 页。

体之间的关系"都被"看成是文化的"①。因此，人类学的文化变迁有时也叫社会文化变迁，指的是"一个民族生活方式上发生的任何改变"②。

社会学强调社会与文化的区别与联系，将社会理解为按照一定模式进行互动的人群，将文化理解为人们互动的规则和意义。尽管社会学关于文化变迁的定义与人类学没有明显区别，但在理解的角度上，则采用社会学的视角，即用社会结构和社会过程来观察和理解文化的变化。借用司马云杰先生的表述，文化变迁就是"凡文化特质的增量或减量所引起的文化系统结构、模式、风格的变化"③。本书也是在这一意义上使用文化变迁的。

（二）理论基础

本书主要以马克思、恩格斯关于文化和文化变迁的历史唯物论为理论基础，同时借鉴了文化社会学和人类学的相关观点。马克思、恩格斯关于文化和文化变迁的基本原则包括以下两点。①历史的现实基础是物质资料的生产，以及由物质资料的生产所决定的交往关系。我们必须从这种物质生产过程及物质关系出发，去理解文化，即"从市民社会出发阐明意识的所有各种不同理论的产物和形式，如宗教、哲学、道德等等"④。②在动力上，文化变迁既源于结构的力量，又源于群体和个体的能动力量，是二者共同作用的结果。对于个体而言，他们不仅是物质资料的生产者，而且还是文化的生产者。⑤ 本书借鉴的文化社会学和人类学的观点包括：文化的生产与变迁，与社会群体的利益和互动相关，群体结构和群体关系的变化，都影响文化的变化；⑥ 文化变迁是一个既有增长又有衰败的辩证过

---

① ［美］马文·哈里斯：《文化人类学》，李培茱等译，东方出版社 1988 年版，第 8 页。

② ［美］克莱德·M. 伍兹：《文化变迁》，何瑞福译，河北人民出版社 1989 年版，第 3 页。

③ 司马云杰：《文化社会学》，华夏出版社 2011 年版，第 317 页。

④ 中共中央马克思恩格斯列宁斯大林著作编译局：《马克思恩格斯选集》（第一卷），人民出版社 1995 年版，第 92 页。

⑤ 同上书，第 72—73 页。

⑥ ［美］约翰·R. 霍尔、玛丽·乔·尼兹：《文化：社会学的视野》，商务印书馆 2002 年版，第 360—366 页。

程；等等。①

在研究内容的逻辑安排上，本书部分借鉴了史蒂文·瓦戈（Steven Vago）关于社会变迁的操作性定义及由之展开的相关问题。瓦戈关于社会变迁的定义规定了社会变迁研究的五个方面的内容：变迁特征（identity），即什么发生了变迁。变迁层面（lever），即变迁发生在社会结构的哪个层次，是个体层次，还是群体或组织层次。持续时间（duration），变迁的程度（magnitude）和变迁的速度（rate）。② 瓦戈以这一概念为出发点，提出了社会变迁研究要回答的若干问题。这些问题主要包括社会变迁的来源（或动力）、社会变迁的反应、影响和代价、社会变迁的评价及策略等。③

三　研究方法与内容结构

（一）研究方法

本书主要采用定量研究与质性研究相结合的实证研究方法。定量研究方面，一是在 2013 年春节期间，针对壮族山歌，课题组组织壮族学生，做了题为"社会转型期壮族山歌文化变迁"的抽样问卷调查。调查由课题组负责人和课题组主要成员组织和指导，采用分层随机抽样和整群抽样相结合的方法，随机抽取了 600 名会唱山歌的壮族人。调查采用结构式访问的方式，共发放问卷 600 份，回收问卷 580 份，有效问卷 547 份，问卷有效率为 91.2%。样本不仅涵盖了广西的南宁、百色、柳州、桂林、河池、贵港、钦州、防城港和来宾 9 个地区，还重点突出了南宁、百色、柳州、河池和来宾等壮族人口主要聚集地。样本结构中女性占 53%，男性占 47%，性别结构基本平衡。关于壮族山歌文化的问卷调查，为本书分析壮族民间文化变迁的动力和特征，提供了充分的例证材料。

---

① ［美］威廉·费尔丁·奥格本：《社会变迁——关于文化和先天的本质》，王晓毅等译，浙江人民出版社 1989 年版，第 3 页。

② ［美］史蒂文·瓦戈：《社会变迁》，王晓黎等译，北京大学出版社 2007 年版，第 8 页。

③ 同上。

定量研究的第二种路径是利用《广西统计年鉴》的相关统计数据。这些数据是本书分析壮族社会转型的主要依据。

在针对壮族山歌进行问卷调查的基础上，2013年国庆节期间，课题组又组织了题为"社会转型期壮族民间文化变迁"的个案访谈。参与访谈的人员主要是在校大二和大三的壮族学生。访谈提纲由课题负责人负责设计。访谈之前统一组织调查员熟悉和准确理解访谈提纲的内容，并对调查员进行了技术培训和纪律要求。此次访谈要求这些壮族调查员，利用国庆七天假期时间，回家找自己的父母、祖辈或熟悉的中年或老年人进行访谈，访谈对象必须是壮族人，访谈时间不低于2个小时。从访谈的结果来看，此次访谈47人，访谈对象主要为壮族中老年农民（48—83岁），访谈遍及百色、河池、南宁、来宾、贵港、防城港、钦州和崇左8个地区。利用壮族学生回家访谈自己亲近或熟悉的人，避免了陌生人访谈的不足，提高了访谈的信度和效度。这些访谈资料为全面把握壮族民间文化变迁的现状及特征，提供了充分依据。

2015年7—8月和2016年4月，为了深入了解壮族地区各级政府在壮族传统文化保护和创新方面制定的政策和采取的措施及遇到的困难，课题组先后到广西的乐业县文化馆、乐业县甘田镇镇政府及甘田镇四合村壮族龙灯舞文化传承基地、柳州市文化新闻出版广电局、柳州市艺术剧院、柳州市群艺馆和柳州市鱼峰区文化体育和新闻出版局、河池市文化广电新闻出版体育局、桂林市文新广局非遗科和艺术科、阳朔县文联、武鸣县文化广播影视和体育局、武鸣县民族局、平果县文化和广电局、田阳县文化和体育局、云南省富宁县文化局、富宁县县委宣传部、百色市文化和新闻出版广电局非遗保护中心、百色市民族歌舞团（文化传承基地挂牌单位）、田林县文化和体育广电局及田林县非物质文化遗产保护中心，进行了专题访谈并请求提供了相关资料。

为了从整体上把握壮族民间文化变迁，弥补前期调查的不足，在2015年国庆期间，课题组又组织开展了"社会转型期壮族民间文化变迁问卷调查"，本次调查重点突出了调查空间的完整性和调查内容的完备性。首先是保证调查空间的完整性。本次调查同时在红水河中下游文化区、柳江龙江文化区、桂西北文化区、桂粤湘文化区、邕江右江文化区、左江文化区、邕南文化区、桂边文化区和文山文化区9个壮族文化区进行。在抽样方法上，调查采用了分层抽样和整群抽样相结合的方法。分层抽样一方面体现在此次抽样的样本覆盖了上述壮族 9 个文化区；另一方面体现在每一个文化区内的调查选点。在每一个文化区内，首先随机选择两个市或县，再分别在每个市县整群选取 1—2 个村或镇。在选择村镇时，我们参照的标准是距离当地中心城市的相对距离。我们认为，距离城镇较近的地方经济社会发展水平相对较高，民间文化受到的影响相对较大；而距离城镇相对较远的地方，经济社会发展水平相对较低，民间文化受到的影响相对较小。之所以采取整群抽样，是因为在上述分层条件下，村落间的差异较小。

其次是保证调查内容的完整性。此次调查涵盖了壮族民间文化的所有主要方面，包括壮族民间物质文化、民间社会文化、民间精神文化和民间语言文化四个层面。在每个具体文化层面，又涵盖了壮族民间文化的主要特质。在问卷设计上，我们在保证全面调查壮族民间文化变迁的同时，还重点突出了壮族民间文化的特色内容，如壮族民间物质文化中的干栏建筑、壮族服装、壮族医药；民间社会文化中的壮族家族关系、婚俗、丧葬习俗、三月三、农历七月十四等节日习俗；民间精神文化中的宗教信仰和民间禁忌、壮剧；民间语言文化中的壮语使用（壮族山歌是壮族民间语言文化中的重要内容，课题组于 2013 年春节期间对壮族山歌文化的变迁做了专题调查）。本次调查共发放问卷 900 份（每个文化区 100 份，每个调查点 50 份），回收问卷 812 份，问卷回收率为 90.2%，有效问卷 734 份，问卷有效率为 90.4%。样本中，男性 386 人，占样本的 52.59%；女性 348 人，占样本的 47.41%，性别结构基本平衡（见表 1—3）。样本的年龄结构方面，本次调查对象均在 30 岁（30 岁的个体虽然在改革开放以后出生，但改革开放初期的壮族民间文化变迁尚不明显，还具有改革开放以前的特征，因此本书也将这一年龄群体作为调查的对象）以上。样本的平均年龄约为 52 岁，最小年龄 30 岁，最大年龄 101 岁，年龄标准差约 13 岁（见表 1—4）。从年龄结构上看，样本较好地覆盖了改革开放前后的各个主要年龄群体，结构较为完整，代表性较好。

表 1—3　　　　　　　　　　　　样本的性别结构

性别	频次	百分比（%）
男	386	52.59
女	348	47.41
总计	734	100.0

表 1—4　　　　　　　　　　　　样本的年龄结构

样本容量	有效个案	734
	缺失值	0
均值（岁）		51.99
标准差（岁）		12.944
最小年龄（岁）		30
最大年龄（岁）		101

　　在进行问卷调查的同时，课题组还对每个文化区的壮族民间文化典型特质的变化和当地政府实施的保护情况进行了深度访谈，从访谈涉及的壮族文化特质的区域分布来看，有红水河中下游文化区中的武宣正月初六八仙姑娘庙会；柳江龙江文化区中的永福彩调、柳州鱼峰歌圩、忻城三月三歌圩、春节唱壮戏；桂西北文化中的环江春节抛绣球、板鞋、端午节分龙节、东兰铜鼓节、蚂（虫另）节；邕南文化区中的扶绥三月三歌圩、竹竿舞；邕江右江文化区中的横县三月三对歌、端午节龙舟赛、武鸣三月三歌圩、平果嘹歌、田阳三月三百育镇敢壮山祭祖；左江文化区中的龙州县四月十三歌圩节、天琴文化艺术节、德保靖西的三月三山歌比赛、那坡县的黑衣壮山歌；桂边文化区中的田林壮剧、西林大年初三的山歌比赛、凤山的三月三歌圩、五色糯米饭展、乐业的龙灯舞；文山文化区中的富宁县壮剧、陇端节、坡芽山歌；等等。访谈在关注各地特色文化变迁和保护的同时，还重点突出了对转型期壮族民间文化变迁过程中壮族民间个体的社会适应状况和适应策略的关注。访谈对象根据两类特征进行选择，一是一直居住在壮族农村的壮族个体，二是有进城工作或生活经历的壮族个体。在访谈中，我们分别问及变迁对这两类个体的影响及各自适应变迁的过程

和策略。

此外，本书还利用了 2009—2012 年课题负责人所做的有关壮族山歌文化的非参与观察、参与观察和访谈资料。

在采用实证方法的同时，我们还收集和整理了关于文化变迁和壮族民间文化研究的理论文献，对这些文献的分析和归纳，构成了本书的基础。

在具体分析时，本书多采用了历史比较的方法。通过历史文献与实证资料的比较，有效地呈现了壮族民间文化变迁的广度、深度和过程。

（二）内容结构

本书共有九章。第一章为引言。第二章是文献回顾，系统回顾和梳理了文化变迁理论；回顾了壮族民间文化研究的学术史和转型期壮族民间文化研究的相关文献。第三章在分析改革开放以来壮族社会转型的基础上，描述了壮族民间文化变迁的现状，概括了壮族民间文化变迁的特征。第四章是壮族民间文化变迁的动力分析，分析了现代性因素——科学技术、工业化、城市化、市场经济和个人能动因素对壮族民间文化变迁的推动作用。第五章分析了壮族民间文化变迁的过程。第六章概括了社会转型期壮族民间文化变迁的趋势。第七章分析了壮族民间文化变迁引起的文化震荡以及壮族民间社会的文化适应。第八章系统梳理了转型期国家和地方政府引导壮族民间文化变迁的实践方式，以及壮族民间社会对这些实践方式的态度。第九章是问题和对策分析，分析了国家和地方政府在保护壮族民间文化，引导壮族民间文化变迁过程中所遇到的困难、存在的问题，提出了引导壮族民间文化变迁的对策。

第 二 章

文献回顾

　　本章回顾并梳理了有关文化变迁的五种理论：宿命论、调适论、建构论、偶发论和历史唯物论，并将宿命论、调适论、建构论和偶发论的理论观点概括综合到历史唯物论的理论框架之中，作为本书的理论基础。本章回顾了壮族民间文化研究的学术史，系统回顾了社会转型期壮族民间文化研究的相关文献。

一　文化变迁理论*

　　文化变迁，既是人类学关注的主题，① 也是社会学研究的核心内容。② 随着研究的深入，已形成了众多理论流派。

　　关于文化变迁理论，已有很多学者进行过类型上的归纳，但基本上是按照各种理论出现的时间先后和观点进行的排列。按照这种分类方式，文化变迁理论通常被划分为不同的流派。如人类学文献通常将文化变迁理论区分为古典进化论学派、传播学派、历史学派、功能学派、心理学派、文化相对论学派、新进化论学派等。③ 而在社会学文献中，大部分做法与人

---

　　* 本节内容作为阶段性研究成果在《百色学院学报》2015 年第 1 期发表。参见吴德群《文化变迁：理论与反思》，《百色学院学报》2015 年第 1 期。

　　① ［美］克莱德·M. 伍兹：《文化变迁》，何瑞福译，河北人民出版社 1989 年版，第 3 页。

　　② ［波］彼得·什托姆普卡：《社会变迁的社会学》，林聚任等译，北京大学出版社 2011 年版，第 5 页。

　　③ ［美］克莱德·M. 伍兹：《文化变迁》，何瑞福译，河北人民出版社 1989 年版，第 1 页。

类学一致，有时还会出现诸如冲突理论、循环理论或马克思主义理论等分类。① 以上分类虽然在一定程度上突出了不同理论的主要特征，但这种罗列式做法，不仅在分类上难以完备，而且不同学科之间分类的差异，很大程度上增加了我们从总体上把握理论的难度。更为重要的是，既有的理论分类很大程度上缺少对当前社会问题的观照。因此，一种更加清晰和更具针对性的分类实为必要。

理论分类，取决于分类标准的选择，标准不同，分类往往也不同。而任何标准的选择，都具有主观性。正如瓦戈（Steven Vago）所说，任何试图将理论分组或归类的做法，或多或少，都带有个人偏见。② 但无论依据什么标准，分类总需满足两点要求，一是完备性，二是互斥性。尽管如此，对于社会科学理论中的分类来说，很大程度上只是理想类型，不同类型之间很多时候都具有相对的意义。如韦伯（Max Weber）关于社会行动类型的划分，就说明了这一点。

基于以上前提，这里拟选择两个维度作为文化变迁理论的分类依据，一是文化变迁的过程，二是文化变迁的动力。依据前者，文化变迁可区分为线性变迁和非线性变迁；依据后者，则可区分为决定论变迁和能动论变迁。线性变迁指这样一种理论取向，即认为文化变迁的轨迹是预定的，变迁的结果是可知或可预测的。非线性变迁指的是变迁的过程具有不确定性，变迁的结果具有随机性。决定论变迁指的是文化变迁由结构性力量推动，人处于被动地位。能动论变迁则意味着在文化变迁过程中，人具有主动性和创造性。

选择以上两个分类标准，理由有二。其一，这两个维度是贯穿几乎所有文化变迁理论的主要线索。变迁理论要回答的共同且基本的问题之一，是变迁的过程或趋势问题。其答案通常位于线性与非线性之间。同时，变迁理论还要回答文化变迁的动力问题，其答案通常也在决定论与能动论之间变化。其二，这两个维度不仅关涉文化变迁理论的基本问题，也关涉当前文化实践的主要问题。这些问题包括：在社会转型和传统文化急剧变迁

① ［波］彼得·什托姆普卡：《社会变迁的社会学》，林聚任等译，北京大学出版社2011年版，第95—147页。

② ［美］史蒂文·瓦戈：《社会变迁》，王晓黎等译，北京大学出版社2007年版，第40页。

的当下，传统文化何去何从？在文化急剧变迁的当下，人能否以及如何有所作为？因此，选择上述两个维度作为理论分类的依据，具有较强的现实针对性。

依据以上两个维度，可以将既有的文化变迁理论归为五大类型：宿命论、调适论、建构论、偶发论和历史唯物论。其中宿命论和调适论都倾向于决定论，分歧在于前者认为文化变迁遵循既定的过程，人类社会所有不同类别的文化都具有相似或相同的变迁结果。后者则主张变迁过程具有多样性或差异性。建构论和偶发论都倾向于能动论，争论在于前者不仅坚持文化变迁具有方向性，而且相信人能够按照自己的理想，自主地建构文化。而后者则认为人的能动性是有限的，文化变迁的过程和结果具有不确定性。历史唯物论以历史唯物主义为基础，坚持文化变迁的线性与非线性、能动论与决定论的辩证统一（见图2—1）。

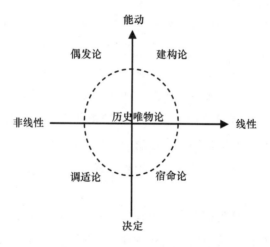

图2—1　文化变迁理论的类型

（一）宿命论

宿命论的主要特征：文化变迁的路线是既定的，既定的路线由文化内在的必然性所决定，相对于文化必然性，人无能为力。宿命论主要包括通常被归为经典进化论的各种理论，代表人物主要有摩尔根（Lewis Henry Morgan）、孔德（Auguste Comte）、斯宾塞（Herbert Spencer）、滕尼斯

(Ferdinand Tonnies) 和迪尔凯姆 （Emile Durkheim） 等人类学家或社会学家。

宿命论首先认为文化变迁具有普遍一致的过程，该过程从特定的起点开始，经由预定的阶段到达预定的终点。如摩尔根认为，"人类历史的起源相同，经验相同，进步相同。"① 宿命论通常将文化变迁的过程划分为若干必经阶段，如摩尔根和孔德都认为文化变迁要普遍经历三个阶段，前者将之描述为蒙昧时期、野蛮时期和文明时期，后者将之描述为神学阶段、形而上学阶段和实证阶段。与摩尔根一样，孔德也坚信这三个阶段为所有文化所共有。"我们所有的思辨，无论是个人的还是群体的，都不可避免的先后经历三个不同的理论阶段，通常称之为神学阶段、形而上学阶段和实证阶段"②。其中，神学阶段是"临时性的和预备阶段"，形而上学阶段只是"过渡"阶段，而第三阶段"才是唯一完全正常的阶段"③。除了三阶段论之外，很多宿命论者还提出了文化变迁过程的二分模式，这实际上是三段论的变形和简化。如斯宾塞的"军事社会"与"工业社会"，迪尔凯姆的"机械团结"和"有机团结"以及滕尼斯的"共同体"与"社会"等二分文化阶段。

在文化变迁的动力上，宿命论者主张决定论，表现在两个层面。从文化对象的性质层面上看，宿命论通常把整个人类文化看作一个没有区别的超有机体，其分析的对象常常是这一超有机体的各种结构，如经济形态、婚姻制度、亲属组织等，人的心理、观念或行动等能动因素很大程度上被忽视；从动力层面上看，宿命论视野中文化变迁的动力来源于文化内部，遵从着自然的进化节奏，不能人为改变。动力的性质要么多是物质或非物质的文化特质，如摩尔根所罗列的火、弓箭、陶器、铁、语言等，要么是人的认知特征，如孔德所理解的神学阶段、形而上学阶段和实证阶段。在宿命论那里，各种动力特质，要么是静态的，要么是抽象的，人所处的具体环境和具体行动都被忽略。正如波兰社会学家什托姆普卡 （Piotr Sz-

① ［美］路易斯·亨利·摩尔根：《古代社会》（上），杨东莼等译，商务印书馆1981年版，第1页。
② ［法］奥古斯特·孔德：《论实证精神》，黄建华译，商务印书馆1996年版，第1页。
③ 同上书，第2页。

tompka）所评述的：“在历史主义或发展主义者眼里，整体系统以其自身不可化约性和规律性占据主导地位，人是被动的、依赖的、完全被塑造的部件。”①

（二）调适论

如果说宿命论是把整个人类文化看作一个总体，旨在寻找这一总体文化变迁的统一过程，那么调适论所看重的则是人类文化的内部结构及其协调关系，其理论目标不在于追求文化变迁的同一性，而在于说明其多样性。调适论主要包括新进化论、结构功能理论。代表人物主要有斯图尔德（Julian Haynes Steward）、怀特（Leslie White）、奥格本（William Fielding Ogburn）等。

对于文化变迁的过程，调适论持非线性和多样性的观点。但不同的学者关于多样性的解释并不一致。以斯图尔德为代表的环境决定论者的解释是生态适应。生态适应论认为，文化是人类适应其自然环境的结果，环境不同，文化也不同，因此，“文化的各项具体的层面之中几乎没有一样会以一规律的系列出现于所有的人类群体”②。怀特反对用环境来解释文化变迁的多样性，理由是环境相同，文化未必相同。怀特坚持技术和能量的动力观，认为人类使用能量的能力，是推动无论个别文化抑或整个人类文化发展的唯一根本力量。“当每人每年消耗能量的数量逐渐增加时，或者，使能量产生作用的工具效能不断提高时，文化逐渐发展。”③ 因此，不同社会的技术发展水平和能量使用能力的多样性，决定了其文化多样性。与环境决定论和技术或能量决定论不同，结构功能理论用结构调适来解释文化变迁过程的多样性。该理论假设任何文化都具有自身的结构，结构之间的功能协调维系着文化的平衡。结构中的任何一部分发生变化，都会导致其他部分的变化，直到建立新的平衡。在结构功能主义者看来，文化变迁的过程就是文化结构从不平衡到平衡的调适过程。其中，奥格本的

---

① ［波］彼得·什托姆普卡：《社会变迁的社会学》，林聚任等译，北京大学出版社2011年版，第227页。

② ［美］史徒华：《文化变迁的理论》，张恭启译，远流出版社1989年版，第3页。

③ ［美］莱斯利·怀特：《文化科学》，浙江人民出版社1988年版，第353页。

观点较为典型。奥格本将文化分为两个部分，一部分是物质文化，另一部分是适应文化，指使用物质文化的技术和惯例，如风俗、信仰、哲学和法律等。他的观点是，当物质文化发生变化时，适应文化相应也要发生变化。但物质文化与适应文化之间的变化并不同步，物质文化通常最先发生变化，适应文化后发生变化，奥格本将两种文化变迁的不同步称为"文化迟滞"，即文化失调。奥格本认为，从文化失调到新的调适，取决于三个因素：发明、积累和传播，而这三个因素在不同的文化条件中，发生的机会都不同，因而导致不同社会的文化差异。① 调适论者在文化与人的关系上，主张决定论。怀特认为，文化是独立于人的实体或"事件"，文化变迁的规律决定于文化事件自身。"文化是自成系统的，它是依据自己的原则和规律而运行的一种事件和过程，并仅能根据他自己的因素和过程来加以解释"，文化是"一种自足、自觉的过程"。文化变迁的实质乃文化事件"绵延不断的过程，是一条事件之流……文化的决定因素乃在于文化之流的自身之内"②。基于这种文化观，怀特认为文化及其变迁决定着人的意识。怀特反对在解释文化变迁的时候，把文化看作"'人类天性'的简单而直接的表现形式"，相反，他认为人类的意识形式是由文化决定的。"语言、风尚、信仰、工具和仪式乃是先前的和同时的文化要素和过程的产物。"③ 斯图尔德虽然没有明确否认人的主观能动性，但是也没有从人的能动性角度来解释文化的变迁。正如张恭启所评论的，"史德华（指斯图尔德——笔者注）并没有否认是人在主动的从事生态适应，在创造社会；但在他生态适应造成的社会组织的理论架构中，人的行为被简化为是完全出自理性的，因而不必探讨"④。也就是说，文化总是由环境决定的。奥格本则明确地表达了其决定论观点："社会力量创造了伟人。"⑤这里，伟人实际上代表了个体能动性。奥格本按能动性的来源将人的能动

---

① ［美］威廉·费尔丁·奥格本：《社会变迁——关于文化和先天的本质》，王晓毅等译，浙江人民出版社 1989 年版，第 194—202 页。

② ［美］莱斯利·怀特：《文化科学》，浙江人民出版社 1988 年版，第 2 页。

③ 同上。

④ ［美］史徒华：《文化变迁的理论》，张恭启译，远流出版社 1989 年版，第 14 页。

⑤ ［美］威廉·费尔丁·奥格本：《社会变迁——关于文化和先天的本质》，王晓毅等译，浙江人民出版社 1989 年版，第 206 页。

性分为两种，一种是遗传获得的，另一种是后天学习获得的。由于遗传获得的能动性总是呈正态分布，因此，不能用不变的因素解释文化变迁，而学习获得的能动性则是文化的产物。

（三）建构论

建构论在文化变迁的过程方面持线性的观点，但认为人具有能动性，人不仅能够自觉地认识文化变迁的过程，还能有计划地建构这一过程。建构论的典型代表是现代化理论。现代化理论是"伴随新出现的将人类社会分为三个不同'世界'的划分而形成的"①。与前两种理论不同，该理论通常以现代背景下的具体文化形态为研究对象，其目标是探讨经济社会较为落后的国家的发展道路。其核心观点是经济落后国家能够按照经济发达国家的模式建构现代性。建构论的线性特征在于，认为"变迁是直线发展的，欠发达社会都要追随较发达社会已经走过的相同道路，重复同样的步骤"②；变迁沿着不可逾越的特定序列阶段逐步推进。罗斯托（Walt Whitman Rostow）的线性观点最为典型。罗斯托按照社会的经济规模，将所有社会分为五大类型。传统社会：牛顿以前的技术落后的社会；为发动创造前提条件阶段：资产阶级殖民扩张和资产阶级革命时期，即过渡时期；发动阶段：社会经营资本增加、工农业技术有很大发展、以发展经济为使命的政权的建立；向成熟推进阶段：经济具有无限扩张和吸收最新技术的能力；高额群众消费阶段：福利社会。③罗斯托特别强调其成长阶段理论的普适性："归根结底，经济成长阶段既是一种关于经济成长的学说，又是一种关于整个现代史的更一般性的学说。"④可以看出，罗斯托其实是用经济的成长阶段来代替整个现代文化的变迁。

建构论的能动观点在于："强调社会工程和规划的观点，以及更具体的终结观。"现代文化变迁"不是一个自发'从下而上'的过程，而常被

---

① ［波］彼得·什托姆普卡：《社会变迁的社会学》，林聚任等译，北京大学出版社2011年版，第123页。

② 同上书，第124页。

③ ［美］罗斯托：《经济成长的阶段》，国际关系研究所编译室译，商务印书馆1962年版，第10—19页。

④ 同上书，第6页。

认为是'自上而下'发动和控制的过程，由开明的政治精英通过有目的有计划的努力决策，使他们的国家摆脱落后实现的。"① 如罗斯托就主张欠发达国家可以依据其理论，通过投资等形式，加快经济阶段的过渡。

（四）偶发论

偶发论很少关注经济或文化结构，而关注更多的是个体及其行动。该观点主张，文化变迁的动力在于个体或个体之间的互动，但变迁没有目的性和计划性，而是不同个体不同目的和不同行动导致的合力结果，是杂乱无序的个体行动导致的整体的有序过程。变迁的路径具有多样性和不确定性，但又具有方向性。该理论的主要观点多来源于部分历史社会学家。埃利亚斯（Norbert Elias）是该观点的主要支持者之一。

埃利亚斯认为文化变迁的动力源于个体之间能动的职能关系。这种能动观点反映在他关于社会与个体关系的认识上。埃利亚斯认为，社会即每个个体的同时在场，是个体之间的职能链条。"人们具有彼此互为作用的职能，正是这种相互关联的职能……才是我们所称的'社会'，……它的种种结构，就是我们所说的'社会结构'。而且当我们谈论'社会的规律'时，我们所谈的不是别的，而是单个个人之间诸种联系的自身法则。"② 在这种职能关系中，个体是能动的。在埃利亚斯看来，在个体间的职能链条中，每个个人都是其中一环。但这个链条是可塑的、能动的。"这些行为链在其方式上不同于通常可见的，可触及的铁链，它们是更为可塑的，更为多变的和极不稳定的。"③ 埃利亚斯认为，文明或文化的变迁，动力不在于外在环境，也不在于社会内部个体心理或民族精神，而在于个体之间的职能关系和互动。"是人们彼此共处的形式"，是"人际组织的构造和这个构造赋予单个个人心智功能的形态以及社会影响"④。

埃利亚斯认为，个体之间的职能联系所推动的历史进程具有偶发性，

---

① ［波］彼得·什托姆普卡：《社会变迁的社会学》，林聚任等译，北京大学出版社2011年版，第124页。
② ［德］诺贝特·埃利亚斯：《个体的社会》，翟二江等译，译林出版社2003年版，第19页。
③ 同上。
④ 同上书，第55页。

文化变迁的进程既非宿命论的，亦非建构论的或自发的调适，而是流动的和不稳定的。"单个人的计划和行动，感情的冲动和理智的律动，都一直是或配合或对立地相互交叉而行。这种单个人的计划和行动根本性的密切交织会招致出并非个人策划与创造的变迁与形态。从相互交织的关系中，从人的相互依存中，产生出一种特殊的秩序，一种较之单个人所形成的意志与理性更有强制性更加坚实的秩序。这种相互交织的秩序决定了历史变迁的行程，也是文明进程的基础。"①

（五）历史唯物论

马克思开创的历史唯物主义不仅实现了文化变迁过程的线性与非线性统一，也实现了文化变迁动力的决定论与能动论统一，并将这两方面的统一建立在历史唯物主义基础之上。

首先，在唯物史观基础上，马克思实现了文化变迁过程的线性发展与非线性发展的辩证统一。从人类文化的整体层次和历史变迁的总体趋势层面来看，在普遍的意义上，马克思坚持了进步与发展的线性道路。"马克思坚信进步是历史过程的总方向……历史是沿着统一的道路经过一系列不同阶段前进。"② 这一系列不同阶段就是我们通常所理解的五种社会形态的历史更替：从原始社会经由奴隶社会、封建社会、资本主义社会到达共产主义社会。"在世界历史层面，是从共同所有和自我统治的原始形态，经过私有制和政治统治，到达共产主义经济政治平等，'自由生产者的自由联合'"③。但马克思在强调历史变迁过程这一线性原则的同时，在具体的社会或文化层面，他又坚持了非线性的立场，认为不同社会的生产方式不同，使得不同社会之间的交往关系存在差异，不同的交往关系又影响着各自社会的历史进程。如马克思在论述印度社会文化的时候，就指出了印度"村社制度"是不同于欧洲社会制度的一种特殊制度。其特殊性是由

---

① ［德］诺贝特·埃利亚斯：《文明的进程》（第二卷），袁志英译，生活·读书·新知三联书店 1999 年版，第 252 页。

② ［波］彼得·什托姆普卡：《社会变迁的社会学》，林聚任等译，北京大学出版社 2011 年版，第 147 页。

③ 同上书，第 152 页。

印度社会历史传统与不列颠殖民统治下的特殊生产方式决定的。①

其次，马克思坚持了决定论与能动论的辩证统一。马克思关于文化变迁的决定论思想主要体现于他的唯物主义文化观：历史的现实基础是物质资料的生产，以及由物质资料的生产所决定的交往关系。我们必须从这种物质生产过程及物质关系出发，去理解文化，即"从市民社会出发阐明意识的所有各种不同理论的产物和形式，如宗教、哲学、道德等等"②。这种决定论通常被概括为经济基础决定上层建筑。同时，马克思的决定论思想还表现在，经济基础构成了个体活动的前提。"个人是什么样的，这取决于他们进行生产的物质条件。"③ 尽管如此，在马克思的变迁理论中，人始终是能动的力量。首先，能动的个体构成了历史的前提。"全部人类历史的第一个前提无疑是有生命的个体的存在。"④ "这种考察方法不是没有前提的，它从现实的前提出发，它一刻也离不开这种前提。它的前提是人，但不是处在某种虚幻的离群索居和固定不变状态中的人，而是处在现实的、可以通过经验观察到的、在一定条件下进行的发展过程中的人。只要描绘出这个能动的生活过程，历史就不再像那些本身还是抽象的经验论者所认为的那样，是一些将死的事实的汇集，也不再像唯心主义者所认为的那样，是想象的主体的想象活动。"⑤ 其次，马克思的能动变迁思想还表现在，他认为个体不仅是物质资料的生产者，而且还是文化的生产者，"是自己的观念、思想等等的生产者"⑥。

综上所述，在文化变迁的过程与动力两个层面，各种理论之间都存在争议。唯有马克思的历史唯物论，才科学地解决了各种理论间的分歧。在各种理论的比较中，我们可以获得以下三点认识。

首先，在中国文化变迁研究中，必须坚持马克思历史唯物主义理论的指导地位。各种理论为我们理解文化变迁提供了不同视角。就变迁动

---

① 中共中央马克思恩格斯列宁斯大林著作编译局：《马克思恩格斯选集》（第一卷），人民出版社 1995 年版，第 764 页。

② 同上书，第 92 页。

③ 同上书，第 68 页。

④ 同上书，第 67 页。

⑤ 同上书，第 73 页。

⑥ 同上书，第 72 页。

力而言，宿命论和建构论多着眼于技术、经济甚至精神的作用。调适论者关注自然环境或文化结构之间的关系。偶发论者强调个体之间的职能关系。而历史唯物论则主张结构与个体之间的辩证作用。就变迁过程而言，线性论者旨在探寻整个人类文化普遍一致的变迁轨迹，非线性论者则试图理解不同社会文化的特殊性和整个人类文化的多样性，而历史唯物主义则在坚持整个人类文化变迁具有共同规律的同时，又强调不同文化变迁过程的特殊性。诚然，由于选择的视角不同，各种理论之间或多或少存在着相互补充关系。但毫无疑问，众多变迁理论中，只有马克思的历史唯物论才以其科学性赢得了最强的说服力。因此，在关于中国社会文化变迁的研究实践中，只有坚持历史唯物主义的理论指导，才能获得正确的理解和方法。

其次，在理解中国文化变迁过程与方向时，必须坚持线性与非线性的辩证统一。我们认为，坚持线性与非线性的统一，核心问题是处理好现代文化与传统文化的关系。理由在于线性与非线性问题的实质是文化变迁轨迹的一致性或多样性的问题，或者说是一般性与特殊性的问题，归根结底是趋同还是分化的问题。线性观点主张趋同，用当下的话语可以表述为促进文化现代化；非线性观点则倾向差异，主张保持文化的特殊性，在变迁语境中更多指的是保持民族传统文化。若借鉴"文化迟滞"理论的理解，传统与现代的问题与其说是两种文化样态之间的关系问题，毋宁说是经济发展与文化适应的问题，也即传统文化如何与现代经济发展相适应。在此问题上，我们赞成杜维明先生的观点。在谈到中国传统文化的现代转型时，杜维明认为，传统与现代在实践中必须互相补充，取长补短。他说："现代化有好的发展也有不好的发展，我们要用传统的价值批判现代化，当然现代一些先进的观点也可以对传统进行一些同情的理解和批判的认识，这两方面都应该进行，是互动的。"① 杜先生特别强调，在经济现代化过程中，中国传统道德应有所作为。"脱离道德，那就糟糕了，假如你认为商业大潮所带来的各种负面现象都是现代化不可避免的现象，那你就

---

① 朱汉民、肖永明：《杜维明：文明的冲突与对话》，湖南大学出版社2001年版，第68页。

是放弃你的责任。"① 若稍稍反思一下中国经济发展过程中的诸多道德失范现象，我们就能感到杜先生的话不仅一语中的，而且语重心长。

最后，在指导中国文化变迁的实践中，必须坚持决定论与能动论的统一。首先我们必须认识到，在中国文化变迁过程中，既有其决定性力量，又有其能动力量。决定性力量主要包括中国的经济转制和社会转型。特别是工业化和城市化的迅速发展，大大改变了中国的经济结构与社会结构，传统文化赖以存在的社会基础发生了极大的改变，因此文化变迁不可避免。而能动性力量主要有三支。其中，最为重要的力量是国家，国家不仅是文化变迁方向的主导力量，还是推动经济社会与文化变迁最重要的改革力量。第二支能动力量是市场。随着市场经济的发展，市场已成为影响中国文化变迁的重要机制。第三支能动力量是社会。社会是文化的土壤和载体，社会结构最终决定着中国的文化结构。我们认为，坚持决定论与能动论的统一，应处理好以下两点。一是必须从中国的经济发展和社会结构转型的实际出发，既要认识到传统文化变迁的必然性，同时又要增强引导传统文化变迁的主动性，按照经济社会发展的要求，在坚持社会主义文化方向的前提下，按照批判继承的原则，引导传统文化的现代转型。二是在保护或传承传统文化的实践中，必须尊重文化规律和文化事实。值得强调的是，无限制的文化商业化行为在很大程度上已被认为是传统文化保护的一大风险，尤其是当前盛行的杜撰传统、歪曲文化事实之风，极大地破坏了文化的严肃性和社会对文化的信任和尊重。因此，区分并限定文化与市场的必要界限，规范文化商业化行为，培育珍惜传统、敬畏传统和信任传统的社会文化心理，应为当务之急。

二　社会转型期壮族民间文化研究②

壮族民间文化很早就已进入学者视野，成为学术领域的重要内容。纵

---

① 朱汉民、肖永明：《杜维明：文明的冲突与对话》，湖南大学出版社 2001 年版，第 68 页。

② 本节部分内容作为阶段性研究成果在《广西社会科学》2015 年第 1 期发表。参见吴德群《民族文化的认知、认同与保护——转型期壮族民间文化研究述评》，《广西社会科学》2015 年第 1 期。

向来看，壮族民间文化研究，大致经历了历史记载、地方志记载与研究、民族学研究到多学科共同研究的基本过程。

自秦以来，就有了关于壮族先民社会历史和文化的历史记载。据《史记》卷一百一十三《南越列传第五十三》记载，"秦时已并天下……置桂林、南海、象郡……与越杂处三十岁"。汉代，南越已与内地进行铁器贸易。"高后时，有司请禁南越关市铁器。"① 三国至唐，史书对壮族先民社会文化有较为全面的记载，内容涉及壮族先民的社会组织、社会关系、居住方式、生产技能、宗教信仰、生活习性、审美观念等多个方面。《魏书》卷一百一《列传第八十九》载："散居山谷，略无氏族之别。又无名字，所生男女，唯以长幼次第呼之……依树积木，以居其上，名曰'干兰'……能卧水底，持刀刺鱼。其口嚼食并鼻饮。死者竖棺而埋之……惟执盾持矛，不识弓矢。用竹为簧，群聚鼓之，以为音节。能为细布，色至鲜净……其俗畏鬼神，尤尚淫祀……铸铜为器，大口宽腹，名曰铜爨，既薄且轻，易于熟食。"②《北史》卷九十五《列传第八十三》载："南方曰蛮，有不火食者矣……居无君长，随山洞而居。其俗，断发文身。"③《隋书》卷八十二《列传第四十七南蛮》载："南蛮杂类，与华人错居……俱无君长，随山洞而居，古先所谓百越是也。其断发文身……"④《新唐书》卷二百二十二下《列传第一百四十七下》载："西原蛮，……有黄氏，居黄橙洞，其隶也。其地西接南诏，天宝初，黄氏强，与韦氏、周氏、侬氏相唇齿……"⑤ 尽管史书对有关壮族先民社会文化状况只是做了客观记载和描述，少有学术分析，但却为后人的学术研究奠定了基础，提供了依据。

到了宋代，出现了关于壮族先民文化的地方志。与史书记载相比，地方志不仅对壮族先民文化的叙述更加详尽，还对壮族先民文化进行了分类和深入分析。地方志研究的代表作品主要有南宋地理学家周去非所写的《岭外代答》。《岭外代答》分十卷，详细叙述了岭南诸地的地理、风俗、

① 《史记》卷一百一十三《南越列传第五十三》，中华书局，第2206页。
② 《魏书》卷一百一《列传第八十九氐吐谷浑宕昌高昌邓至蛮獠》，中华书局，第1521页。
③ 《北史》卷九十五《列传第八十三蛮獠林邑赤土真腊婆利》，中华书局，第2099页。
④ 《隋书》卷八十二《列传第四十七南蛮》，中华书局，第1229页。
⑤ 《新唐书》卷二百二十二下《列传第一百四十七下》，中华书局，第4796页。

法制、财计、乐器、衣、食、器用等。其中很多内容论及壮族先民文化。在详细分类叙述的基础上，《岭外代答》还对各种文化特质进行了分析。例如，对交趾人喜食槟榔这一现象及理由，作者就结合当时的环境特点，从医学角度进行了深入分析。

民国时期学者刘锡蕃的《岭表纪蛮》，是一部少有的从民族学角度系统研究壮族民间文化的著作。该书共三十章，系统论述了壮族族源、性质、医药卫生、居住方式、村落社会结构、饮食、服饰、家族关系、婚葬习俗、宗教与信仰、社会活动、法律与刑罚、交通、农业生产与工商贸易、歌谣、音乐、岁节习俗、壮汉关系等，几乎涵盖了壮族民间文化的所有方面。与历史记载和地方志重在叙述的方法不同，该书特别注重对文化事项的历史分析和社会学式的解释。

新中国成立后，党和国家实施了正确的民族政策，壮族的民族身份和民族地位得到了确认和尊重，壮族民间文化研究也随之开展和繁荣起来。特别是改革开放以来，壮族民间文化研究迅速推进，已形成了民族学、文化学、人类学、民俗学、历史学、文学、语言学、社会学以及教育学等多学科共同参与，研究领域全方位展开的研究态势。

本书将围绕壮族民间文化的结构、壮族民间物质文化、壮族民间社会文化、壮族民间精神文化、壮族民间语言文化、壮族民间文化的特征及其与其他民族文化的关系、壮族民间文化保护与现代化七个方面，全面系统梳理社会转型期壮族民间文化研究成果。

（一）壮族民间文化结构研究

壮族民间文化结构，指的是壮族民间文化的基本构成。壮族民间文化的结构研究，主要在文化学、民俗学视角下展开。相关研究将壮族民间文化置于壮族文化的总体中进行分析，在内容分析的基础上，呈现壮族民间文化的总体结构和模式。主要研究有梁庭望的《壮族文化概论》和《壮族风俗志》。

在《壮族文化概论》中，梁庭望教授在对 25 项壮族文化丛进行深入分析的基础上，根据壮族文化的显性程度和稳定程度，区分并分析了壮族文化的三层结构及其相互关系。25 项壮族文化丛中，物质文化丛 11 项，分别为生产工具、稻作农耕、狩猎畜牧、林业园艺、织染、捕捞与养殖、

航运、交通贸易、陶瓷制造、冶炼铸造、建筑；精神文化丛 14 项，分别
为社会制度、兵制兵法、家庭和社会组织、教育、科学、伦理（《传扬
歌》）、壮医、哲学思想、民俗、宗教信仰、节日、语言文字、文学艺术、
文体活动。每项文化丛都包含了多个文化特质。① 在这些文化丛和文化特
质中，除了社会制度、兵制兵法等内容属于官方文化外，其他内容均与壮
族民间文化相关。

《壮族文化概论》重点关注的是壮族民间文化的文化丛，而《壮族风
俗志》则重在全面和深入阐述壮族民间文化特质，包括壮族的衣饰、饮
食、建筑和居住、生育、男女社交与婚嫁、敬老、祝寿、丧葬、信仰与崇
拜、岁时、生产、交通贸易、家庭与社会组织、民间文学、传统艺术、文
娱、体育、卫生等。②

梁教授将壮族民间文化划分为表层结构、过渡层结构和深层结构三个
层次。壮族民间文化的表层结构即壮族民间物质文化，是壮族文化发展的
物质条件和基础，其核心是稻作文化。表层文化具有积累性和直观性、系
统性和具有辐射力以及耗散性与基本结构的稳定性等特点。壮族精神文化
的 14 个文化丛属于过渡层文化。过渡层文化是壮族特性的重要表征。壮
族过渡层文化一方面受其表层文化制约，具有相对的稳定性，同时又处在
不断的变迁之中。壮族文化的深层结构通过壮族语言认同、宗教观念、审
美情趣和价值观得到体现。壮族文化的深层结构，是壮族文化的灵魂，是
壮族文化最为稳定的结构。梁教授认为，壮族文化的三个层次既有各自相
应的质的规定性，同时又相互渗透交融，共同构成了完整的壮族文化
体系。③

（二）壮族民间物质文化研究

壮族民间物质文化研究重点在壮族稻作农业与壮族经济、服饰文化和
干栏文化三个方面。

（1）壮族稻作农业与壮族经济。壮族社会是以稻作为主的农业社会。

---

① 梁庭望：《壮族文化概论》，广西教育出版社 2000 年版。
② 梁庭望：《壮族风俗志》，中央民族学院出版社 1987 年版。
③ 梁庭望：《壮族文化概论》，广西教育出版社 2000 年版，第 542—550 页。

稻作农业是壮族民间文化的基础，也是学者们关注的重点。相关研究或论述壮族稻作农业的历史发展与历史贡献，或讨论壮族稻作农业生产的现实状况，分析壮族稻作生产的文化特质。主要研究成果有覃乃昌的《壮族稻作农业史》、梁庭望的《水稻栽培——壮族祖先智慧的结晶》、蓝武的《元明时期广西壮族土司统治区农业开发的主要成就探因》、袁丽红的《民国时期壮族地区农业现代化的启动》、李虎的《论壮族乡村人口外流与传统农业耕作文化变迁——以壮乡伏台为例》等。

研究认为，壮族先民在新石器时代早期已开始了稻作农业，壮侗语民族是最早驯化野生稻和最早从事稻作农业的民族。自壮族稻作文明产生以来至清朝，壮族稻作农业不断发展，先后经历了石器——铁器——铁器牛耕——曲辕犁等主要工具时代。水稻种植技术不断革新完善。随着社会的发展和人口的迁徙，壮族地区稻作文化不断发展并向黄河流域、日本、印度和南洋传播，对中国和世界的稻作农业做出了重要贡献。[①] 民国时期，壮族地区的农业现代化已启动。现代稻作生产工具、生产技术和生产模式开始在壮族地区稻作生产中使用。[②] 改革开放以后，随着壮族农村劳动力人口大量外流，农业机械化开始在壮族稻作生产中推广。随着稻作方式的改变，壮族传统的稻作文化受到冲击，耕作歌消逝，农业祭祀仪式消亡，传统敬牛节及相关祭祀仪式逐渐消失。[③]

在壮族经济文化研究中，学者们关注的重点有壮族经济史及其研究的理论问题。主要成果有杨业兴、黄雄鹰主编的《右江流域壮族经济史稿》，覃乃昌的《关于壮族经济史研究的几个理论问题》《岭南文化的起源与壮族经济史——壮族经济史研究的一个基本理论问题》，方素梅的《清代壮族农村社会经济状况分析》，郭晓合的《壮族区域经济结构转型与工业化定位研究》，等等。

学者们系统研究了自土司时代至左右江革命根据地时期，以百色为中

---

① 覃乃昌：《壮族稻作农业史》，广西民族出版社1997年版，第45—116页；梁庭望：《水稻栽培——壮族祖先智慧的结晶》，《广西民族研究》1992年第1期；蓝武：《元朝时期广西壮族土司统治区农业开发的主要成就探因》，《广西民族研究》2011年第2期。

② 袁丽红：《民国时期壮族地区农业现代化的启动》，《广西民族研究》2004年第3期。

③ 李虎：《论壮族乡村人口外流与传统农业耕作文化变迁——以壮乡伏台为例》，《广西民族研究》2015年第1期。

心的右江流域壮族经济史，具体分析了土司时期、改土归流后岑毓英、岑春煊时期以及近现代右江地区农业、手工业及资本主义经济形式的发展概况及其政治经济和社会条件。① 在壮族经济史研究过程中，学者们特别强调了壮族经济史研究的理论问题，认为在壮族经济史研究中，应具有民族过程视角、经济人类学视角、民族史视角和壮族社会发展的特殊形式——古国—方国—帝国模式视角。② 研究还认为，是壮侗语族先民创造了稻作农业，自秦以来，由于壮族人口一直与汉族人口杂居，经济相互交往，因而不存在纯粹的壮族经济。③

（2）服饰文化。壮族服饰研究涵盖了壮族服饰的制作、发型头饰的演变、服饰美学特点及时代变迁等主题。主要成果有玉时阶的《古代壮族的服饰制作》、黄润柏的《壮族发型和头饰演变》、陈丽琴的《壮族服饰的审美意蕴论析》《壮族服饰的演变及缘由探论》、王华琳的《论壮族民族服饰美学元素的核心诉求》等。

研究认为，壮族传统社会是男耕女织的社会，壮族服饰制作具有历史发展性，服饰面料、纺织工具和纺织技艺都随历史的发展而不断进步，④而发型头饰的演变主要经历了椎髻以及辫子、光头和断发等形式。⑤ 壮族服饰是壮族审美心理的物化，表达了壮族人民对阴柔灵动的追求，对天人合一、崇尚自然的信仰，对蓝黑重彩的民族情感和对质朴和谐、达观自由的人生向往。⑥ 研究认为，壮族服饰文化因自然环境、经济环境、社会文化环境和社会心理环境的变化而变化。⑦

（3）干栏文化。壮族民居研究集中于干栏文化研究。主要成果有覃彩銮的《壮族干栏文化》《试论壮族民居文化中的"风水"观（上）》

---

① 杨业兴，黄雄鹰：《右江流域壮族经济史稿》，广西人民出版社1995年版。

② 覃乃昌：《关于壮族经济史研究的几个理论问题》，《广西民族研究》2010年第2期。

③ 覃乃昌：《岭南文化的起源与壮族经济史——壮族经济史研究的一个基本理论问题》，《广西民族研究》2010年第3期。

④ 玉时阶：《古代壮族的服饰制作》，《中南民族学院学报》（哲学社会科学版）1995年第3期。

⑤ 黄润柏：《壮族发型和头饰演变》，《广西民族研究》1995年第4期。

⑥ 陈丽琴：《壮族服饰的审美意蕴论析》，《社会科学家》2008年第7期；王华琳：《论壮族民族服饰美学元素的核心诉求》，《美术观察》2015年第6期。

⑦ 陈丽琴：《壮族服饰的演变及缘由探论》，《社会科学战线》2008年第3期。

《试论壮族民居文化中的"风水"观（下）》，唐虹的《壮族干栏建筑"宜"态审美价值探析——以龙胜平安壮寨为例》，韦熙强、覃彩銮的《壮族民居文化中的宗教信仰》，农祥亮的《广西壮族与云南傣族"干栏"民居比较研究》，等等。

　　研究认为，干栏文化是壮族先民在适应环境的过程中创造和完善的居住方式，是由干栏物质文化、行为文化和观念文化三个文化层面构成的完整的文化体系。干栏文化具有丰富的文化内涵和外延，是壮族社会经济、文化和民族心态、价值观念及审美观念的综合反映，是壮族传统文化体系中历史最悠久、起源最早、形态最原始、存续时间最长、最具民族个性的文化类型。干栏文化根源于壮族稻作农业文化，是稻作农业发展的结果。干栏文化伴随着那文化的产生而产生，伴随着那文化的发展而发展。[1] 从物质文化层面看，干栏建筑蕴含了生态"宜"美，是真、善、美、益的有机结合。[2] 从精神文化层面看，壮族干栏文化渗透了浓厚的风水观和形式多样、内容丰富的宗教观念。[3] 研究认为，由于广西壮族和云南傣族有着同源关系，二者"干栏"在历史起源、建造流程、构造方式等方面存在相似或相同的特点，但在后来的分化过程中，受不同自然环境和社会环境的影响，形成了不同的民居文化。因此二者在"干栏"建造过程中的仪式、内含于"干栏"的宗教信仰以及"干栏"的结构布局等方面又存在显著差异。[4]

（三）壮族民间社会文化研究

　　壮族民间社会文化研究主要涉及壮族婚姻家庭制度、都老制、习惯法和节日与丧葬习俗四个方面。

---

① 覃彩銮：《壮族干栏文化》，广西民族出版社 1998 年版，第 1—16 页。

② 唐虹：《壮族干栏建筑"宜"态审美价值探析——以龙胜平安壮寨为例》，《广西民族大学学报》（哲学社会科学版）2012 年第 2 期。

③ 覃彩銮：《试论壮族民居文化中的"风水"观（上）》，《广西民族研究》1996 年第 2 期；覃彩銮：《试论壮族民居文化中的"风水"观（下）》，《广西民族研究》1996 年第 3 期；韦熙强、覃彩銮：《壮族民居文化中的宗教信仰》，《广西民族研究》2001 年第 2 期。

④ 农祥亮：《广西壮族与云南傣族"干栏"民居比较研究》，《广西民族学院学报》（哲学社会科学版）2005 年第 2 期。

1. 家庭与婚姻制度

有关壮族婚姻家庭制度的研究，主要成果有李富强的《壮族家庭制度简论》、韦成球的《安定壮族婚姻制度研究》、黄润柏的《村落视野下壮族择偶标准的嬗变——壮族婚姻家庭研究之二》等。

研究认为，壮族家庭结构以"基础性家庭"（即核心家庭）为主，同时还有旁系扩大家庭和多偶扩大家庭的遗存；家庭关系表现出不彻底的男尊女卑、男主女从特征，妇女在家庭中具有一定的地位；壮族家庭虽然是社会生产和生活的基本单位，但受父权制大家族的影响，壮族的家庭职能相对受到制约。[①] 壮族婚姻主要有同姓婚姻（限于部分姓氏）、姑表婚和入赘婚三种形式，婚姻制度具有主张明媒正娶、反对私奔、婚姻操办繁杂、花费大、夫权制、夫妻关系稳固、香火观念、盼男重男、尊长爱幼、共振家业等特点。[②] 研究认为，壮族婚姻制度经过丰富的历史文化积淀，在形成了其民族特性的同时，亦发生变化：一夫一妻制为主要婚姻形式，一夫多妻现象渐趋消亡，入赘婚被社会普遍接受，父系父权原则进一步遭到挑战，男女平等的新型性别关系日渐形成；自主订婚逐渐取代包办婚姻并成为壮族婚姻的主流，在通婚范围上，婚入范围相对稳定，婚出范围扩大；择偶标准经历了新中国成立前的门当户对、集体时期注重家庭状况和个人条件双重考虑和多元化三个阶段。研究指出，壮族婚姻文化变迁是一个渐变过程，"新"与"旧"的文化并非冲突，而是交融关系，旧中育新，新旧相依，是壮族经济社会与文化现代化发展的反映。[③]

2. 都老制

研究认为，都老制是壮族农村社会的一种自我管理制度，是壮族传统社会的家族组织。"都老"是对壮族头人的一种称谓，是基层家族类组织的首领。壮族头人在不同的历史时期称谓不同。都老有自然产生、民主推荐、世袭、官府任命、富者充任和轮流担任等多种形式。都老组织具有领导制定村规民约、维护乡村社会秩序、掌管家族公共财产、主持集体祭祀和领导公共

---

① 李富强：《壮族家庭制度简论》，《广西民族研究》1995 年第 2 期。

② 韦成球：《安定壮族婚姻制度研究》，《广西民族研究》1997 年第 1 期。

③ 李富强：《壮族婚姻文化的变迁——以田林那善屯为例》，《广西民族学院学报》（哲学社会科学版）2000 年第 3 期；黄润柏：《村落视野下壮族择偶标准的嬗变——壮族婚姻家庭研究之二》，《广西民族研究》2011 年第 4 期。

建设等职能,对维护壮族村社秩序、协调壮族民间社会关系、促进壮族民间社会发展,具有重要的历史作用。都老制还具有民主选举、民主管理、民主监督等民主特点。都老制是传统家长制大家族的遗存。在社会发展过程中,都老制的家族和民间色彩渐渐淡化,其社会功能逐渐退化并趋于消亡。[①]

3. 习惯法

壮族习惯法研究的主要文献有覃主元的《壮族习惯法及其特征与功能》《壮族民间法的遗存与变迁——以广西龙胜县龙脊十三寨之马海村为例》、谭洁的《论广西壮族习惯法与和谐广西的建构》等。

研究认为,壮族习惯法内容丰富,涉及社会生产、生活和社会秩序的维护、家庭婚姻行为的规范、人身安全和财产继承等的保护,有诅咒发誓和神判是非两种主要神判形式,具有乡土性、生活性、地域性、强制性、俗成性和不完善性等特点,对保护社会秩序、规范社会行为、化解社会矛盾、传承社会文化和教育社会成员,具有重要意义。[②] 研究认为,壮族习惯法源于壮族人民的生产和生活实践,体现了壮族人民积极向上的伦理观念和对公平正义的法律追求。在和谐广西的建构中,壮族习惯法为维护和促进多民族团结、促进法律法规的建设和完善、推动法制创新和维护社会稳定,提供了借鉴和依据。[③]

4. 节日与丧葬习俗

节日习俗和丧葬习俗是壮族民间社会习俗文化研究的两个重点内容。从节日研究的主题上看,主要有壮族牛文化节和壮族节日文化的特点、变迁及重构等。主要成果有卢敏飞的《壮族“牛魂节”祭祖节探因》,岑贤安的《壮族牛魂节考察》,金乾伟、杨树喆的《利见大人:“龙”在壮族牛魂节仪式中的审美建构——多民族节日研究之三》,黄润柏的《壮族“舞春牛”习俗初探》,邵志忠的《从人间走上神殿——壮族信仰节日起

① 李富强:《壮族的都老制及其蜕变》,《广西民族研究》1993 年第 1 期;陈洁莲:《壮族传统都老制的村民民主自治特征》,《学术论坛》2009 年第 10 期;刘建平:《壮族“头人”制度研究》,《广西民族研究》1994 年第 1 期。

② 覃主元:《壮族习惯法及其特征与功能》,《贵州民族研究》2005 年第 3 期;覃主元:《壮族民间法的遗存与变迁——以广西龙胜县龙脊十三寨之马海村为例》,《民族研究》2009 年第 1 期。

③ 谭洁:《论广西壮族习惯法与和谐广西的建构》,《广西社会科学》2012 年第 4 期。

源探幽》，唐凯兴的《论壮族传统节日文化的伦理意蕴》，覃彩銮的《壮族节日文化的创新与重构》，等等。

研究认为，壮族牛魂节习俗起源于壮族先民的牛图腾崇拜和祖先崇拜观念及习俗，并吸收了汉文化的因素。① 牛魂节中的若干仪式，反映了以稻作生产为基础的壮族敬牛爱牛的思想观念。② 其安栏仪式中的师公拜龙，隐喻了壮族人对雨水充沛、粮食丰收、家庭幸福、儿孙满堂、生活稳定、和谐平安的期盼，体现了现实与理想的审美统一。③ 舞春牛是壮族牛文化的一部分，是壮族牛图腾崇拜的一种形式，不仅具有诸多的规范性特征，而且其中的农耕、道德等丰富内容和独特的表演形式，既具有重要的认识和教育功能，又具有重要的娱乐功能。④ 研究者通过考察壮族的蚂（虫另）信仰和莫一大王信仰的演变过程，认为壮族信仰节日的形成经历了由普通人或物到被赋予超常能力，再到被获益者推上神殿，最后到形成定期祭祀等过程。祭祀节日，是作为农耕民族的壮族企图借助超自然力量，祈求风调雨顺、丰产丰收的功利过程，也是从人间走上神殿的精神过程。⑤ 研究认为，壮族传统节日文化蕴含热爱国家、统一团结、乐观、勤劳、勇敢、坚毅、敬老尊祖、追远慎终、崇尚自然、天人合一等伦理思想，并以多种形式，成为壮族德育的重要载体。⑥ 研究认为，壮族传统节日，具有自成体系、蕴含丰富、历史悠久等鲜明特点，是壮族人交往、娱乐、祭祀的重要媒介，融入了壮族的民族记忆和民族情感，具有重要的社会心理功能和文化传承功能，对促进壮族乡村社会发展具有重要意义。在现代化过程中，应该通过形式和内容的创新，促进壮族传统节日文化的保护、传承和发展。⑦

---

① 卢敏飞：《壮族"牛魂节"祭祖节因探》，《广西民族研究》1998 年第 3 期。
② 岑贤安：《壮族牛魂节考察》，《广西民族研究》2002 年第 1 期。
③ 金乾伟、杨树喆：《利见大人："龙"在壮族牛魂节仪式中的审美建构——多民族节日研究之三》，《宗教学研究》2013 年第 4 期。
④ 黄润柏：《壮族"舞春牛"习俗初探》，《广西民族研究》1997 年第 4 期。
⑤ 邵志忠：《从人间走上神殿——壮族信仰节日起源探幽》，《广西民族研究》2000 年第 3 期。
⑥ 唐凯兴：《论壮族传统节日文化的伦理意蕴》，《学术论坛》2012 年第 12 期。
⑦ 覃彩銮：《壮族节日文化的创新与重构》，《广西民族研究》2012 年第 4 期；邵志忠、袁丽红、吴伟镔：《壮族传统节日文化传承与乡村社会发展——以广西南丹县那地村壮族蛙婆节为例》，《广西民族研究》2006 年第 2 期。

关于壮族丧葬习俗，主要研究成果有郑雪松的《壮族丧葬习俗的教育人类学分析》、郭立新的《荣耀的背后：广西龙背壮族丧葬仪式分析》和卢敏飞的《云南文山县壮族丧礼及其宗教观念》等。

研究者在考察壮族葬礼的基础上认为，鬼魂崇拜和祖先崇拜导致了壮族人对死者亡魂亦敬亦远的矛盾心理。壮族人一方面惧怕亡灵，另一方面亦试图通过仪式，求得亡灵的保护。[①] 学者们在分析广西龙背壮族葬礼仪式时认为，壮族葬礼的目的一是荣耀死者，二是呈现、确认和调整死者与生者、生者与生者之间的社会关系。[②] 壮族丧葬习俗具有传承民族文化、促进个体发展、保护生态环境等社会教育功能。[③]

（四）壮族民间精神文化研究

壮族民间精神文化研究主要有壮族民间信仰、民间艺术和民间哲学观念研究三大领域。

1. 壮族民间信仰研究

壮族民间信仰研究包括壮族民间崇拜和原生型民间宗教研究。

丘振声的《壮族图腾考》系统考察了壮族图腾的构成、特点及图腾艺术对壮族审美意识的影响。研究认为，壮族图腾形态多样，包括植物崇拜、动物崇拜、自然物崇拜等，形态众多。壮族图腾崇拜与其他文化相互交织渗透，使得壮族图腾具有混沌的特点，并在历史的发展过程中发生变异。该研究认为，壮族图腾是感情与想象的媒介、壮族原始艺术的摇篮，并影响着壮族以生命存在为内核、以大为美和以歌为美的审美意识的形成。[④]

学者们对壮族图腾崇拜的各种具体形态进行了全面考察。研究者从语意学、神话传说以及民间习俗等角度考察壮族鸟图腾时认为，壮族鸟图腾

---

① 卢敏飞：《云南文山县壮族丧礼及其宗教观念》，《广西民族研究》1993 年第 3 期。

② 郭立新：《荣耀的背后：广西龙背壮族丧葬仪式分析》，《中南民族大学学报》（人文社会科学版）2005 年第 1 期。

③ 郑雪松：《壮族丧葬习俗的教育人类学分析》，《广西师范大学学报》（哲学社会科学版）2009 年第 4 期。

④ 丘振声：《壮族图腾考》，广西人民出版社 2006 年版。

的原型是乌鸟，即"六乌圣母"①。研究者在引证古籍的基础上认为，壮族先民生存的环境不同，其图腾所崇拜的鸟亦不尽相同，因此壮族鸟图腾的原型并不确定。②研究认为，壮族牛图腾产生于原始社会。最先作为崇拜对象的是水牛和犀牛。汉代之后，由于牛耕的出现，人们对牛的崇拜增强。随着黄牛的传入，黄牛也成为壮族牛崇拜的对象。③学者们在考察壮族蛙图腾时认为，壮族蛙图腾文化中蕴含了浓厚的女性崇拜意识，蛙图腾经历了从男性神格向女性神格的变迁。④研究认为，在社会生产力低下、人类认知能力极低条件下时期的万物有灵观念，是壮族宗教的原始萌芽。在长期的历史演变过程中，这种原始萌芽又演变为图腾崇拜、天神崇拜和祖先崇拜。因此，壮族宗教与壮族的各种崇拜有着渊源关系。⑤研究认为，壮族自然崇拜文化的内核是生殖崇拜。壮族土崇拜、石崇拜、火崇拜、水崇拜、动物崇拜、植物崇拜以及性器崇拜都与生殖崇拜密切相关，都旨在祈求农业丰收、人丁繁衍。⑥研究认为，壮族自然崇拜中所蕴含的自然至上、人与自然之间平等的生态观念，保护自然的生态行为和在自然崇拜基础上形成的村规民约等，对保护生态环境具有重要意义。而其中的迷信思想，则有碍现代生态文明观念的形成。⑦

玉时阶的《壮族民间宗教文化》在探讨壮族民间宗教起源和发展的

---

① 覃小航：《"六乌圣母"：壮族鸟神崇拜的原型》，《广西民族研究》1993 年第 3 期。

② 丘振声：《壮族鸟图腾考》，《民族艺术》1993 年第 4 期。

③ 陈小波：《壮族牛崇拜出现时间的考古学考察》，《广西民族研究》1998 年第 4 期。

④ 邓伟龙：《历史性别视角下的壮族青蛙图腾》，《文艺理论研究》2009 年第 4 期。

⑤ 黄庆印：《壮族的宗教思想试探》，《广西民族学院学报》（哲学社会科学版）1984 年第 1 期。

⑥ 廖明君：《壮族土崇拜文化——壮族自然崇拜文化系列研究之一》，《广西民族研究》1997 年第 1 期；廖明君：《壮族石崇拜文化——壮族自然崇拜文化系列研究之二》，《广西民族研究》1997 年第 2 期；廖明君：《壮族火崇拜文化——壮族自然崇拜文化系列研究之三》，《广西民族研究》1998 年第 1 期；廖明君：《壮族水崇拜与生殖崇拜》，《民族文学研究》2001 年第 2 期；廖明君：《性器崇拜与生殖崇拜——壮族生殖崇拜文化研究》（上），《广西民族学院学报》（哲学社会科学版）1995 年第 1 期；廖明君：《植物崇拜与生殖崇拜——壮族生殖崇拜文化研究》（中），《广西民族学院学报》（哲学社会科学版）1995 年第 2 期；廖明君：《动物崇拜与生殖崇拜——壮族生殖崇拜文化研究》（下），《广西民族学院学报》（哲学社会科学版）1995 年第 3 期。

⑦ 杨宗亮：《云南壮族的自然崇拜及其对生态保护的意义》，《云南民族大学学报》（哲学社会科学版）2005 年第 2 期。

基础上，全面分析了壮族民间宗教与壮族政治、社会、文化之间的关系。研究认为，新石器时代，壮族先民已有了宗教萌芽。秦汉之后，汉族道教及外来宗教传入壮族地区，与壮族原始宗教相结合，形成了多元宗教混杂的壮族民间宗教。在壮族历史发展过程中，由于自然环境阻碍、经济的自给自足和政治上的封建割据，壮族民间宗教一直是影响壮族社会生产及社会生活的重要力量。研究指出，壮族各种文化的幼芽都包含在壮族民间宗教信仰和宗教活动之中，壮族宗教文化渗透壮族社会政治、文学艺术、科学技术、历史民俗等各个领域，成为各种文化的营养之源和表现形式。研究还指出，对待壮族民间宗教，应采取科学的态度，应将宣传无神论与尊重宗教信仰相结合，将宗教信仰与封建迷信相区别。[①]

在具体的宗教形态研究中，文献较为集中的有壮族麽教、师公教和巫教。壮族麽教，指的是以布洛陀为主神的壮族民间宗教。研究认为，壮族麽教源于越巫，是具有一神教雏形的壮族民间宗教，以布洛陀为其统一的最高神，有半宗教职业者布麽，有较为系统的宗教经书《麽经》，有较为规范和固定的宗教仪式，有自己的教义和教规，属于原始宗教向人为宗教的过渡形态。同时，麽教又具有明显的多神崇拜，缺乏固定的宗教场所和严密的宗教组织，具有世俗的自发性和实用性等特点。麽教是布洛陀文化体系中的重要内容。[②] 研究认为，《麽经布洛陀》全面体现了壮族的观念文化体系，是壮族世界观、人生观、事物观、宗教观、社会观、道德观、家庭观、爱智观、历史观和价值观的综合体现，具有重要的历史、文化和学术价值。[③] 研究者还提出了《麽经布洛陀》的外译策略，主张翻译时应方法灵活，由简到繁，由易到难，传神与通俗相结合。[④]

除了麽教，学者们还研究了壮族师公教。研究认为，师公教信仰唐、葛、周三元神，以《师经》为经书，以师公为神职人员，以因果报应、

① 玉时阶：《壮族民间宗教文化》，民族出版社 2004 年版。

② 覃乃昌：《布洛陀文化体系述论》，《广西民族研究》2003 年第 3 期；黄桂秋：《壮族民间麽教与布洛陀文化》，《广西民族研究》2003 年第 3 期。

③ 潘其旭：《〈麽经布洛陀〉与壮族观念文化体系》，《广西民族研究》2004 年第 1 期；潘其旭：《壮族〈麽经布洛陀〉的文化价值》，《广西民族研究》2003 年第 4 期。

④ 黄中习，陆勇，韩家权：《英译〈麽经布洛陀〉的策略选择》，《广西民族研究》2008年第 4 期。

地府天庭仙界、人生苦罪、众神崇拜、重孝宿命等信条为教义，是与麽教既有相同之处，又有区别的壮族原生型民间宗教。① 研究认为，师公教开丧仪式对认识壮族生命观、伦理观、师公教的宗教特质以及汉壮文化交流，具有启发意义。② 师公教的戒度法事属于一种"通过仪式"，标志着受戒者从俗人世界向宗教圣团的过渡。③ 师公教仪式中所使用的各种器物，具有神圣象征，丰富和完善了仪式的意义。④ 研究认为，师公教教义中的因果报应及其经文，对传承壮族传统美德、增进社会稳定与和谐、促进壮族非物质文化遗产保护，具有重要价值。⑤ 梁庭望教授对壮族原生型民间宗教的结构和特点进行了分析和归纳，认为麽教和师公教是吸收了壮族和其他民族文化营养，从壮族文化土壤中生长起来的壮族原生型民间宗教，宗教文化元素结构较为完整。壮族原生型民间宗教具有原生性、业余性、松散性、完整性、兼容性、民间性、民俗性和功利性等特点。⑥

2. 壮族民间艺术研究

壮族民间艺术研究文献主要涉及壮族民间音乐、民间舞蹈和民间传统手工艺。壮族民间音乐研究，内容包括民间器乐、地方音乐和壮族民间音乐文化资源的利用和保护三个方面的内容。李妍系统考察了壮族天琴文化，认为壮族天琴的历史可追溯到战国至汉代的壮族先民骆越人，源自广西龙州金龙镇壮族布傣族群祭祀时使用的法器"叮鼎"。宋至清代传到防城、宁明和凭祥，后至越南。⑦ 研究认为，天琴文化是壮族传统文化的典型代表，集壮族音乐物质文化和精神文化于一体，是壮族历史文化的积淀和壮族特色文化成就的突出体现，其在哲学、宗教、美学及民俗方面具有

---

① 莫幼政：《壮族麽教与壮族师公教的比较研究》，《广西民族研究》2009 年第 2 期。

② 莫幼政：《壮族师公教开丧仪式及其文化思考》，《河池学院学报》2009 年第 1 期。

③ 杨树苗：《壮族民间师公教的戒度仪式及其象征意义》，《东方丛刊》2001 年第 4 期。

④ 杨树喆：《壮族民间师公教仪式中所用之器物及其神圣化》，《广西师院学报》（哲学社会科学版）2001 年第 3 期。

⑤ 莫幼政：《壮族师公教因果报应思想在当代社会中的意义》，《河池学院学报》2011 年第 1 期；莫幼政：《略论壮族师公教经书的价值——以广西马山县白山镇新汉村国兴屯师公教经书为例》，《广西师范学院学报》（哲学社会科学版）2010 年第 2 期。

⑥ 梁庭望：《壮族原生型民间宗教结构及其特点》，《广西民族研究》2009 年第 1 期。

⑦ 李妍：《壮族天琴源流探微——壮族天琴文化研究之二》，《广西民族研究》2012 年第 2 期。

深刻内涵，并深刻影响着壮族的民族信仰、价值观念和民族性格。① 研究指出，天琴文化保护中，存在保护意识不强、传播空间不大、专业制作和创作人才匮缺、政府保护欠缺、保护与开发存在矛盾等诸多问题。② 关于壮族地方音乐形态的研究，有凌云壮族七十二巫调和文山壮族哭丧调。王晖认为，凌云壮族七十二巫调形成于改土归流之后，是当时岑氏土司社会的反映，具有重要的文化意义。③ 吴霜认为，凌云壮族七十二巫调已逐渐淡出当地社会生活，其传承主体间的关系已从传统的神—巫阴传，变为巫—人，或人—人的阳传。④ 罗国玲认为，云南文山壮族哭丧调融汇了壮族思想和文化要素，是壮族古俗的独特体现，其独特的音乐节拍，强调了"以孝为先"和"以善为本"的壮族传统道德和教育观念。⑤

研究认为，壮族音乐具有重要的价值特征，具有渲染情绪、表达情感、消遣娱乐、表达审美、传承文化、规范个体行为和促进社会整合等功能。⑥ 研究表明，丰富的壮族音乐资源正濒临消失，应加强对壮族民间音乐资源的保护和开发。应保护壮族民间音乐的根基，实行音乐进课堂，推陈出新加强民族音乐创作，大力发展民歌演唱，加强民歌的对外交流，将民族音乐保护与开发有机结合。⑦

壮族民间舞蹈研究主要涉及壮族蚂（虫另）舞和师公舞。关于壮族蚂（虫另）舞，陈支越、宋跃然认为，蚂（虫另）舞从娱神到健身功能的转变，意味着蚂（虫另）舞从传统向现代的转型。蚂（虫另）舞不仅具有强化社会认同、增强社会凝聚力的功能，而且为其本身的发展创造了条件。⑧ 钟宁认为，壮族师公舞主要分布于广西中南地区，形式多样。师

---

① 李妍：《世俗神器的艺术灵光——壮族天琴文化研究之一》，《广西民族研究》2010 年第 4 期。

② 李妍：《壮族天琴文化传承与保护现状调查——广西壮族天琴文化研究之三》，《广西民族研究》2012 年第 3 期。

③ 王晖：《凌云壮族七十二巫调与岑氏土司》，《广西民族研究》2008 年第 1 期。

④ 吴霜：《凌云壮族七十二巫调的阴阳传承》，《民族艺术》2011 年第 1 期。

⑤ 罗国玲：《文山壮族哭丧调》，《民族艺术研究》2008 年第 4 期。

⑥ 李海生：《壮族音乐艺术的价值特征研究》，《郑州大学学报》（哲学社会科学版）2008 年第 4 期。

⑦ 翁葵：《广西壮族音乐文化资源的保护与开发策略》，《广西社会科学》2012 年第 4 期。

⑧ 陈支越、宋跃然：《娱神与健身：壮族蚂虫另舞文化转型探析》，《广西民族大学学报》（哲学社会科学版）2012 年第 2 期。

公舞具有必设坛而舞、唱神、跳神与戴相同步，必有蜂鼓伴奏、必持神器而舞并遵循三步五向等舞蹈规范，基本动作包括颤、晃、扭胯蹲摆、悠吸点弹以及顺便等动作特征。[①]

关于壮族民间传统手工艺，覃彩銮系统考察了壮族陶瓷、青铜、玉石、滑石、织绣、木雕、石刻、银饰、剪纸和布贴十大类民间传统工艺的历史发展和工艺成就，认为壮族传统工艺构成壮族传统文化中文化内涵最丰富、最具影响力和成就最为卓著的一部分。[②]

在具体的壮族民间工艺特质研究中，壮锦研究较为丰富。徐昕、吕洁、杨小明等全面分析了壮锦的纹样结构及其特点，认为壮锦纹样结构简朴细致、稳定而富有韵味。纹样内容取材丰富，古朴而活泼。研究认为，壮锦纹样的结构与内容，既体现了壮族人民对美好生活的寄托和向往，对汉族文化的包容吸纳，也反映了壮锦的织造技艺条件。[③] 喻湘龙、杨洁等讨论了将壮锦融入现代设计的可能和原则，认为壮锦的民族特有色彩和纹样，是启迪现代设计、进行设计创新的重要元素。[④] 王华琳概括了壮锦在服饰复古和民族风潮流下出现的几种美学趋势：服饰风格趋于时尚简约、色彩应用趋于灵动创新、纹样图案趋于生动简明、款式造型趋于独特简洁，认为只有大胆创新，与时俱进，壮锦艺术才能不断传承发展。[⑤] 覃主元认为，要切实保障壮族民间手工艺，除了发挥市场的有限功能之外，国家的作用至关重要，对市场失效、濒临灭绝的壮族传统手工艺，必须由国家承担主要责任，并建立传统工艺的认定、传承、传播、生态保护和财政支持机制。[⑥]

---

① 钟宁：《壮族师公舞及其文化特征研究》，《北京舞蹈学院学报》2013 年第 3 期。

② 覃彩銮：《壮族传统工艺美术述议》（上），《广西民族研究》1995 年第 4 期；覃彩銮：《壮族传统工艺美术述论》，《民族艺术》1996 年第 1 期。

③ 徐昕、吕洁、杨小明：《从艺术特色到成因归宗——广西壮锦纹样解读》，《广西民族大学学报》（自然科学版）2014 年第 1 期。

④ 喻湘龙：《试论广西壮锦图形在现代设计中的再应用》，《南方文坛》2009 年第 4 期；杨洁：《广西壮锦织造及应用》，《文艺争鸣》2010 年第 11 期。

⑤ 王华琳：《论壮锦工艺在当代壮族服饰应用中的美学趋势》，《中央民族大学学报》（哲学社会科学版）2015 年第 3 期。

⑥ 覃主元：《壮族传统手工艺的有效保护与实践——以广西马海村造纸、雕刻工艺为例》，《中国科技史》2011 年第 3 期。

3. 民间哲学观念

学者们对壮族的哲学思想、伦理观念和审美特点进行了分析。黄庆印指出，壮族跟其他民族一样，拥有自己的哲学思想，并具有自己的民族特性，认为壮族的哲学观念蕴含在壮族的神话传说和歌海之中，其宗教、伦理道德与审美等哲学观念融为一体。[①] 张志巧、唐凯兴认为，壮族伦理思想中蕴含的协调人与自然、人与社会之间和谐相处的观念，在和谐社会建设中，具有缓解人与自然的冲突、协调社会秩序、促进社会整合等重要价值。[②] 杨昌雄认为，壮族审美文化具有崇高性和多样性两个重要特征。[③]

（五）壮族民间语言文化研究

1. 壮语研究

壮语文献多属语言学范畴，这里仅从壮语与壮族社会文化的关系角度概述壮语研究。班弨对壮语的社会差异现象进行了考察。认为壮族自然村落之间的语言在发音、用词和修辞方面均存在差异。造成这种差异的因素主要是姓氏、迁徙、与外界的交流以及相邻语言的互动。[④] 学者们重点关注了壮语词汇的文化特征。韦达分析了壮语词汇、壮语地名与壮族社会文化之间的关系，通过对壮语的词汇构成、后缀结构与合成词语序的考察，认为壮语具有浓厚的壮族文化色彩，不仅反映了壮族人民细腻和直观的情感表达特点，也反映了壮族男尊女卑、长幼有序、轻贬重褒、先主后次的伦理等级观念。[⑤] 韦达认为，壮族的岩洞地名、水田地名和姓氏地名分别反映了壮族先民的穴居历史、农耕传统和家族观念等壮族文化内涵。[⑥] 覃凤余认为，壮族地名反映了壮族人的思维方式和社会文化，壮语地名文化

① 黄庆印：《论壮族哲学思想特点及其研究意义》，《广西民族学院学报》（哲学社会科学版）1995 年第 1 期。

② 张志巧、唐凯兴：《壮族伦理思想的和谐意蕴及其当代价值》，《广西民族研究》2011 年第 4 期。

③ 杨昌雄：《论壮族审美文化特征》，《广西社会科学》1999 年第 6 期。

④ 班弨：《壮语的村落差异》，《民族语文》1995 年第 4 期。

⑤ 韦达：《壮族词语的文化色彩——壮族语言文化系列研究之二》，《中南民族大学学报》（人文社会科学版）2002 年第 3 期。

⑥ 韦达：《壮语地名的文化色彩——壮族语言文化系列研究之一》，《中南民族学院学报》（人文社会科学版）2001 年第 4 期。

具有乡土性、混合性、与汉文化相互交织的复杂性等特点。① 贺大卫、蒙元耀分析了壮语中丰富的稻作词汇内涵，认为壮语具有丰富的稻作文化内涵。② 邓彦对广西巴马县的壮语使用情况进行了问卷调查，研究发现，壮语的使用范围逐渐向家庭领域和老年人际之间收缩，壮语代际交流趋于中断，壮语在壮族社会的使用、语言能力和语言态度等几个方面，已表现出濒危趋势。③ 张显成、高魏以《壮族麽经布洛陀影印译注》为例，探讨了方块壮字的辞书编纂价值，认为壮族方块字文献不仅数量丰富，而且语料真实，在辞书编纂中具有增补条目、补充释义和补缺书证等重要价值。④ 张声震指出，壮语地名、古壮字及壮语古籍，蕴含了丰富而悠久的壮族文化，应以马克思主义语言学理论为指导，通过研究壮语及其派生的丰富遗产，加深对壮族悠久文化的理解。⑤

2. 壮族山歌研究⑥

壮族山歌研究是壮族民间语言文化研究中成果最丰富、研究最广泛和最深入的内容。研究主题涵盖了壮族民歌的起源与发展、内容与形式、功能与价值、传承和保护。

（1）山歌的起源与发展。在壮族山歌文化研究的早期阶段，学者们关注的焦点是山歌文化的起源；关于山歌文化的发展，则始终是山歌文化研究的主题之一。相关的研究主要有潘其旭的《壮族"歌圩"的起源及其发展问题的探讨》、农学冠的《壮族歌圩的源流》、周作秋的《论壮族歌圩》、王芳的《壮族民间歌谣与歌圩的起源和发展现状》、潘春见的《歌墟源流——壮族歌圩与其他民族歌场之比较（一）》、陆晓芹的《壮族

---

① 覃凤余：《壮语地名及其研究——壮语地名的语言文化研究之一》，《广西民族研究》2005年第4期。

② ［澳］贺大卫，蒙元耀：《壮语稻作词汇及其文化内涵试析》，《广西民族研究》2004年第3期。

③ 邓彦：《广西巴马壮语濒危现象调查》，《湖南科技大学学报》（社会科学版）2012年第5期。

④ 张显成，高魏：《论方块壮字文献的壮语辞书编纂价值——以〈壮族麽经布洛陀影印译注〉为例》，《中央民族大学学报》（哲学社会科学版）2015年第3期。

⑤ 张声震：《从壮语及壮语派生的文化遗产研究中探索壮族历史的悠久性——用马克思主义理论指导壮学研究（二）》，《广西民族研究》2012年第4期。

⑥ 本部分内容作为阶段性研究成果在《广西社会科学》2011年第11期发表，有修改。参见吴德群《壮族山歌文化研究综述》，《广西社会科学》2011年第11期。

歌圩当代流变论》等。

　　学者们一致认为，壮族山歌文化是在壮族长期的社会生产和生活实践基础上形成的一种民族传统。关于壮族山歌的起源主要有两种观点。较为一致的观点是对偶婚说。对偶婚说认为，壮族山歌文化起源于远古的族外择偶（对偶婚制）活动。持这种观点的论者，主要依据的是相关古籍和民族或地方志中的有关记载和民间传说。第二种观点是娱神说。娱神说观点存在争议。坚持该观点的论者认为，壮族山歌文化源于古代的民间宗教信仰，古人为了生产和生活的需要，通常祈求神灵保佑，便以歌赞神和乐神。山歌文化便源于此。质疑该观点的论者认为以情歌为主体内容的山歌文化不可能在严肃的娱神过程中产生，并认为用宗教解释山歌文化的产生缺乏科学性。① 随着改革开放的深入，全球化、城市化、市场化等现代浪潮开始席卷壮族社会和壮族山歌文化。越来越多的研究者更加关注山歌文化的发展问题。陆晓芹从山歌文化的存在样态、发展方向、传播途径和功能性质四个层面对壮族山歌文化的发展现状进行了概括。研究认为，转型背景下山歌文化的发展表现为存在样态的多层次性，发展方向的多流向性、传播途径的多渠道性和社会功能的多元性等特点。② 有论者认为，随着各种山歌文化节的举办，壮族山歌文化正开始进入市场，壮族山歌文化在发展过程中被赋予了经济内涵。③ 关于壮族山歌文化的发展方向，学者们表现出两种主要倾向。一种是乐观主义的倾向，具有该倾向者认为，山歌文化在市场经济条件下扮演了新的角色，山歌获得了新的发展机遇，若引导得当，壮族山歌文化将会更加繁荣。④ 另一种是悲观主义的倾向，具有该倾向者看到的是壮族山歌文化的衰落，认为在壮族山歌文化发展过程中，由于社会的变迁、政府的禁止、婚俗的改变以及壮族群体心理和价值观变化等多重原因，壮族山歌文化将趋向衰落。⑤

----

　　① 农学冠：《壮族歌圩的源流》，《广西民族学院学报》（哲学社会科学版）1981年第2期。

　　② 陆晓芹：《壮族歌圩当代流变论》，《广西民族学院学报》（哲学社会科学版）2003年第4期。

　　③ 王芳：《壮族民间歌谣与歌圩的起源与发展现状》，《广西民族大学学报》（哲学社会科学版）2006年第6期。

　　④ 邓如金：《论壮族歌圩的生命力》，《中央民族学院学报》1992年第4期。

　　⑤ 李乃龙：《歌圩衰落的文化心理透视》，《南方文坛》1996年第6期。

（2）山歌的内容与形式。研究者对壮族山歌文化特征的关注点，主要集中于山歌的题材内容、思想内涵和形式三个层面。研究者们一致认为，构成山歌的题材十分广泛。而就题材的性质而言，又有圣俗或现实与虚拟之分。山歌中的现实内容涉及天文、地理、历史、政治、社会生产、社会生活等方方面面，这些题材与壮族社会的日常生活和生产实践联系紧密。① 覃录辉认为情歌是壮族歌圩中最为典型的内容，他系统地分析了情歌中所包含的相见歌、催请歌、赞美歌、盘歌、结交歌、分别歌和重会歌七个一般程序及其基本内容。② 滕光耀具体分析了平果嘹歌中《三月歌》《日歌》《行路歌》《贼歌》《建房歌》中的内容，指出其中除了包括青年男女之间的恋情内容外，还包括青年男女的社会交往、日常生活、家庭关系、建筑房屋等众多内容。③ 覃九宏系统整理了壮族的礼仪山歌，其中包括生养礼仪歌、结婚礼仪歌和丧葬礼仪歌。④ 山歌中的神圣或虚拟内容多关涉鬼、神等壮族民间信仰。钟健分析了广西宜州一带的"牛镜"（一种非职业性的仪式主持，与巫婆相似——笔者注）所唱的"天上的歌"。"天上的歌"多唱神仙或上天之事，有时也针砭世人，往往由神仙借"牛境"之口唱出。⑤

研究者们不仅关注了山歌文化的题材内容，还深入分析了蕴含在这些题材中的思想内涵。学者们一致认为，壮族山歌文化具有丰富的思想内涵。在对坡芽壮族情歌和平果壮族嘹歌的研究中，学者们认为壮族山歌文化不仅反映了壮族人的生活态度，以及对爱情、婚姻和家庭的观念，也反映了壮族社会的仪式习俗、人缘关系、信俗观念。⑥ 梁庭望、罗宾等翻译和整理了壮族传统伦理长诗《传扬歌》的内容并深入分析了其思想精髓，认为《传扬歌》内含了壮族社会关于个人修养、家庭伦理和社会道德等

---

① 赵毅：《壮族民歌的区域性特征》，《中央音乐学院学报》1999 年第 2 期。

② 覃录辉：《广西壮族"歌圩"情歌的分类》，《中央民族学院学报》1990 年第 3 期。

③ 滕光耀：《〈嘹歌〉的内容、形式和分类——壮族〈嘹歌〉文化研究之四》，《广西民族研究》2005 年第 2 期。

④ 覃九宏：《传统礼仪山歌》，广西民族出版社 2002 年版。

⑤ 钟健：《神性的山歌》，《民俗研究》2007 年第 4 期。

⑥ 刘冰山、黄炳会：《坡芽歌书》，民族出版社 2008 年版，第 2 页。

丰富思想。① 潘其旭通过对《嘹歌》的分析，认为《嘹歌》集中反映了壮族人两种生产的价值观，厌乱喜安的社会观和追求自由的爱情观。② 金北凤认为，壮族山歌不仅表达了壮族社会的生命审美意识，而且反映了壮族社会对大自然的热爱以及人与自然之间的和谐主张。③

现有研究在关注壮族山歌的题材和思想内容的同时，对壮族山歌的形式也有众多的讨论。有关山歌形式的讨论主要涉及山歌的音乐学形式、文学形式和活动形式。山歌的音乐形式和文学形式主要包括山歌的韵律、调式等特征。④ 考虑其主要属于音乐学或文学范畴，故对此概述从略。山歌的活动方式主要包括山歌活动在时间和空间上的分布、山歌活动的组织形式、山歌与社会生活的联系等几个方面。学者们指出，壮族山歌在时间分布上具有周期性的特点。山歌活动主要在民间节日，包括春节、二月二、三月三、中秋节等传统节日；空间上山歌活动具有广泛分布和定点举行的特点，山歌活动的地点（歌圩）几乎遍及壮族各地，并具有稳定性；从活动者的构成上看，壮族山歌活动具有平民化、群体化和两性化的特点，即山歌的参加者主要是民间社会，多数是农民，常为男女共同参与，且参与对歌或听歌的人数众多；在山歌活动的组织方式上，主要表现为节日性对歌、临场性对歌和竞赛性对歌等。⑤ 研究认为，山歌与壮族人的社会生产和生活联系密切。⑥ 不仅山歌的题材和内容直接表达了壮族社会生活的方方面面，而且山歌活动本身就构成社会生活和生产的内在过程，二者相互渗透，密不可分，构成壮族社会的"歌化"生活。⑦

（3）山歌的功能与价值。研究认为，壮族山歌作为一种文化形式，是壮族民间文化的主要载体，反映了壮族社会的审美观念、心理素质、生

---

① 梁庭望、罗宾：《壮族伦理道德长诗传扬歌译注》，广西民族出版社 2005 年版，第 36—37 页。

② 潘其旭：《壮族〈嘹歌〉的文化内涵——壮族"嘹歌"文化研究之五》，《广西民族研究》2005 年第 3 期。

③ 金北凤：《试论壮族民歌的"意""境"之美》，《艺术百家》2006 年第 5 期。

④ 杨桂桦：《论壮族山歌音调的审美特征》，《西南民族大学学报》（人文社会科学版）2003 年第 11 期。

⑤ 潘其旭：《壮族歌圩研究》，广西人民出版社 1991 年版，第 170—192 页。

⑥ 赵毅：《壮族民歌的区域性特征》，《中央音乐学院学报》1999 年第 2 期。

⑦ 潘其旭：《壮族歌圩研究》，广西人民出版社 1991 年版，第 50—113 页。

活习惯和文化传统，不仅满足了壮族社会独特的审美需要，具有独特的审美和娱乐功能，① 而且也保存和发展了壮族社会的传统文化，具有传播意识形态、社会生产和生活知识的认知功能。② 同时，作为一种社会文化活动，对壮族民间社会的主体来说，山歌是壮族民间社会借以表达集体情感、寄托社会理想的符号，具有心理调适的功能；对国家来说，山歌又是一种权力符号，具有社会控制的功能。③ 研究者们看到，在市场经济条件下，山歌与旅游和贸易等越来越紧密的结合，使山歌又具有推动经济发展的功能。④ 有研究指出，壮族山歌的社会功能是随着社会条件的变化而变化的，认为，纵向地看，壮族山歌的主要功能经历了娱神——择偶——品牌代言的变化过程；⑤ 横向地看，当前情况下，壮族山歌文化的社会功能呈现出多元化的性质。⑥

研究者们不仅关注了壮族山歌文化的现实功能，也同时关注了山歌文化的潜在价值。概括起来，学者们重点研究了壮族山歌文化的三种主要价值：认知价值、审美价值和经济价值。学者们认为，壮族山歌文化对认识壮族的历史文化、了解壮民族的社会心理和民族精神，都具有重要的价值。覃乃昌认为，《嘹歌》对于了解认识壮族传统文学、艺术、历史、民俗、语言文化和古文字都具有重要的价值。⑦ 蓝阳春认为，《嘹歌》是壮族礼仪习俗的储藏库，是英雄的赞歌，是研究土司制度的宝贵材料，是壮族歌谣艺术的范本。因此，《嘹歌》是认识壮族传统社会和壮族传统文化

① 范西姆：《壮族三声部民歌的审美价值》，《歌海》2005 年第 3 期。
② 白雪：《乡土社会中的壮族原生态情歌透视——以广西右江流域大新县壮族民歌为个案》，《歌海》2011 年第 1 期。
③ 罗远玲：《审美人类学主客位视野中壮族歌圩及其文化符号意义》，《广西民族研究》2003 年第 2 期。
④ 李萍：《论百色市壮族歌圩的源流与价值》，《百色学院学报》2009 年第 2 期。
⑤ 黄羽：《社会人文环境的变迁对歌圩的影响——从壮族歌圩的源流看其社会功能的转变》，《艺术探索》2006 年第 2 期（增刊）。
⑥ 陆晓芹：《壮族歌圩当代流变论》，《广西民族学院学报》（哲学社会科学版）2003 年第 4 期。
⑦ 覃乃昌：《〈嘹歌〉壮族歌谣文化的经典——壮族〈嘹歌〉文化研究之一》，《广西民族研究》2005 年第 1 期。

的重要资源。① 关于审美价值，覃彩銮在对壮族《嘹歌》的美学特征进行分析时认为，《嘹歌》所具有的民间性和自编自唱自享的艺术性，是《嘹歌》审美价值的本质所在；而《嘹歌》无论在对唱组合与分工、对唱的题材与时空组合、韵律、曲调及其与时俱进等形式层面，还是在内容、意境、情感、思想等内涵层面，以及在《嘹歌》所体现的社会环境层面，都具有独特的审美价值。② 近年来，越来越多的研究者把壮族山歌文化视为一种重要的文化旅游资源，认为山歌文化具有重要的经济开发价值。③

（4）山歌的传承与保护。壮族山歌文化研究的第四个层面是传承与保护。研究者们认为，壮族山歌的传承和延续有其社会和文化（观念）的基础。④ 在壮族山歌得以传承的动力上，研究者见仁见智，主要有功能论、心理论和国家论三种观点。功能论观点认为，壮族山歌文化之所以传承延续至今，是因为壮族山歌文化具有多种社会功能。山歌娱乐审美功能赋予了山歌凝聚力和吸引力；山歌的认知功能使山歌成为青少年教育的需要；⑤ 山歌文化所具有的社会功能为之传承延续奠定了社会基础。⑥ 心理论观点认为，壮族山歌反映了由壮族文化传统在历史实践基础上长期积淀而成的集体心理，即对山歌的民族认同，这种民族认同构成壮族山歌延续的内在动力。⑦ 国家论者认为，在全球化、市场化背景下，国家对山歌的挖掘整理和开发、对山歌的传承起了重要的作用。⑧

壮族山歌文化的保护研究是目前研究的热点。其要旨是在壮族传统山歌文化面临现代性浪潮冲击的境遇下，探寻保护山歌文化的有效办法。从现有的研究看，多数人较为一致的观点是，只有对山歌文化进行产业化开

---

① 蓝阳春：《〈嘹歌〉的特色及其在壮族传统文化中的地位与作用——壮族嘹歌文化研究之八》，《广西民族研究》2005 年第 4 期。

② 覃彩銮：《论壮族〈嘹歌〉艺术的美学价值——壮族〈嘹歌〉文化研究之六》，《广西民族研究》2005 年第 3 期。

③ 蓝阳春：《〈嘹歌〉的特色及其在壮族传统文化中的地位与作用——壮族嘹歌文化研究之八》，《广西民族研究》2005 年第 4 期。

④ 张铭远：《壮族歌圩的社会基础及观念基础》，《广西民族学院学报》1986 年第 3 期。

⑤ 邓如金：《论壮族歌圩的生命力》，《中央民族学院学报》1992 年第 4 期。

⑥ 陆于波：《壮族歌圩文化延续原因初探》，《广西民族学院学报》1990 年第 1 期。

⑦ 同上。

⑧ 陈家友：《从平果壮族歌圩的盛行看现代多元文化背景下民族传统音乐文化的传承》，《玉林师范学院学报》2007 年第 1 期。

发，才能保护山歌文化。有的论者提出了"传统内容+现代形式+产业运作"的壮族歌圩开发与保护模式，认为运用现代技术形式对传统山歌内容进行包装，然后由国家、商家和壮学专家共同进行商业品牌打造，便可实现壮族山歌的保护和传承。① 部分学者认为，山歌文化的保护是一项系统工程，必须有计划地进行，同时，要进行山歌文化保护的制度建设，必须在坚持抢救为主、保护第一的原则基础上，与产业开发相结合。② 也有少数论者认为，壮族山歌文化的保护不仅仅是一个责任和方式的选择问题，还是一个国家、市场和民间社会利益的结构关系问题，解决这一问题的关键是建立三者之间的良性互动关系，这将最终涉及社会政策乃至城乡发展模式的调整。③

3. 神话与传说研究

首先，学者们探讨了壮族神话的谱系、文化内涵和形成机制。农冠品对壮族神话的结构、传承方式和文化内涵进行了深入分析，将壮族神话按内容划分为17大类，认为壮族神话传承主要有两种方式，一种是口头传承，另一种是古壮字记存。研究认为，壮族神话具有丰富的文化内涵，全面反映了壮族社会朴素的哲学智慧、万物有灵观念、社会历史、社会生活、社会情感。农冠品认为壮族神话，对壮族的民族性格、民族精神、民族意识、社会心理，产生了深刻影响。④ 邵志忠认为，壮族神话作为壮族文化的一部分，经历了由远古虚渺的自然神到现代现实的祖先神的演化过程，并在与汉文化的互动中，不断延伸、充实和重构。研究认为，天地信仰和开辟神话是壮族神话文化的始端，女神的出现及男神的篡位标志着壮族神话文化的顶峰，而祖先神的确立则意味着壮族神话文化的生活化。⑤ 覃德清认为，壮族神话谱系通常与一定的地理空间相结合，形成文化的圣

---

① 李萍：《民歌文化资源开发视域下和谐歌圩的建构——以广西壮族为例》，《南方文坛》2009年（增刊）

② 覃乃昌：《〈嘹歌〉壮族歌谣文化的经典——壮族〈嘹歌〉文化研究之一》，《广西民族研究》2005年第1期。

③ 吴德群：《国家市场社会良性互动视角下的壮族民间文化保护》，《广西社会科学》2010年第12期。

④ 农冠品：《壮族神话谱系及其内涵述论》，《广西右江民族师专学报》2001年第3期；韦苏文：《壮族神话与民族心理》，《中南民族学院学报》（哲学社会科学版）1990年第1期。

⑤ 邵志忠：《壮族神话文化建构初探》，《广西民族研究》1994年第2期。

神空间。神话想象、文化记忆和对神圣空间中特定神祇的敬畏、朝拜等是神圣空间生成的重要机制。在传统文化现代化的过程中，在保护壮族传统文化过程中，强化壮族社会的文化记忆意义重大。①

其次，学者们还分析了壮族神话的意义和价值。农学冠认为，壮族神话体现了壮族先民对欣赏自然，利用自然为人类造福活动的褒扬和歌颂，对劳动者力量、勇敢和奉献的赞美，反映了壮族人乐于创造敢于创造的审美观念，具有重要的审美意义。②覃彩銮认为，壮族神话同时具有空间上的广度和时间上的深度，是壮族丰富悠久文化的积淀，其独特的形式和内容，对研究壮族古代历史、壮族古代哲学思想、原始宗教、壮族先民的生产生活以及壮族与汉族和其他相邻民族间的文化活动等，都具有重要价值。③

此外，学者们还对壮族神话的具体形态进行了分析。潘其旭在分析了《壮族麽经布洛陀影印译注》的文化价值基础上，对壮族创始神话的文化地位进行了高度评价，认为壮族布洛陀神话是中国创世体系神话的例证，是对中国无创世体系神话旧说的破除。④陈金文对壮族神话《布伯》《莫一大王》等分别进行了考察，认为布伯、莫一大王等神话形象，一方面蕴含了壮族先民对不畏自然、敢与自然做斗争的智慧和勇敢精神的肯定和赞扬，反映了社会的阶级矛盾和斗争；另一方面，也体现了壮族先民主张尊重自然、敬畏自然、与自然和谐相处的生态观念，以及不畏强权、敢于反抗的英雄气概。⑤

在推动壮族神话研究过程中，张声震主编、农冠品编注的《壮族神话集成》（广西民族出版社 2007 年版）意义重大。该书是壮族神话原始资料的集大成者，为开展壮族神话研究提供了丰富、原始和真实的材料。

---

① 覃德清：《壮族神话谱系的构拟与神圣空间的生成》，《民间文学研究》2015 年第 4 期。

② 农学冠：《壮族神话的美学意义》，《学术论坛》1983 年第 3 期。

③ 覃彩銮：《壮族神话学术价值初探》，《广西民族研究》1990 年第 2 期。

④ 潘其旭：《壮族布洛陀神话破除中国无创世体系神话的旧说》，《广西民族研究》2011 年第 2 期。

⑤ 陈金文：《人与自然的捭阖——壮族神话〈布伯〉的文化解读》，《长江大学学报》（社会科学版）2008 年第 2 期；陈金文：《浅析壮族民间故事中"莫一大王"的形象》，《社会科学战线》2007 年第 2 期。

（六）壮族民间文化的特征及其与其他民族文化的关系研究

在壮族民间文化研究中，学者们对壮族民间文化的特点进行了归纳和提炼。但在提炼的方式上，见仁见智。有的研究者着眼于微观，注重对某一具体文化特质特点的归纳，如对壮族民歌或舞蹈特点的归纳；有的学者则侧重于宏观，力图从总体角度进行概括。

鉴于前文已归纳了具体文化特质或文化丛的特征，这里着重介绍宏观方面的研究。在《壮学丛书》总序中，张声震全面论述了壮族民间文化及其特点。这些特点包括壮族先民自主发展时期，形成了体系完整的"话壮"民族语言文化，形成了以"那"文化为核心的民族文化体系，形成了以铜鼓为典型的青铜文化、以花山岩壁画为典型的艺术文化、以《布洛陀》为典型的神话文化、以鸡骨卜和麽教为典型的原始宗教文化、以宇宙"三界"说和万物分公母为代表的哲学观念、以"欢敢"和"欢娅圭"为典型的歌谣文化以及以土医土药为特征的医药文化。在统一的多民族国家形成之后，壮族文化开始与汉族文化相互融合，并形成了壮族文化的主体性、开放性和包容性。张声震指出，壮族文化与华南诸少数民族文化存在同源异流关系，与东南亚及环太平洋地区诸民族文化具有同质性，壮族文化在人类文明史上具有重要地位。[1] 覃德清从壮族的文化结构角度指出，壮族传统文化结构（这里理解为民间文化——笔者注）具有非整合性特点。具体表现为壮族社会角色结构不完整、社会制度结构、社会精神文化结构和民族心理意识结构的非整合。[2] 梁庭望从文化传承的角度认为，壮族文化属于断裂文化。具体表现为古与今断裂、文言断裂、高与低断裂、内与外断裂和传与承断裂五个方面。[3] 覃彩銮依据壮族文化的区域特征认为，由于受自然环境、民族渊源、民族流动、中央封建王朝以及文化交融等原因的影响，壮族民间文化形成了块状分布的多元一体化特点。[4]

---

① 梁庭望，罗宾：《壮族伦理道德长诗传扬歌译注》，广西民族出版社 2005 年版，第 1—26 页。

② 覃德清：《论壮族传统文化的非整合性特征》，《贵州民族研究》（季刊）1992 年第 3 期。

③ 梁庭望：《论壮族文化的断裂现象》，《广西民族研究》1988 年第 4 期。

④ 覃彩銮：《壮族传统文化多元一体格局及其成因》，《广西民族研究》1995 年第 2 期。

　　壮族是岭南地区具有悠久历史的土著民族。在壮族形成、发展和分化的过程中，不断与其他民族发生各种联系和交往。壮族的社会生产方式、生活方式和思想观念不可避免地要受到其他民族的影响。壮族民间文化也同样受到其他民族文化的影响。因此，把握壮族民间文化与其他民族文化的互动关系，是壮族民间文化研究的重要内容之一。

　　在壮族民间文化与其他民族文化间的关系研究中，从涉及的民族来看，主要有汉族、瑶族、傣族等民族。其中，有关壮族与汉族文化间的关系研究最多。研究认为，早在远古时代，壮族与汉族之间已有了政治和文化上的联系，秦统一岭南之后，壮汉之间的文化联系增强，在铁的使用和制造、牛耕技术和相关工具的引进和普及、壮族铜鼓文化的形成、古壮字的创造、民间文学以及石刻艺术和习俗观念等民间文化的诸多方面，汉族对壮族的影响都较为深刻。[①] 研究指出，孔子及其思想对壮族文化具有重要影响。建立孔庙、祭祀崇拜孔子在壮族民间较为普遍。孔子的伦常思想、仁义观念不仅深刻渗透到壮族民间社会文化当中，构成壮族民间的观念和规范，而且影响到壮族的日常生活和社会习俗。[②] 学者们认为，明末清初，虽然某种程度上汉族文化开始影响壮族文化，但壮族在衣着服饰、居住方式和婚俗方面还保持着自己的传统文化。随着汉文化对壮族文化影响的加强，汉族文化开始普遍渗入壮族民间文化之中，壮族文化受到汉文化的影响日益强烈。[③] 在壮族民间文化与汉族文化的关系研究中，学者们讨论了壮族与客家文化的互动关系，认为壮族与客家文化的互动越来越普遍，在语言、民间信仰和风俗习惯等方面，壮族与客家之间相互交融，在客家文化壮族化的同时，壮族文化也呈现出客家化的特点。[④]

（七）壮族民间文化保护与现代化研究

　　转型期，民族文化面临的主要问题就是全球化带来的文化多元化挑

---

① 陈金源：《广西古代汉族文化对壮族的影响》，《中央民族学院学报》1985年第1期。

② 黄庆印：《论孔子在壮族地区的影响及历史作用》，《广西民族学院学报》（哲学社会科学版）1996年第4期。

③ ［日］塚田诚之：《广西壮族瑶族与汉族政治及文化关系的比较研究》，马建钊等译，《广西民族研究》1991年第3期。

④ 袁丽红：《壮族与客家的文化互动与融合》，《广西民族研究》2012年第2期。

战。以现代化标示的工业文化和都市流行文化给民族传统文化造成的毁灭性冲击，激发了各民族珍惜自己传统文化的民族意识，促进了各民族思考其民族文化的出路和未来。转型期壮族民间文化保护不仅是国家和壮族社会的重要文化实践，也是学者们研究壮族民间文化的重要内容。

关于壮族民间文化的保护，学者们关注的焦点集中于城镇化背景下壮族民间文化的保持与传承。研究认为，在城镇化的冲击下，布洛陀文化等壮族民间文化面临着消亡的风险。① 学者们以广西靖西为例，分析了壮族民间文化保护面临的诸多困境：重市场需求，轻文化价值；壮歌壮剧的社会关注领域日趋狭窄，实践主体缺失；传统服饰民居习俗淡化，历史遗产保护乏力。研究认为壮族民间文化保护困境的根源在于传统文化让位现代流行文化，青年一代崇尚传统文化的价值丧失；商业化过程中民间文化的历史文化价值与经济价值难以统一；保护资金不足，法律保障缺失。② 研究认为，应该在国家、市场和社会三者良性互动的框架内实现壮族民间文化保护。在这一框架中，国家承担着重要责任，包括通过履行其政策职能，按照城乡公正发展的原则，建立起保护民间文化的制度机制；③ 进行组织、规划和协调，促进壮族民间文化的整体保护；④ 制定民间文化保护的财政预算，保证民间文化保护的资金来源；开拓开发领域，引导开发渠道；制定和完善相关法规，规范管理；宣传、引导和鼓励民间文化传承。⑤

学者们在强调国家责任的同时，对市场更加寄予厚望。在学者们看来，市场经济条件下，只有充分利用市场，实现产业与文化的结合，进行文化产业开发，壮族民间文化才有出路。因此，"开发"便成为转型期实

① 李志强：《城镇化背景下少数民族乡村文化的保持——以壮族布洛陀文化为例》，《广西民族研究》2010 年第 2 期。

② 蒋明伟：《壮族历史文化遗产保护与开发的困境与出路探微——以广西靖西县为例》，《广西民族研究》2012 年第 1 期。

③ 吴德群：《国家市场社会良性互动视角下的壮族民间文化保护》，《广西社会科学》2010 年第 12 期。

④ 石文燕、汪开庆：《壮族民俗文化动态性保护与发展的基本方式》，《广西社会科学》2012 年第 9 期。

⑤ 蒋明伟：《壮族历史文化遗产保护与开发的困境与出路探微——以广西靖西县为例》，《广西民族研究》2012 年第 1 期。

现壮族民间文化保护的一致选择。在诸多关于壮族民间文化的开发研究中，开发策略研究居多。有学者从市场运作和人才培养两个角度，提出了明确客源市场定位，扩大营销；打造特色文化品牌，提升文化品位，开发参与性文化产品，创办民间文化旅游节，将民间文化旅游与自然景观观光相统一；完善人才保障体制，做好传承人的保护和培训工作等策略。① 也有学者提出了桂滇联合开发，建立桂滇文化旅游带的策略设想，即以南昆高速公路为纽带，将沿线文化资源进行整合开发，形成文化旅游带，提出应建立合作平台，编制规划，打破旅游市场壁垒，形成旅游市场合作机制等操作性对策。② 学者们还以壮族花山文化为例分析了壮族民间文化开发应遵循的策略性原则：运用多学科视角，准确理解民间文化内涵；立足民间文化的区域性和民族性，扩大宣传；注重民间参与，保持民间文化的活态性；学习和借鉴云南及湖南文化开发经验，构建文化产业开发统计评估体系，吸纳非公有资本；加快民间文化向生产及生活领域的融入以彰显文化特色。③

　　学者们还分析和回答了壮族民间文化的现代化问题。梁庭望教授从教育、社会心态和社会经济结构三个层面提出了壮族民间文化现代化的路径，认为发展壮族教育是实现壮族民间文化现代化的基础，应改变壮族教育中以应试教育为特征的落后观念，调整不合理的教育结构，形成一个普通教育质量较高，职业教育地位突出，继续教育、终身教育和远程教育全面发展的教育格局。梁教授强调，健全的社会心态是壮族民间文化发展的前提。壮族人要克服民族自卑心理和民族虚无主义，树立民族自豪感和自信心，珍惜壮族优秀文化成果，批判地继承壮族传统文化，改变传统农本观念，自力更生，积极投入市场经济建设，努力将壮族人提升为环境的主宰。梁教授认为，要实现壮族民间文化现代化，还要科学调整壮族三大产业结构，应引入市场机制，因地制宜，重点发展经济林、亚热带水果等特

　　① 贺剑武、陈炜、黄玲芳：《广西壮族非物质文化遗产保护性旅游开发研究——以百色布洛陀文化为例》，《广西社会科学》2009 年第 4 期。

　　② 李伟山、孙大英：《论桂滇壮族文化旅游带的合作开发》，《社会科学家》2008 年第 9 期。

　　③ 廖杨、蒙丽：《人类学视野中的民族文化旅游资源开发——以壮族花山文化为例》，《社会科学家》2009 年第 7 期。

色农业和猪、鸡、鸭等特色养殖业；加快第二产业的所有制、管理制度改革和布局调整，因地制宜，发挥县域优势和特色，发展县域工业；因地制宜，点线相连，点面结合，科学布局并重点发展现代饮食商业、服务业和其他第三产业，同时，将壮族传统优秀文化融入现代经济行为，实现壮族传统文化与现代经济的互动。[①] 覃德清教授认为，壮族民间文化现代化的方向是继承和发扬壮族优秀传统，同时破除壮族社会的各种落后束缚。其中，最为根本的是实现壮族人的现代化，造就具有现代科学知识和现代文化心理素质的壮族人。而发展民族教育和发展小城镇，是发展壮族经济、实现壮族人现代化的重要途径。[②]

---

① 梁庭望：《壮族文化概论》，广西教育出版社 2000 年版，第 602—623 页。
② 覃德清：《壮族文化的传统特征与现代建构》，广西人民出版社 2006 年版，第 161 页。

第 三 章

壮族社会转型与壮族民间文化变迁的特征

改革开放以来，壮族社会转型呈现出三个主要特征：工业化步伐日益加快，城市化水平逐步提高，社会开放程度不断上升。

本章从壮族民间文化变迁发生的广度、深度、速度（物质文化与非物质文化变迁的差异）以及变迁的方式这四个角度，从量和质两个层面概括了转型期壮族民间文化变迁的特征。总体上，转型期壮族民间文化变迁具有范围广泛、在程度上深刻多样、在速度上物质文化与非物质文化间的文化堕距加大以及在变迁方式上衰落与创新并存四个主要特征。

一 改革开放以来的壮族社会转型[①]

改革开放以来，尤其是市场经济体制改革的深化和中国—东盟自由贸易区的兴建，有力地推动了壮族社会的现代转型。概言之，壮族社会转型呈现出三个基本特征：工业化步伐日益加快，城市化水平逐步提高，社会开放程度不断上升。

（一）工业化步伐日益加快

工业化指的是以现代工业为核心，以先进的机器技术取代落后的手工技术，以社会化大生产取代个体生产，社会劳动生产率不断提高，非农部

---

① 本节内容在已发表的阶段性研究成果《改革开放以来的壮族社会转型》基础上修改。参见吴德群《改革开放以来的壮族社会转型》,《文山学院学报》2013 年第 5 期。

门逐渐取代农业部门并逐渐在国民经济中占主导地位的结构变化过程。①
工业化有一系列的衡量指标，虽然不同的学者对这些指标有不同的解读，
但各种观点之间也有很多一致。学者们一致认可的工业化指标主要有四
个：在国民收入或地区收入中，第二产业的比重不断提高；第二产业和第
三产业中的就业人口比例不断上升，第三产业不断发展；现代工业技术不
断促进诸如交通、通信、农业和教育等国民经济其他部门的发展；全部人
口的人均收入不断增加。②

　　本书将参照上述指标并结合壮族工业化实际，主要以新中国成立后广
西区内 15 个壮族聚居县工业化发展为例，简要说明壮族社会工业化发展
状况。这 15 个壮族聚居县是邕宁、武鸣、隆安、大新、天等、龙州、忻
城、田阳、田东、平果、德保、靖西、那坡、东兰、上思。③ 概而言之，
在转型期，壮族地区的工业化水平不断提高，具体表现为在地区国民收入
中，第二产业的比重不断提高；第三产业不断发展；现代技术在工业以外
的国民经济其他部门发挥着越来越重要的作用；地区人均收入不断增加。

　　首先，在壮族地区国民收入中，第二产业的比重不断上升。地区生产
总值是反映地区国民收入状况的主要指标，这里用广西境内 15 个壮族聚
居县的国内生产总值中第二产业的比重变化，来说明壮族的工业化发展
（见表 3—1）。

表 3—1　　　　　　　广西 15 个壮族聚居县主要年份国内
生产总值中第二产业的比重（%）

县份	1992 年	1993 年	2000 年	2005 年	2010 年	2011 年
邕宁	23.26	25.62	32.76	—	27.58	28.89
武鸣	33.03	38.21	28.74	29.70	47.95	48.59
隆安	14.80	30.00	18.37	27.80	33.91	35.00

---

　　① 曾国安：《试论工业化的含义》，《当代经济研究》1998 年第 3 期。
　　② 何听彝：《试论工业化及我国面临的战略选择》，《中国工业经济研究》1991 年第 6 期；
姜爱林：《工业化的涵义及中国工业化发展的特征》，《河南师范大学学报》（哲学社会科学版）
2003 年第 2 期；王均奇、施国庆：《工业化理论与实践研究综述及存在问题分析》，《生产力研
究》2007 年第 14 期；邵继勇：《工业化浅析》，《生产力研究》1997 年第 6 期。
　　③ 张声震：《壮族通史》（下），民族出版社 1997 年版，第 1155 页。

续表

县份	1992 年	1993 年	2000 年	2005 年	2010 年	2011 年
大新	26.00	25.52	30.41	40.90	49.07	52.66
天等	13.46	11.97	13.30	26.20	43.78	41.92
龙州	20.50	21.26	20.04	27.20	33.08	35.78
忻城	21.73	29.35	22.05	28.00	35.35	36.34
田阳	19.59	20.41	27.21	36.50	42.34	40.41
田东	33.80	35.26	27.01	45.10	56.82	57.72
平果	29.69	32.08	45.08	71.40	66.40	66.26
德保	14.95	13.94	13.93	42.00	63.45	65.39
靖西	12.00	13.50	15.35	26.10	64.56	66.77
那坡	12.60	14.75	12.31	17.50	18.47	17.73
东兰	17.08	18.56	17.87	24.00	34.58	33.24
上思	26.12	33.09	36.00	34.10	44.50	46.33

注：1992 年的数据根据《广西统计年鉴·1993》相关数据计算；1993 年的数据根据《广西统计年鉴·1994》相关统计数据计算；2000 年的数据根据《广西统计年鉴·2001》相关统计数据计算；2005 年的数据根据《广西统计年鉴·2006》相关数据整理；2010 年的数据根据《广西统计年鉴·2011》相关统计数据计算；2011 年的数据根据《广西统计年鉴·2012》相关数据计算；"—"表示没有相关统计数据或虽有相关数据，但本书认为数据可能有误差而没有采用，下同。

从表 3—1 可以看出，自 1992—2011 年的 20 年，尽管 15 个壮族聚居县之间的第二产业发展不尽平衡，部分县的第二产业增长也出现过波动，但总体上，都有增长。其中，大新、天等、田东、田阳、平果、德保、靖西等县第二产业在地区国民经济中的比例增长较快。尤其是平果、德保和靖西，1992 年，第二产业在这三个县国民经济中的比重均不足 30%，其中，德保、靖西分别为 14.95% 和 12%。而到 2011 年，三个县的相应比例均已超过 65%。

其次，改革开放以来，壮族地区的第三产业不断发展。以教育和医疗卫生事业为例，一般情况下，随着教育和医疗卫生事业的发展，教师和医疗卫生人员的数量往往会增加。因此，教师和医疗卫生人员的数量通常就成为衡量一个地区教育和医疗卫生状况的重要指标。在壮族教育方面，从普通中学专任教师数量上看，自 2000—2011 年的 12 年中，除了邕宁、田阳和田东三县的教师数量有所下降外，其他县份的教师数量虽然也有波动，但总体上都有所增加；医疗卫生事业的发展与教育相似，从医疗卫生技术人员的数量上看，从 1986—2011 年，除邕宁略有下降之外，其他 14个县的医疗卫生人员数量虽然普遍在 2005 年有所下降，但总体上仍呈增长趋势。其中，隆安、田东、平果 3 县的医生数量差不多翻了一番。广西壮族自治区内 15 个壮族聚居县主要年份中学专任教师数量和医疗卫生技术人员数量见表 3—2。

表 3—2　　　　广西 15 个壮族聚居县主要年份中学专任教师及
医疗卫生技术人员数量（人）

县份	1986 年	2000 年	2005 年	2010 年	2011 年
邕宁	—/＊875	2458/1731	—/—	770/720	738/838
武鸣	—/1109	2051/1297	2151/985	2342/1556	2094/1667
隆安	—/540	810/863	1001/574	1155/1092	1192/1078
大新	—/627	672/673	650/485	804/702	791/825
天等	—/668	848/1332	1054/450	1037/851	996/891
龙州	—/561	568/571	661/448	602/725	615/772
忻城	—/502	953/526	1029/567	1162/772	1085/797
田阳	—/533	864/598	867/436	859/763	848/817
田东	—/586	1329/845	1258/767	1070/1165	1190/1244
平果	—/585	1087/768	1450/821	1533/1182	1552/1261
德保	—/434	633/491	811/379	833/649	815/708
靖西	—/684	1397/660	1605/585	1579/951	1577/1047
那坡	—/281	323/380	399/244	474/477	518/456
东兰	—/355	653/377	657/340	682/447	701/505
上思	—/409	654/323	656/371	634/462	695/526

注：本表中 1986 年数据来源于《广西统计年鉴·1987》；2000 年数据来源于《广西统计年鉴·2001》，下同；2005 年数据来源于《广西统计年鉴·2006》，下同；2010 年数据来源于《广西统计年鉴·2011》，下同；2011 年数据来源于《广西统计年鉴·2012》，下同；＊："/"左边为普通中学专任教师数，右边为医疗卫生专业技术人员数。

再次，现代技术在国民经济其他部门发挥着越来越重要的作用。工业化不仅表现在工业产值的不断增加和产业结构的不断优化上，还体现为工业技术向国民经济各部门辐射能力的提高，并成为国民经济各部门生产能力和质量提升的动力。以壮族的公路交通为例，现代工业机械、测量、勘探和设计技术大大推动了壮族交通的发展。从 1993—2011 年，广西境内 15 个壮族聚居县的公路总里程数都有大幅度的增加。仅以隆安县为例，1993 年隆安县的公路总里程为 154 千米，而 2011 年已增至 936 千米，增加了 5 倍多。公路交通不仅在数量上有大幅增加，在质量上也不断提升。2000 年以后，高等级公路开始在壮乡陆续出现，里程数不断增加。如 2005 年武鸣县有高等级公路 86 千米，田东县 10 千米，上思县 3 千米，5 年后的 2010 年，隆安县已有高等级公路 48 千米，忻城 2 千米，田阳 34 千米，平果 39 千米，靖西、那坡也都有高等级公路入境。

实际上，影响壮族地区国民经济的现代技术已远远超越了传统的机械化意义，被用来作为后工业社会标志的电子信息技术也已深入壮族地区国民经济各部门，并成为推动其创新发展的主要动力。以国际互联网为例，2000 年，国际互联网的使用尚未作为统计指标在广西统计年鉴中出现。而到 2005 年，除邕宁没有相关统计数据之外，互联网用户已遍及其他 14 个壮族聚居县，且用户数已达一定规模。如武鸣县当年就有互联网用户 20805 户。2011 年，互联网用户又有大幅度的增加。科学技术是第一生产力，国际互联网技术的使用和普及，势必会极大地提高壮族地区的邮政、通信、金融、物流、电子商务等部门的发展，包括提高各部门的管理效率，成为推动壮族经济发展的基础性力量。广西 15 个壮族聚居县主要年份公路里程数与国际互联网使用情况见表 3—3。

表 3—3　　　　　广西 15 个壮族聚居县主要年份公路
里程（千米）与国际互联网用户数（户）

县份	1993 年	2000 年	2005 年	2010 年	2011 年
邕宁	731／—	1420／—	—／—	917（5）／＊52850	952（5）／55350
武鸣	977／—	1404／—	1097（86）／20805	1737（81）／28247	1738（82）／265019

续表

县份	1993 年	2000 年	2005 年	2010 年	2011 年
隆安	154/—	203/—	569/7399	922（48）/10620	936（48）/118127
大新	635/—	718/—	761/7302	788/24000	941/24716
天等	428/—	—/—	488/5301	941/—	815/—
龙州	256/—	709/—	777/8758	938/23800	940/12211
忻城	398/—	476/—	547/2394	871（2）/9178	875（2）/13269
田阳	371/—	402/—	531/6412	982（34）/43930	996（34）/—
田东	312/—	400/—	483（10）/9220	1167（60）/34075	1167/230283
平果	339/—	394/—	521/12167	1104（39）/19000	1104/255000
德保	423/—	503/—	531/4051	1053/—	1053/160317
靖西	552/—	803/—	873/5698	1397/28150	1397/138655
那坡	466/—	—/—	642/2765	1010/12883	1010/—
东兰	493/—	608/—	990/2434	1141/13538	1146/15200
上思	403/—	587/—	523（3）/2046	1049（3）/—	1050（3）/—

注：本表中 1993 年数据来源于《广西统计年鉴·1994》；＊："/"左边数据为公路里程数，右边为国际互联网用户数；"（ ）"中的数据为高等级公路里程数。

最后，壮族地区人均收入不断提高。随着工业部门的内部发展及其带动的其他经济部门的发展，壮族居民人均收入也不断提高。表 3—4 整理了广西 15 个壮族聚居县自 2000 年以来的城乡居民人均收入数据。数据表明，自 2000—2011 年，15 个壮族聚居县的城镇居民人均可支配收入持续增加，其中田东、平果、德保和靖西 4 县的增量较大，平果县的增量最大，竟从 2005 年的 9344 元增加到 2011 年的 80472 元，6 年增了 7 倍多；在城镇居民人均可支配收入相对较低的上思县，2011 年较 2005 年也增长了 1.4 倍；农民人均纯收入除上思县 2005 年较 2000 年略有减少之外，其他 14 个县均保持持续增加。其中，德保、靖西和那坡 3 县的农民人均纯收入均已突破 1 万元，而田东和平果已突破 2 万元。2011 年与 2000 年相比，田东县农民人均纯收入增长了 14.4 倍，平果县增长了 16.3 倍。仅 2011 年一年，田东的农民纯收入较 2010 年就增长了 3.5 倍，平果县增长了 4.2 倍，呈加速增长趋势。

表3—4 广西 15 个壮族聚居县近 10 年来城镇居民
人均可支配收入与农民纯收入（元）

县份	2000 年	2005 年	2008 年	2010 年	2011 年
邕宁	—/＊2402	—/—	12552/3950	15858/4968.1	17544/6012.5
武鸣	—/2258	7424/3340	13615/4889	17295/6114.4	19059/7048.5
隆安	—/1423	6648/2248	11414/3237	14352/3938.3	15862/4615.8
大新	—/1394	6938/2385	13241/3867	16116/4676.3	18025/5479.4
天等	—/1408	5703/2069	10833/3348	13303/4086.9	14710/4630.8
龙州	—/1385	6298/2097	11586/3402	14347/4093.4	15824/4705.5
忻城	—/1107	7517/2048	13378/3378	16490/4140.0	18341/4634.9
田阳	—/1342	7563/2201	13056/3279	16184/4046.6	17810/4800.1
田东	—/1312	7424/2113	13879/3364	18022/4450.7	58544/20213.0
平果	—/1168	9344/2072	16017/3216	18875/3915.0	80472/20252.0
德保	—/1009	8032/1576	15411/2687	18478/3363.2	48334/18886.0
靖西	—/1288	6509/1642	11210/2532	13500/2973.7	42373/14853.0
那坡	—/1038	6877/1455	10318/2185	12314/2598.7	19253/13266.0
东兰	—/1128	6460/1584	9903/2380	12224/2942.6	12996/3366.7
上思	—/2389	5315/2248	9200/3737	11720/4684.8	12934/5414.5

注：本表中 2008 年数据来源于《广西统计年鉴·2009》；＊："/"左边数据为城镇居民人
均可支配收入，右边数据为农民人均纯收入。

总的看来，虽然壮族工业化已有较大发展，但工业化水平还比较低，
县域间发展也不平衡。例如，仅与广西相比，2010 年和 2011 年，广西第
二产业在国内生产总值中的比重分别为 47.1% 和 48.4%，[①]而 15 个壮族
聚居县的同期相应平均比重分别为 44.1% 和 44.87%，无论实际水平还是
增长速度，均低于广西总体水平。且 2011 年二者之间的差距较 2010 年还
有所加大。不仅如此，工业化发展在 15 个壮族聚居县之间的差距也很明
显。仍以第二产业在地区国内生产总值中的比重为例，2011 年，平果县
第二产业在其国内生产总值中的比重已高达 66.26%，而那坡县却仅有
17.73%，二者相差 48.53 个百分点。

---

① 数据根据《广西统计年鉴·2012》相关统计数据整理。广西壮族自治区统计局：《广西
统计年鉴·2012》，中国统计出版社 2012 年版。

（二）城市化水平逐步提高

城市化，是一个内涵较为丰富的概念，至今尚没有一个统一定义。但学者们能够达成一致的理解是，城市化是城市和乡村互动的过程。这一理解有两层含义，一是量的含义，指乡村人口向城市转移，常用的衡量指标是居住在城市地区的人口比重总体呈上升趋势；二是质的含义，指乡村生活方式的城市化，常用的衡量指标是乡村人是否享有城市人所享有的生活条件①。前者重在乡村对城市的影响，后者重在城市对乡村的影响。

从量的层面上看，依据相关统计数据，我们发现，自改革开放以来，壮族社会的城市化水平总体有所上升。从 15 个壮族聚居县主要年份非农人口在全县人口中所占的比重来看，2014 年与改革开放之初的 1986 年相比，都有所上升，其中，上升幅度较大的有平果县和武鸣县，分别增加了 27.01个百分点和 20.75 个百分点。但同时需要指出的是，壮族社会的城市化发展存在明显的不平衡，并且部分地区的城市化发展还出现停滞甚至倒退现象。例如，与平果县和武鸣县相比，德保、靖西、那坡、东兰等县的城市化发展就比较缓慢，非农人口比例都在 10% 以下；而田东、田阳、那坡、东兰等县，尽管 2005 年与 1986 年相比，非农人口有所增加，但从 2009 年开始，非农人口不仅停止增长，而且略有下降。上思县在 2009 年的非农人口比例高达 33.54%，而到 2014 年却骤降为 17.50%（见表 3—5）。

表 3—5　　广西 15 个壮族聚居县主要年份非农人口的增长（%）

县份	1986 年	2005 年	2009 年	2014 年
邕宁	7.03 *	—	—	13.47
武鸣	8.73	17.35	17.36	29.48
隆安	5.96	10.35	10.55	19.62
大新	7.42	11.14	12.90	16.84
天等	4.23	6.66	6.86	15.68
龙州	11.91	18.60	20.30	21.18
忻城	4.69	8.89	8.90	11.59

---

①　刘洁泓：《城市化内涵综述》，《西北农林科技大学学报》（社会科学版）2009 年第 4 期。

续表

县份	1986 年	2005 年	2009 年	2014 年
田阳	9.58	12.75	12.19	11.84
田东	10.30	14.98	13.65	13.32
平果	5.66	13.42	12.87	32.67
德保	5.18	7.85	9.21	9.12
靖西	4.98	7.69	8.24	7.88
那坡	5.84	9.84	9.48	9.43
东兰	4.75	8.05	7.71	7.31
上思	13.17	20.36	33.54	17.50

　　* 1986 年的各壮族聚居县的城市人口比例根据《广西统计年鉴·1987》中"地、市、县国民经济主要指标（一）"中的相关统计数据计算。城市人口比例的计算方法是"（年末总人口—农业人口）/年末总人口"。如：当年邕宁县的年末总人口为 79.57 万，其中农业人口为 73.98 万，其城市人口比例为（79.57—73.98）/79.57 = 0.0703。2005 年的相关数据根据《广西统计年鉴·2006》第四篇《人口》中"各市县人口数（2005 年年末）"计算；2009 年和 2014 年的数据分别根据《广西统计年鉴·2010》和《广西统计年鉴·2015》相关数据计算。

　　从质的层面看，相对于城市生活条件，壮族农村的生活条件也在不断改善。生活条件一般包括物质生活条件和精神生活条件，而二者又各自包含多个方面的内容，如前者包括吃、穿、住、用、行等方面，后者包括教育、休闲、娱乐等方面。在城乡差异存在的背景下，城市的生活条件总是较乡村优越，或者较乡村更加现代。

　　从物质生活条件来看，转型期，壮族农村在吃、穿、住、用、行等方面都发生了很大变化，获得很大改善。根据黄润柏对广西龙胜金竹寨壮族乡村家庭消费的调查显示，2002 年前后，金竹寨村生活品的商品化程度明显提高，生活水平和生活方式呈现明显的城市化特征。在吃的方面，食品更加丰富，食物结构和营养结构更加合理；服装时尚上开始紧跟城市；高压锅、燃气灶、布艺沙发、电视柜、组合柜、席梦思等现代家具普遍使用；电视机、冰箱、冰柜、洗衣机、VCD 机、自行车、摩托车、电话等耐用消费品越来越普遍。[1] 表 3—6 是广西 15 个壮族聚居县乡村拥有的电

---

　　① 黄润柏：《壮族乡村家庭消费结构的变迁——广西龙胜金竹寨壮族生活方式变迁研究之二》，《广西民族研究》2002 年第 2 期。

话数量变化。由表可见，在 1993 年，广西壮族农村拥有的电话数量还比较少，2001 年电话数量有了较大幅度的增加，2005 年，电话在壮族农村几乎饱和，2010 年，部分壮族农村电话数量开始减少。这可能是城市化过程中，部分农村人口进入城市，或者移动电话普遍使用的缘故。

根据笔者于 2015 年 10 月在壮族农村进行的抽样调查显示，在 734 名被访者中，有 97.13% 的应答者认为与改革开放以前相比，现在的饮食条件有了很大改善；有 85.87% 的应答者表示现在穿的是流行时装；有 94.54% 的应答者表示现在的衣服消费水平比改革开放以前提高了很多；有 92.22% 的应答者表示现在住的是砖制楼房；有 96.73% 的应答者认为现在的住房条件比改革开放以前有很大的改善；有 61.78% 的应答者使用电动车或摩托车作为日常出行的工具；还有 8.90% 的应答者使用汽车作为日常交通工具；有 97.55% 的应答者认为现在的交通比改革开放以前更加便利。

表 3—6　　广西 15 个壮族聚居县主要年份乡村电话用户数（户）

县份	1993 年	2001 年	2005 年	2010 年
邕宁	1205	32613	—	—
武鸣	1187	18952	49545	42469
隆安	544	9830	23198	21793
大新	615	6608	15500	18000
天等	307	6681	16754	—
龙州	222	5345	11364	9674
忻城	294	7096	18611	15731
田阳	353	16648	30189	23330
田东	205	20925	33275	28802
平果	330	18121	31860	12000
县份	1993	2001	2005	2010
德保	187	7758	15441	—
靖西	238	12208	22447	26210
那坡	247	4283	8428	11196
东兰	270	7300	11241	12350
上思	851	3686	10588	—

注：1993 年数据来源于《广西统计年鉴·1994》；2001 年数据来源于《广西统计年鉴·2002》；2005 年数据来源于《广西统计年鉴·2006》；2010 年数据来源于《广西统计年鉴·2011》中《91 个县域社会经济主要指标（2010 年）》。

　　在物质生活日益现代化和城市化的同时，壮族乡村在教育、休闲娱乐方面，也出现了城市化的特点。一是壮族农村在观念上普遍重视子女教育。如罗生福 2004 年在壮族人口集中的百色市右江区阳圩村和巴部村调查时发现，在 82 名被访者中，有 52% 的被访者表示致富后会用钱供子女读书。① 笔者 2013 年春节对 547 名壮族农民的调查结果显示，针对笔者询问的"对小孩来说，您认为是读书更重要，还是学唱山歌更重要？"有 98.7% 的应答者回答"读书更重要"。

　　就教育来说，壮族学校教育历史悠久，至今已有 2000 多年的历史。新中国成立后，壮族社会的普通个体获得了平等的受教育权利和机会。② 改革开放以来，随着经济的发展，壮族农村子女的受教育条件不断改善，受教育权利和机会得到有效保障。以壮族人口集中的百色市为例，根据 2002—2006 年四年间百色市的教育统计数据显示，百色市（包括各县）儿童入学率均保持在 99% 以上，并逐年增加；升学率也由 2002—2003 学年初的 96.9% 升高到 2005—2006 学年初的 98.63%；辍学率逐年下降（见表 3—7）。享受小学教育是保障儿童受教育权利的重要体现，入学率、升学率和辍学率是反映小学教育状况的重要指标。百色市小学教育相关数据表明，壮族农村子女的受教育权利得到了很好的保障。

表 3—7　　　　　　　　2002—2006 年百色市小学教育情况

学年	入学率（%）	升学率（%）	辍学率（%）
2002—2003	99.19	96.9	1.51
2003—2004	99.23	98.31	1.48
2004—2005	99.51	98.31	1.15
2005—2006	99.69	98.63	0.9

　　注：本表数据来源于百色市教育局提供的《基础教育基本数据（各年度年报数）》；表中的 2002—2003，指的是 2002—2003 学年初，其他与此相同。

---

① 罗生福：《略说百色壮族家庭生活的演变》，《广西地方志》2006 年第 5 期。
② 梁庭望：《壮族教育的回顾与展望》，《中国民族教育》1998 年第 6 期。

转型期壮族农村教育的发展还体现在教育条件的不断改善上。以百色市小学和初中师资条件为例，百色市小学教师学历合格率从2002—2003学年初的92.7%连续提高至2009—2010学年初的98.32%；同样，初中教师学历合格率也从2003—2004学年初的91.18%连续提高到2009—2010学年初的98.83%（见表3—8）。

表3—8　　　2002—2010年百色市小学及初中教师学历合格率变化

学年	小学教师学历合格率（%）	初中教师学历合格率（%）
2002—2003	92.7	—
2003—2004	93.99	91.18
2004—2005	95.18	94.4
2005—2006	95.93	96.4
2006—2007	96.63	97.14
2007—2008	97.64	98.02
2008—2009	97.70	98.45
2009—2010	98.32	98.83

注：本表数据来源于百色市教育局提供的《基础教育基本数据（各年度年报数）》；表中的2002—2003，指的是2002—2003学年初，其他与此相同。

在休闲娱乐方面，改革开放以来，由于电视机、VCD等大众传媒普遍进入壮族农村家庭，壮族乡村社会的娱乐内容和娱乐方式发生了很大改变。与改革开放以前相比，壮族乡村的休闲娱乐内容更加丰富，形式更加多样。这一点将在本章壮族民间娱乐变迁部分详细论述。

（三）社会开放程度不断上升

社会开放程度是反映社会关系公正程度的重要概念。开放型社会意味着人们获得较高社会地位的条件或机会是公平的，而封闭型社会则意味着人们在获得较高社会地位时会受到种种限制和排斥。① 衡量社会开放程度的重要指标有两个，一是动态指标，即社会成员的社会流动水平，尤其

---

① ［美］戴维·哥伦斯基：《社会分层》，王俊等译，华夏出版社2005年版，第123—126页。

是向上流动水平。通常情况下，一个社会的社会流动率越高，尤其是社会成员向上流动的机会越多，该社会就越具有开放性；相反，一个社会的社会流动率越低，社会成员向上流动的机会越少，该社会就越具有封闭性。二是静态指标，指社会阶层结构的合理性程度。一般认为，金字塔形的社会结构是不合理的，因为这种结构意味着只有少数人占据着社会的较高地位，而大多数人都处于社会的底层。具有金字塔形结构的社会，由于较高的社会地位被少数人垄断，多数社会成员难以向上流动，因此这种社会结构具有封闭性特点。另一种结构形式是橄榄型结构，这种结构意味着社会成员的大多数都位于中间社会地位，地位较高者和较低者都占少数。橄榄形社会结构中，由于大多数社会地位较低的人都拥有向上流动的机会，因此这种社会结构具有开放性。我们拟用壮族社会职业流动和社会阶层结构的变化来说明改革开放以来壮族社会开放水平的上升。

动态地看，改革开放以前，壮族社会流动率非常低。例如，从1950—1977年的27年中，广西仅有7.9%的乡村劳动者实现向上流动成为城镇职工。[①]而根据笔者于2005年在广西6个主要城市所做的抽样问卷调查表明，改革开放之后，尤其是市场经济体制建立以来，壮族社会的职业流动水平大大提高。调查表明，壮族社会的代际总流动率为79%，代际向上流动率为50%；代内总流动率为43%，代内向上流动率为29%，被访者的平均流动次数为2.27次。[②]也就是说，改革开放以后，相对于父辈，79%的壮族人的社会地位发生过变化，其中有50%的人的社会地位高于其父辈地位；相对于自己的初始地位，有43%的人的社会地位发生了变化，其中向上流动的占29%。显然，改革开放以来，尤其是市场经济体制建立以来，壮族的社会流动，无论是流动次数，还是向上流动的机会，较改革开放以前，都增加较多。

静态地看，改革开放以来，壮族的社会结构更趋合理。这一点我们仍

---

① 广西壮族自治区统计局：《广西统计年鉴·1990》，中国统计出版社1990年版，第65页。

② 吴德群：《广西职业流动过程中社会排斥的表现形式》，《百色学院学报》2007年第4期。

用笔者于 2005 年在广西进行的职业流动问卷调查的数据来说明。此次调查中，有关广西的职业分类，我们借鉴了陆学艺关于中国社会十大社会阶层及其社会地位的划分方法。其中，优势阶层包括国家管理者阶层、经理人员阶层和私营企业主阶层；中间阶层包括专业技术人员阶层、办事人员阶层和个体工商户阶层；较低阶层包括商业服务业阶层、产业工人阶层、农业劳动者阶层和城乡无业、失业及半失业者阶层。① 调查数据中，我们用调查对象父亲的职业结构来近似反映改革开放以前的壮族社会结构，用调查对象的现职结构来反映改革开放以来壮族社会结构所发生的变化。数据表明，改革开放之前的壮族社会结构基本上呈金字塔形：父辈职业结构中，优势阶层占 18.1%，中间阶层占 31.8%，较低阶层占 50%；而子辈的现职结构中，以上各地位阶层的比例分别变为 12.4%、57.4% 和 30.1%，基本上呈橄榄形结构。② 壮族社会结构的日趋合理化表明，壮族社会的开放水平正不断上升。

二 转型期壮族民间文化变迁的现状

我们将依据课题组于 2013 年春节期间所做的关于社会转型期壮族民间文化变迁的深度访谈资料和 2015 年国庆期间在壮族 9 个文化区所做的转型期壮族民间文化变迁抽样问卷调查，从壮族民间物质文化、民间社会文化、民间精神文化和民间语言文化四个层面，描述社会转型期壮族民间文化变迁的概况。

（一）壮族民间物质文化的变迁

这里将运用历史比较的方法，着重从稻作生产、民间商贸、民间饮食、民间服饰、民居、民间交通和民间医药七个方面，分别描述转型期壮族民间物质文化所发生的变迁。

---

① 陆学艺：《当代中国社会流动》，社会科学文献出版社 2004 年版，第 1—165 页。

② 吴德群：《广西职业流动过程中社会排斥问题研究》，硕士学位论文，广西师范大学，2006 年。

1. 稻作生产方面的变迁

壮族是以稻作生产为主的民族。早在新石器时代早期，原始农业已在壮族先民社会出现。壮族原始农业是壮族先民在长期的采集劳动过程中，将野生植物进行人工培植的结果。原始农业使用的工具主要有石斧、石锛、石磨盘、石棒等原始石器和蚌刀；新石器时代晚期，瓯骆先民的原始农业有了较大发展，由刀耕火种发展到铲耕阶段，反映在生产工具上就是出现了石铲、石镰、石刀、石锄等新的石器工具。春秋战国时期，壮族先民社会的农业生产进一步发展，青铜工具和铁器已在农业生产中使用。[1]秦至南北朝时期，牛耕和铁犁在岭南西瓯、骆越地区推行。[2]《汉书》就有关于壮族先民从事耕作的记载："自滇以北，君长以十数，邛都最大。此皆椎结，耕田，有邑聚。"[3]隋至元时期，广西使用曲辕犁和脚踏犁。[4]南宋周去非在《岭外代答》中，详细描述了壮族先民的农耕特点。"深广旷土弥望，田家所耕百之一尔，必水泉冬夏常注之地，然后为田，苟肤寸高仰，皆弃而不顾，其耕也，仅取破块，不复深易乃就田点种，更不移秧。既种之后，旱不求水，涝不疏决，既无粪壤，又不耔耘，一任于天……"[5]可以看出，南宋时期，壮族地区的农业生产方式还较为粗放。明清时期，壮族地区农耕工具进一步改进和发展。[6]

在生产力方面，传统社会，壮族农耕主要依靠人力和牛、马等畜力。耕作工具主要有犁、耙、锄、锹。[7]耕田方式上，对面积较大的田块，通常用牛犁耕，对不能用牛耕作的小块梯田，一般用木制的"翻撬"挖土。这种人力挖土的状况刘锡蕃在《岭表纪蛮》中有所描述："其犁田，不用牛，以锄翻土，纯任人力为之……间以采用'偶耕'。"[8]秧苗的培育

---

① 张声震：《壮族通史》（上），民族出版社1997年版，第22、158、159页。

② 覃乃昌：《壮族稻作农业史》，广西民族出版社1997年版，第203—204页。

③ 《汉书》卷九十五《西南夷两粤朝鲜传第六十五》，中华书局，《汉书》卷六三至卷一〇〇，第2833页。

④ 覃乃昌：《壮族稻作农业史》，广西民族出版社1997年版，第226页。

⑤ （宋）周去非：《岭外代答》十卷，清四库全书本，第118页。

⑥ 覃乃昌：《壮族稻作农业史》，广西民族出版社1997年版，第261—266页。

⑦ 梁庭望：《壮族风俗志》，中央民族学院出版社1987年版，第109页。

⑧ 刘锡蕃：《亚洲民族考古丛刊（第五辑）岭表纪蛮》，南天书局有限公司1987年版，第122页。

和插种主要采用"水秧"技术。"水秧"技术通常包括整秧田、育种、下种、育苗、分秧和插秧几个主要环节。下种前，要把准备用来下种育苗的秧田犁好平好，把多余的水放出去，使田成糊状，然后分块，分块后放农家肥，再放草木灰，这一过程为整秧田。育种的方法是先用水将稻种泡两天，然后将种子从水中捞出装到密封的袋子里，再放到垫有稻草的箩筐里让种子发芽。种子出芽后，播撒到已整好的秧田里，是为下种。下种后，等秧苗长出，要放水养苗，即育苗。秧苗长到适当高度，将秧苗拔出并分插到其他田里，为分秧和插秧。收割稻谷主要由人力完成，用于收割的主要工具是镰刀和背篓。用镰刀收割稻谷后，用背篓背回家里脱粒，即打谷。在打谷的方法上，早些时候主要用手搓、牛踩，或在凳子上甩打，后来普遍使用"打谷架"（田阳一带称为"落"，一种木制装置，可借以用脚踩或甩打的方式将谷粒从稻穗上脱下）。

转型期，稻作技术和过程有了较大变化，稻作生产工具不断更新，现代机器在稻作生产过程中被越来越多地使用。拖拉机在很多地方已经代替人力和畜力，成为主要的犁耕工具。根据我们对壮族农村734名被访者的调查，约有60%的农民主要或全部使用机器耕种田地（见表3—9）。

表3—9　　　　　现在耕种田地时，您使用机器的情况是？

机器使用	频次	有效百分比（%）	累计百分比（%）
全部使用机器	60	8.17	8.17
主要用机器，也用牛马等畜力	377	51.36	59.53
很少用或不用机器	220	29.97	89.50
现在已不耕种田地	77	10.50	100.0
总计	734	100.0	

注：本表数据来源于课题组于2015年10月所做的社会转型期壮族民间文化变迁研究问卷调查。

传统的农家肥和草木灰已较少使用，取而代之的是化学肥料或复合肥；在育秧和插种方面，"旱秧"技术已基本代替"水秧"技术而成为普遍的育种和播种方式。"旱秧"技术主要使用秧盘下种育苗和抛秧式插种，省去了整秧田的环节，简化了下种、分秧和插秧程序，降低了劳动强度，提高了耕作质量和效率。收割方面，收割机和脱粒机已在收割稻谷中普遍使用，收割效率大大提高。

2. 商业和贸易方面的变迁

壮族作为典型的稻作民族，传统社会的商业和贸易总体上比较落后，用刘锡蕃的话概括就是"以农耕为业且性质偏于保守，故不能兼营商业"，"工商业皆极凋敝"①。壮族民间商业贸易落后的原因，主要在于壮族人有重农轻商的传统和习俗，视农为本，不愿商贾，有以商为奸的观念。②正因如此，壮族人的衣食住等用品，皆靠自主经营，很少外购。虽然壮族地区仍有圩市，但很多商铺多由来自广东、湖南和云南的汉人所经营。③

新中国成立后至改革开放前，受高度集中的计划经济影响，壮族民间商业和贸易发展受到很大限制。其间，圩市仍是民间商贸的主要形式，圩市在开放的时间上约定俗成，不同的圩市开放的时间不同。但圩市中商店很少，商品种类不多，主要有油、盐、猪肉、肥皂、布料、农具以及米糕和油炸食品等少量商品。其中像油、盐、肥皂、布料等商品只有供销社才有供应，且很多商品都凭票购买。如买布需用布票，买米要米票，还有粮票、油票、肉票等。这些票均按规定发放，例如在河池东兰一带，一家全年发放一丈四的布票。如果没有票的话，也可以用大米兑换，如在田阳可用2两米换一碗米粉。除以上商品，还有少量农民自家生产的毛豆、民烟等。

改革开放以后，壮族民间商贸迅速发展，主要表现在两大方面。一是市场在社会生产和生活中的地位越来越高，市场机制在社会生产和生活中的作用愈发重要，涵盖城乡范围的市场体系基本建立。民间社会的生产资料、生活资料和社会服务等要素基本实现市场化配置。二是商品日益丰富，商品种类应有尽有。我们的调查显示，有超过98%的壮族农村被访者认为，现在的商品市场比改革开放以前的商品市场更加繁荣（见表3—10）。

---

① 刘锡蕃：《亚洲民族考古丛刊（第五辑）岭表纪蛮》，南天书局有限公司1987年版，第129—130页。

② 梁庭望：《壮族风俗志》，中央民族学院出版社1987年版，第127页。

③ 刘锡蕃：《亚洲民族考古丛刊（第五辑）岭表纪蛮》，南天书局有限公司1987年版，第130页。

表 3—10　与改革开放以前相比，您是否觉得现在的商品市场更加繁荣？

您是否觉得商品市场更加繁荣	频次	有效百分比（%）
是	721	98.63
否	10	1.37
小计	731	100.0
缺失	3	
总计	734	

注：本表数据来源于课题组于 2015 年 10 月所做的社会转型期壮族民间文化变迁研究问卷调查。

3. 饮食方面的变迁

传统社会，壮族食物包括主食和副食。其中，稻米与杂粮为主食。[①]稻米有籼米、粳米和糯米。杂粮主要有玉米、红薯、芋头、荞麦、木薯、白豆、黑豆和绿豆。副食品种较多，包括蔬菜、瓜类和肉类等。[②] 需要说明的是，尽管传统民间社会有各种主食和副食，但食物数量极为不足，实际的食物结构非常单一。根据被访者的讲述，新中国成立前，粮食相当缺乏，根本不够吃，大米更少。"平时只有稀饭青菜，吃米饭是种奢侈。"（HZM，访谈对象，以下略）虽然大部分人的主食是稀粥，但稀饭非常稀，"说夸张一点，就是稀得可以看得见屋顶上的砖瓦"。（LFL）"小米粥就几颗米，吃完走路都能听到一肚子水声。"（HDJ）有的地方以玉米为主食，但"以前种玉米收得很少，有的时候还不够一家人吃"。（HYF）对大部分壮族人来说，很多时候要靠吃杂粮、副食甚至野菜和树根来充饥。"平时上桌的菜就是一些红薯叶、黄豆，有时候黄豆都磨成末，做成黄豆羹。"（HYF）"以前吃玉米粥，吃野菜，连油都没有吃，有时还吃树根，吃芭蕉，吃米糠。"（LSG）"以前吃树根粥，用树根来做包子，用白瓜来煮粥，用米糠打碎来做包子，用毛豆来煮饭，偶尔有山药煮粥已经很难得。用水葫芦做包子，在学校还收集尿来做东西吃，等尿留到发绿才拿

[①]　刘锡蕃：《亚洲民族考古丛刊（第五辑）岭表纪蛮》，南天书局有限公司 1987 年版，第 121 页。

[②]　梁庭望：《壮族风俗志》，中央民族学院出版社 1987 年版，第 16—20 页。

来做，是叫什么不记得了，哦，叫‘小球操’。"（LQY）改革开放前，基本上没有肉吃，只有逢年过节的时候才能吃上一斤肉，或煮一只鸡或鸭，"以前家里人口又多，一斤肉根本不够塞牙缝"。（LFL）"一块两寸大的肉能烧几次菜。"（HDJ）饮水方面，改革开放以前，主要饮用天然地表水。在水源充足的地方，主要是泉水和河水。在水源较缺的山区，饮水较为困难。"以前没有水池、水井，要用水的话就看哪里有水洼坑，有水洼坑积水的就去挑来喝。每次家里要用水，都得到很远的地方去挑，有的时候挑一整天都不够用一天的呢。"（HYF）

改革开放以后，由于实行联产承包责任制，壮族农村生产力大大提高。市场经济体制的建立，加之国家实施了一系列惠农政策，壮族民间饮食条件得到空前改善。壮族民间饮食方面的变化主要体现在三个方面，一是新中国成立前的吃不饱状况得到根本改变，粮食充足且结构多样。"改革开放以后，分田到户，不再缴粮（纳粮），家里粮食多了，可以吃上米饭了。分田到户，农民想种什么都可以，自然可吃的就丰富多了。现如今，党和国家的政策好了，在家种田，在家养猪都有补助，农民地位提高，生活条件也提高了。"（LFL）"种的都是良种米，品种也多了，吃的也都有大米了，都是有（用）科学的种地方法，每亩地收成都有增加，产量也高了，吃的都还有剩的呢。"（HYF）"现在天天有米饭吃，现在吃得好，吃得多，有饭，有菜，有肉吃。"二是饮食质量大大提高。饮食条件的改善集中表现在吃肉方面。"现在过得好了，天天想吃肉都可以了。"（LRJ）"一日三餐，餐餐有肉吃，现在啊，鸡肉、鸭肉、鱼肉、牛肉等各种肉类都有了。"（HYF）"现在天天吃肉吃到你看到肉都想跑，现在一说吃肥肉就怕呢。"（LFL）饮食质量的提高还表现在饮水条件的改善上。"现在家家户户都有自己的水池、水井、水柜啦，都是饮用自来水，不用挑，不用扛的，水随便用。还有各样的饮料啊，啤酒啊，什么桂林三花、天龙泉啊等等的，想喝什么有什么。"（HYF）三是市场经济改变了壮族民间饮食的供消方式和饮食观念。市场经济改变了传统的自产自销和计划经济体制下凭票购买的饮食供应和消费方式，取而代之的是饮食的自由买卖。"现在市场也开放多了，不像以前买什么都凭票，现在自由买卖，市场上物品齐全。只有你想不到的，没有买不到的。"（LFL）"现在每天都可以去买来吃了，还有专门的人来到村子里卖肉，不用跑到很远的地方买了，方便了很多。好像大家也比较注重卫生安全了。"（LRJ）我们的问卷调查显示，有97.13%的壮族农村被访者认为，现在的饮食条件较改革开放以前有了很大改善（见表3—11）。

表3—11　　　　　　　与改革开放以前相比，您是否觉得
现在的饮食条件有了很大改善？

您是否觉得现在的饮食条件有了很大改善	频次	有效百分比（%）
是	710	97.13
否	21	2.87
小计	731	100.0
缺失值	3	
总计	734	

注：本表数据来源于课题组于2015年10月所做的社会转型期壮族民间文化变迁研究问卷调查。

4. 服装方面的变迁

壮族先民具有"能为细布""好五色衣服""跣足""美发"等特点。《后汉书》载："织绩木皮，染以草实，好五色衣服，制裁皆有尾形。"[1]《魏书》载："能为细布，色至鲜净。"[2]《旧唐书》载："男子左衽露发跣足；妇人横布两幅，穿中而贯其首，名为'通裙'。其人美发，为髻垂于后。以竹筒如笔，长三四寸，斜贯其耳……"[3] 民国时期，壮族服装有了很大变化，大部分壮族人已经习惯穿汉服。刘锡蕃在《岭表纪蛮》中不仅概述了壮族服装的传统特点，还论及了其近代变化。刘氏道："獞族男女，从前俱挽髻。服饰亦奇特。有斑衣者，曰'斑衣獞'；有红衣者，曰'红衣獞'；有领袖俱绣五色，上节衣仅盈尺，而下节围以布幅者，曰'花衣獞'；又有长裙细褶，绣花五彩，或以唐宋铜钱，系于裙边，行时，其声叮当，自以为美者，其状不一。今此等衣装，除极边岩邑外，俱已淘汰。即短衣长裙者，惟桂西乡隅间有之，余则不可见矣。男女现皆汉装，

---

[1] 《后汉书》卷八十六《南蛮西南夷列传第七十六》，中华书局，第1911页。

[2] 《魏书》卷一百一《列传第八十九氐吐谷浑宕昌高昌邓至蛮獠》，中华书局，第1521页。

[3] 《旧唐书》卷一百九十七《列传第一百四十七南蛮西南蛮》，中华书局，第3590页。

以劳动汗垢，多着蓝黑色，妇女头覆帕，老妪尚黑，少艾尚花尚白。帕之两端，或下垂于两肩。天寒，花带束腰。交通地方，亦有着时髦装束。俨然如世之所谓'摩登'者。"[1] 就壮族衣服的原料及制作来说，"所有'栽棉'、'纺纱'、'浆染'、'缝纫'诸事，皆由自力而成"[2]。

转型期，壮族服装变化主要有三个方面。一是彻底改变了过去缺衣少穿的状况。改革开放以前，由于经济困难，加之服装原材料主要依靠家庭种植和加工，衣服很少。"一年一个劳动力得三尺布票"，有时"用25斤白瓜去换一件衣服或裤子"，（LQY）常常是"新年才能有新衣服"（YJR）甚至"过年都没有新衣服穿"，"一件衣服新一年，旧三年，缝缝补补到看不到布底"，（LQY）"老大穿了就到老二穿"，（YJR）"一件衣服几个兄妹轮流穿，补来补去，穿到烂不能补为止。"（LSG）过去的衣服一般都是用"土布"手工制作，没有什么款式，也没有季节之分，一年四季就穿一种衣服，差不多全是黑色，"农村都没有什么西装、洋装的"。新中国成立后又流行绿色中山装，颜色和款式都很单一；改革开放以后，随着经济条件的改善，壮族民间穿衣条件大大改善，特别是市场经济体制的建立，彻底改变了过去衣服少的状况。现在"衣柜里的衣服很多，都穿不完，穿一段时间不想穿都可以扔了"。（LSG）"现在都是用买的（衣服），买来就得穿，有一点脱线就不穿，年轻人穿一两次就不穿，很浪费。"（YJR）"满大街都是衣服"，"有大把的衣服卖"，"想穿什么就可以买"。不仅衣服供应充足，而且衣服的花色和款式的种类众多。特别是儿童和妇女的衣服，五颜六色，各式各样的裙子、衣服应有尽有。春夏秋冬，不同的季节穿不同的衣服，而且变化快。二是服装加工方式大大改变。传统社会，衣服主要靠手工制作。手工制作衣服的程序十分烦琐。以前人们想穿上衣服就得自己做一个梭布机（冲用）和一个锁（用来绞线的工具）。首先，"得把棉花里的种子剥出来，再拿去拱成一片，才能用锁来拉成需要的布线，再用梭布机织成布。此时的布只是白色，为了使织出来的布颜色多样，再去山上采'用'和'逢'（用和逢是两种可染布的

---

① 刘锡蕃：《亚洲民族考古丛刊（第五辑）岭表纪蛮》，南天书局有限公司1987年版，第62页。

② 同上书，第64页。

草），一般将采回来的'用'和'逢'先泡上 3—5 天后，泡出黑水，再用这黑水和着白布煮一天一夜，这样白布就变成黑布。但是这时的布是很硬的，所以还需要用木槌打一天，布才会变软，且黑布会变成紫黑色，到此，才能裁剪来做衣服。"（LFL）而现在，手工织布几乎没有了，取而代之的是机器生产和化学工艺，不仅可以批量生产，而且能够染出种类繁多的颜色和图案。三是穿着观念多元化。新中国成立前，由于衣服难得，且花色和款式单一，因此实用便成为穿衣服的主要甚至唯一追求。因为衣服少，所以一件衣服通常要尽其所用，穿了再穿，补了再补，即使到不能补的时候，还要将之铺底做鞋；衣服的款式以宽大为主，颜色主要为黑色，不仅便于劳动，而且耐脏。对于女孩子，很少穿裙子，一是因为布料稀缺，为了节省布料，以便一家人可以循环利用；二是那时的观念较为保守。"以前穿的都是土布做的宽宽大大的衣服，穿的就是可以放几个人进去的那种衣服，做成几排布扣子，然后用线绑着。"（HYF）"女孩过去很少穿裙子，即使穿裙子也很保守，很长，不像现在露大腿，过去的衣服穿得很密封。"改革开放以后，审美超过了实用，衣服越来越成为表达个性的方式，追赶时尚和攀比现象也逐渐出现。现在人们的思想相对来说比较开放，女孩子们可以根据自己的个性在市场上选择自己喜欢的裙子。

我们的抽样问卷调查数据显示，在问卷调查的当时，有 85.87% 的壮族农村被访者穿的是流行时装，有 14.13% 的被访者穿的是壮族传统服装，有 94.54% 的壮族农村被访者认为现在的衣服消费水平较改革开放以前提高了很多（见表 3—12、表 3—13）。

表 3—12   您现在穿的衣服属于壮族传统服装还是属于流行时装？

服装类别	频次	有效百分比（%）	累计百分比（%）
壮族传统服装	103	14.13	14.13
流行时装	626	85.87	100.0
小计	729	100.0	
缺失值	5		
总计	734		

注：本表数据来源于课题组于 2015 年 10 月所做的社会转型期壮族民间文化变迁研究问卷调查。

表3—13　　　　　与改革开放以前相比，在衣服消费水平方面，
您是否觉得比以前提高很多？

衣服消费水平是否提高	频次	有效百分比（％）	累计百分比（％）
是	692	94.54	94.54
否	40	5.46	100.0
小计	732	100.0	
缺失值	2		
总计	734		

注：本表数据来源于课题组于 2015 年 10 月所做的社会转型期壮族民间文化变迁研究问卷调查。

5. 居住方面的变迁

壮族社会典型的居住方式为"干栏"。《魏书》载："依树积木，以居其上，名曰'干兰'，干兰大小，随其家口之数。"[1] 干栏居住，是壮族先民适应其恶劣自然环境的一种独特方式。《新唐书》载："多瘴疬。山有毒草、沙虱、蝮蛇，人楼居，梯而上，名为干栏。"[2] 南宋周去非称壮族先民的这种干栏居住为巢居，并详细描述了巢居的结构、功能及其形成的缘由。"深广之民，结栅以居，上设茅屋，下豢牛豕，栅上编竹为栈，不施椅桌床榻，唯有一牛皮为裀席，寝食于斯……"[3] 刘锡蕃在《岭表纪蛮》中更详细地介绍了壮族民居的特点。"楼居屋宇为……蛮人最普通之住室。此等屋宇，通常为二间三间，其高度约一丈二三尺，全体为木或竹所造，上盖瓦片。然大部皆以树皮茅草覆之。或亦破竹通节，阴阳互合，覆以代瓦。……人皆楼居，楼下分为两部，一部为舂碓室，农具杂物亦储置其间；一部为牲畜室，一家所饲鸡、猪、牛、羊，悉处其内。楼上分三部或两部：左右为卧室，最狭，普通尽可容榻。中间为火塘……"[4]

---

① 《魏书》卷一百一《列传第八十九氐吐谷浑宕昌高昌邓至蛮獠》，中华书局，第 1521 页。
② 《新唐书》唐书卷二百二十二，《列传第一百四十七下南蛮下》，中华书局，第 4794 页。
③ （宋）周去非：《岭外代答》十卷，清四库全书本，第 130 页。
④ 刘锡蕃：《亚洲民族考古丛刊（第五辑）岭表纪蛮》，南天书局有限公司 1987 年版，第 44 页。

壮族先民之所以如此居住，主要是要防止虎狼等猛兽侵袭，以保证人畜安全。"考其所以然，盖地多虎狼，不如是，则人畜皆不得，无乃上古巢居之意欤？"①

除了干栏建筑，壮族先民还住土房。这种房子建筑简单，主要是用土坯和木头或竹片搭建而成。土坯房只用土坯垒墙，墙上用木头做梁宇，再用竹片盖上或编织竹笆以遮雨。在《岭外代答》中，周去非除了介绍壮族先民的干栏建筑之外，还介绍了这种土坯房屋。"广西诸郡……小民垒土墼为墙而架宇其上，全不施柱。或以竹仰覆为瓦，或但织竹笆。雨重任其漏滴。"② 刘锡蕃将这种土房称为"地居屋宇"。"地居屋宇，即人畜皆居地面。其性质可分为'常居'与'暂居'两种。"根据刘锡蕃的描述，"暂居"之房较为简陋，究其原因，在于部分壮人以"烧耕"（就是将草木烧掉，然后在烧过植被的土地上耕种）方式进行生产，流动性较大，在哪里烧耕，就在哪里居住。为了适应这种生产方式，房屋建构较为节省，仅仅是"编竹为壁，铺茅为瓦，高丈许，多以三间为度"③。改革开放以前，壮族地区建房子的材料主要是泥土、木头、竹子、稻草或茅草，用这种材料建成的房叫泥土房。"用泥巴和草混合做成墙，再盖上稻草，家里有钱的才住瓦房。""开的大门是用竹木来做的。"房子的结构主要有两种，一种是上下层结构，即干栏结构。干栏结构的下层用于养猪、牛、羊，上层住人。另一种是在住房的旁边另建几间小房子用于养牲口。"住房的里面有三四个小房间，还有烧火炉。"泥土房一般较小，有时一家人挤在一间房子里，一两家人共用一个厨房；由于是草房，刮风下雨的时候常常会漏雨，不仅艰苦而且危险。"以前建房子都是自己建或是亲人一起帮忙建"。（LSG）

改革开放以后，房子基本都是砖瓦房，楼房也逐渐普及。"现在到处都是楼房，每家每户都有装修，上白粉装修得白白的，就连外面都装好瓷砖，房顶上还装有太阳能和空调。"（LSG）建房的材料主要用水泥砖、水

---

① （宋）周去非：《岭外代答》十卷，清四库全书本，第130页。
② 同上书，第129页。
③ 刘锡蕃：《亚洲民族考古丛刊（第五辑）岭表纪蛮》，南天书局有限公司1987年版，第48页。

泥和钢筋。"现在房子可以建好几层，又宽大又舒服。"（LSG）"子女都有自己的空间，每层都有卫生间，比较方便、卫生"。（LFL）现在建房子很多是承包给别人，都是用机器建房子。我们的问卷调查数据显示，目前，有92.22%的壮族农村被访者住的都是砖制楼房，仅有7.78%的人住的仍然是传统的干栏建筑；有96.73%的被访者感觉现在的住房条件较改革开放以前有了很大的改善（见表3—14、表3—15）。

表3—14　　　　　您现在住的是木制房，还是砖制楼房？

住房类型	频次	有效百分比（%）
木制房（干栏）	57	7.78
砖制楼房	676	92.22
小计	733	100.0
缺失值	1	
总计	734	

注：本表数据来源于课题组于2015年10月所做的社会转型期壮族民间文化变迁研究问卷调查。

表3—15　　　　与改革开放以前相比，您是否
觉得现在的住房条件有很大改善？

住房条件是否改善	频次	有效百分比（%）
是	710	96.73
否	24	3.27
总计	734	100.0

注：本表数据来源于课题组于2015年10月所做的社会转型期壮族民间文化变迁研究问卷调查。

6. 交通方面的变迁

壮族所在地区，山川众多。历史上，由于经济社会发展较为落后，交通闭塞。刘锡蕃较为全面地论述了新中国成立前的岭南各少数民族地区的交通状况，从中也可看出当时壮族地区的交通概貌。根据刘氏所述，壮族

地区交通具有以下几个方面的特征。一是道路崎岖险窄，人工修建道路极少。"崮蛮道路，虽崎岖险仄，然尤加少数之人工整理。"① 二是舟船稀少。除邕江和柳江上游可通行小船，柳河自长安以下和邕河自百色以下可以通行小汽船外，山里人很少见到船和车，至于火车、飞机、轮船之类，更是少见。"蛮区山溪险恶，红水河来源虽远，亦无舟楫可言，邕柳两河之上游，虽可通小船，然逆水上溯，行程亦甚缓；……终身不知舟车之为何物者，居其大半。深山洼地之民，虽至骡马，亦未见之。若与之谈火车、轮船、飞机、电报，真如……向顽童说封神矣。"② 三是靠人力运输。壮族山区"无舟楫车马之利，其输送什物，完全应用人力，其输送方法，除肩挑背负之外，或戴之于头，或用半月形之木枷架于肩膀，而以物承于木枷之上，凌云、凤山等属之蛮人，运送柴薪，不用肩背，而以额头……"③

改革开放以前，壮族民间交通极为不便。路况方面，"以前的道路很不方便，走的大多是山路、沙路、泥路，路面窄，路旁杂草丛生，所以就足够人走过去"，（LFL）"一下雨全都是泥完（即全都是泥）。有好多地方都不通路，后来还是人家为了方便就直接照样走，一个见一个走（就跟着走），（走的人多了）也就成了一条小小的路。有车可以开过的路就大一点，不过也是土路跟石头路，路不平多少，开车过去一直响个不停，不下雨的话起风灰尘还很多"。（LSG）交通工具方面，改革开放以前，交通工具比较落后，出行"大多数是走路的，拉东西是用牛车来拉的"。（YJR）此外还有独轮车或双轮车等辅助工具。"以前用独轮车，做什么都用独轮车，独轮车之前用人挑。后面有了双轮车，上山砍柴挑东西都用双轮车。再后来有拖拉机，一个大队有两三个。先是有拖拉机站，后面大队才有（拖拉机）。"以前的水路很少有桥，"过河的话就坐船。那时金陵大桥没修得，过河都坐船"。

改革开放以后，壮族民间交通大大改善。就路况而言，公路的数量大

---

① 刘锡蕃：《亚洲民族考古丛刊（第五辑）岭表纪蛮》，南天书局有限公司1987年版，第115页。
② 同上书，第116页。
③ 同上书，第118页。

大增加，尤其是在新农村建设背景下，"村村通公路了，又有水泥路，又有（柏）油路了，又宽又平坦。村与村之间交通都通了，方便多了，村村屯屯都通车了"。（HYF）需要过河的水路，一般都修了桥。变化最大的是交通工具，"现在的话就可以骑自行车、摩托车，还有电动车，去哪里坐车就得了，很快的"。（LRJ）

我们的问卷调查显示，有61.78%的壮族农村被访者日常出行时使用摩托车或电动车，还有8.90%的被访者使用汽车；有97.55%的被访者认为现在的交通较改革开放以前更加便利（见表3—16、表3—17）。

表3—16　　日常出行的时候，您使用最多的是哪种交通工具？

出行工具	频次	有效百分比（%）
步行	149	20.41
自行车	51	6.99
摩托车或电动车	451	61.78
汽车	65	8.90
其他	14	1.92
小计	730	100.0
缺失值	4	
总计	734	

注：本表数据来源于课题组于2015年10月所做的社会转型期壮族民间文化变迁研究问卷调查。

表3—17　　与改革开放以前相比，您是否觉得现在的交通更加便利？

是否更加便利	频次	有效百分比（%）
是	716	97.55
否	18	2.45
总计	734	100.0

注：本表数据来源于课题组于2015年10月所做的社会转型期壮族民间文化变迁研究问卷调查。

7. 民间医药方面的变迁

壮族医药是祖国医药的发源地之一，并与其他民族和地区的医药同步发展。早在先秦时期，壮族医药已经萌芽，出现了壮医针刺和用动植物治病的壮医疗法。[①] 南宋周去非在《岭外代答》中，详细记载了威胁壮族先民生存的瘴气之病，对瘴气的病症进行了详细的描述和分类，对其病理和治疗都进行了深入剖析。尤其是对壮族先民社会中有关瘴气治疗方法的记载，反映出南宋时壮族医药的发展状况。"南方凡病皆谓之瘴，……青蒿散，至今南方瘴疾服之有奇验。其药，用青蒿、石膏及草药，服之而不愈者，是其人禀弱而病深也。急，以附子、丹砂救之，往往多愈……南人热瘴，发一二日，以针刺其上下唇，其法，捲唇之裹，刺其正中，以手捻去唇血，又以楮叶擦舌，又令病人并足而立，刺两足后腕横缝中青脉，血出如注，乃以青蒿和水服之，应手而愈……"[②]

传统社会，壮族民间医药以中医和草药为主，西医和西药很少。据《岭表纪蛮》载，壮族先民多使用"草药""即未经炮制之药"。[③] 改革开放以前仍是如此。"以前都是用草药多，都是中医，村里和外村都是，没有什么西医的，到县里面才有。大家看中医多，医生开给的药我们不懂是什么，都是一些草药多。"（YL）从中医治疗手段来看，主要有针灸、刮痧和拔火罐，常用草药主要有艾叶、两面针、雷公根、狗肉香、默草、黄连、百花草、鱼腥草、枇杷叶、烟叶，甚至还有酸笋、姜、南瓜藤、番石榴、蜂蜜、油以及酒等。需要说明的是，民间信仰或民间巫术也经常用于治病。特别是在治疗或吃药无效的情况下，常常会求助道公或巫婆驱鬼，做法事。"以前治病一般都是进行针灸治疗；或是上山采草药煎水服用；或者是去求仙婆来驱鬼，做法。"（HYN）表 3—18 是我们根据被访者所述而整理的壮族民间常见病症及其传统中医药治疗方法。

---

① 张声震：《壮族通史》（上），民族出版社 1997 年版，第 193—196 页。

② （宋）周去非：《岭外代答》（十卷），清四库全书本，第 127—128 页。

③ 刘锡蕃：《亚洲民族考古丛刊（第五辑）岭表纪蛮》，南天书局有限公司 1987 年版，第44 页。

表 3—18 壮族民间传统病症及治疗方法

病症	治疗方式
发烧	1. 用艾叶烧水后拿来洗澡；2. 针灸；3. 用腌了十几年的酸笋和鸡蛋做酸笋鸡蛋汤给患者喝；4. 刮痧；5. 拔火罐；6. 用狗肉香的叶子擦额头；7. 煮雷公根吃
咳嗽	用鱼腥草和枇杷叶煮水服用
风湿	1. 在腿上针灸；2. 用一种叫两面针的草药敷在腿上；3. 用南瓜藤泡酒擦患处
头疼	1. 在头上针灸；2. 在眉宇间刮痧
止血	1. 把烟叶捣烂后敷在伤口上；2. 把一种叫默草的草药捣烂后敷在伤口上；3. 用百花草；4. 艾草放到嘴里咬碎，沾点口水放到伤口上；5. 小伤口先用清水洗，然后用姜擦
耳朵里钻蜈蚣	用火烧一小块腊猪肉，然后放在耳朵旁边
姑娘长得不好看，眼睛小，下巴不美	吃杏仁或桃仁，每天吃七颗，吃久了就好看了
脸上有痘痘	用蜂蜜加凉开水洗脸一个月
耳炎、耳脓	用一点菜油煎苦黄连，煎后去黄连，用油涂发炎处或痛处
拉肚子	吃番石榴
对治不好的病	请道公或巫婆来做法事

注：本表根据访谈资料整理。

改革开放以后，中医药在壮族民间治疗中的地位大大下降，西医西药成为主要的医疗方法。"现在（中医）很少了，我都不见哪里有中医喽，比以前少多喽，久久才见一家，想找都难找。现在大家一生病就自己去买（西）药来吃，药店哪里都是，吃西药也是好得快。不吃药的就直接去医院里打针，个个都找西医去治疗了，快速。中医少。"（YL）

我们的问卷调查显示，在壮族农村被访者中，最近一次生病时，吃西药的占 73.17%，吃中药的仅占 26.83%（见表 3—19）。

表 3—19 请问在最近一次生病吃药的时候，您吃的是西药还是中药？

吃西药还是中药	频次	有效百分比（%）
西药	529	73.17
中药	194	26.83

吃西药还是中药	频次	有效百分比（%）
小计	723	100.0
缺失值	11	
总计	734	

注：本表数据来源于课题组于 2015 年 10 月所做的社会转型期壮族民间文化变迁研究问卷调查。

壮族民间医药地位的下降还可以从广西西林县的中医药现状得到说明。目前西林县中医药发展主要面临四个方面的困难。一是中医药基础薄弱，例如西林的足别、弄汪、马蚌、者夯和西平五个乡镇尚没有中医科室，大部分县镇没有中药饮片和壮医药技术疗法。二是中医药专业人才缺乏。中医药技术人员在医疗卫生人员中的比例偏低，高学历、高职称的中医人才严重缺乏。乡镇卫生院中，中医医师比例不足 20%，全县村卫生室的中医服务仅占 18%。三是基层中医药服务能力较低。乡镇卫生院西医化倾向明显，中医服务和科研水平低。四是民间缺乏对中医的认同，中医药知识难以普及（根据西林县政府 2013 年 7 月提供的《西林县现代中草药产业发展情况汇报》整理）。尽管上述状况是就西林县中医药状况而言的，但很大程度上也反映了壮族民间中医药的现状。

（二）壮族民间社会文化的变迁

壮族民间社会文化变迁主要表现在壮族的社会组织、岁时节日和民间娱乐的变迁方面。

1. 社会组织变迁

社会组织或民间组织，通常与政治组织相区别，具有自愿和非正式的特点。传统社会，壮族主要的社会组织有家庭、家族、村落和寨长组织。[①] 在很大程度上，壮族传统社会组织是以血缘和地缘为基础而形成的，教育及经济等业缘组织发育程度较低。这种较为松散的社会组织状况在史书中有所反映。《魏书》载："种类甚多，散居山谷，略无氏族之

---

① 梁庭望：《壮族风俗志》，中央民族学院出版社 1987 年版，第 135—145 页。

别，……往往推一长者为王，亦不能远相统摄。"① 南宋时，有壮族先民骆越人"村居"的记载。"钦民有五种，一曰土人，自昔骆越种类也，居于村落……"② 民国时期，壮族仍以村落的形式居住，呈现一种"血系部落"的族居特征。刘锡蕃在《岭表纪蛮》中记载："西南蛮族所以族姓关系，集居同一地段，……诸蛮中之莫氏、黄氏、蒙氏、覃氏、韦氏、罗氏、侬氏，常以一族占据百数十里之地，形成一种'血系的部落'。所惜者，其与教育职业……之种种要件，尚无何种联合互助之完密组织，未能扩充其'共同生活'之效益耳！"刘锡蕃认为，这种以血缘为基础的村落组织，是古代宗法制度和原始部落制度的遗留："此种制度，当然由古代宗法制度及部落制度之下遗传而来。"③ 在壮族民间血缘组织中，家族组织最为普遍。表3—20是我们根据被访者讲述而整理的新中国成立前壮族民间若干家族及其主要活动。

表3—20　　　新中国成立前壮族民间主要家族组织及其主要活动

地点	新中国成立前村里有哪些同姓家族	家族一般会在一起举行哪些活动
上思县念弄屯	陆氏家族、黄氏家族、欧氏家族	在一起祭祀
贵港市中里乡寺阳村下寺屯	陆氏家族	每个季节男人们在一起聚会吃饭，女人不能参加
广西河池东兰县东兰镇新烟村拉街屯	韦氏家族	一起去扫墓
南宁良庆区良庆镇坛泽村	奚氏家族	
百色市德保县城关镇	李氏家族、苏氏家族、黄氏家族	每年会在村里固定的地方讨论怎样壮大本家族的产业、利益

① 《魏书》卷一百一《列传第八十九》，中华书局，第1521页。
② （宋）周去非：《岭外代答》（十卷），清四库全书本，第117页。
③ 刘锡蕃：《亚洲民族考古丛刊（第五辑）岭表纪蛮》，南天书局有限公司1987年版，第65页。

续表

地点	新中国成立前村里有哪些同姓家族	家族一般会在一起举行哪些活动
来宾市三五乡	覃氏家族、黄氏家族	覃氏家族人多，会分组分队在一起干活；黄氏家族人少，在一起干活但不分组
百色隆林各族自治县岩茶乡	覃氏家族	在一起举行赶歌圩活动
广西来宾	韦氏家族、罗氏家族、覃氏家族	在一起唱"壮欢"，舞狮子
广西来宾	覃氏家族、梁氏家族、江氏家族	会举行一些特别的活动
广西来宾	莫氏家族、兰氏家族、周氏家族	会在特定的节日一起吃饭

注：本表根据访谈资料整理，并没包括壮族所有家族组织。

从表3—20可以看出，家族通常以一个村落为单位，由同姓的家庭组成。同一家族一般会在特定的时候举行一些组织活动，如祭祀，生产过程中的互助合作，或举行赶歌圩、唱"壮欢"、舞狮子等节日庆典。少数家族还定期聚会讨论如何发展和壮大家族的产业。

家庭是壮族社会血缘组织的基本形式。现有研究认为，壮族传统家庭是以核心家庭为主的小家庭，主干家庭和联合家庭较少。[①] 按照刘锡蕃的解释，壮族大家庭难以成立的原因主要在于壮族家庭组织上的不完善和生产方法及经济条件的限制。[②] 但根据我们的访谈，壮族传统家庭不仅有"小家庭"，而且主干家庭和联合家庭也并不少。事实上，壮族传统家庭人口数量普遍较现在多。"过去家庭人口比现在多，过去一般家庭都有七八个，现在少了。"（HXH）"在爷爷那辈，都是几兄弟住在一起，不管是堂的还是亲的，都是住在一起，同住在一个瓦房里，瓦房里分为很多间小的屋子，同用一个厨房，大部分都是孩子，大概都有七八口人。"（LFS）

---

① 杨宗亮：《壮族文化史》，云南民族出版社1999年版，第198页。

② 刘锡蕃：《亚洲民族考古丛刊（第五辑）岭表纪蛮》，南天书局有限公司1987年版，第65页。

"我们那个时候，家里小孩是比较多的，我父亲就有我们 5 个小孩，而且我们也是个大家庭，与父亲的兄弟、阿公的兄弟同一个家门，住在一起。"（LXK）

除了家族和家庭等血缘组织外，还有以村落为中心的地缘组织。地缘组织主要是寨老制。新中国成立前，寨老制在壮族地区普遍存在。寨老一般由年龄较长、阅历丰富、为人正派、善于言辞、被人信任的人担任。[1] 寨老在民间社会通常被认为是"村里最年长、最权威的人"，或者被认为是"公证人""村里说话较有分量的人"，在"村里比较有知识，说话能起到一定效果的人"。由于寨老声望较高，当家庭或家族出现矛盾而自己难以解决时，一般会请寨老来调解。

转型期，壮族的民间社会组织发生了很大变化，主要表现在两个方面。一是血缘组织松弛。以家庭结构和宗族关系为例，根据李富强等人对靖西壮族家庭的调查显示，壮族家庭结构正朝着"微小化"方向变化。[2] 由于城市化过程中农村青年劳动力大量向城市流动，留守儿童、留守老人大量出现，壮族民间家庭的代际关系松弛，家族组织也因家族成员的大量流动而变得松散，家族活动减少。我们对 734 位壮族农民进行了有关改革开放前后家族情况变化的询问，从应答情况看，与改革开放以前相比，转型期的壮族家族关系在不同层面和不同程度上，都出现松弛，分别表现为每年家族成员交往机会减少；家族集体活动减少；家族成员关系疏远；家族长老的社会功能减弱；血缘关系逐渐淡化；家族凝聚力开始减弱（见表 3—21）。

表 3—21　　与改革开放以前相比，您所属的家族情况有哪些变化？

家族变化	小计	应答百分比（%）
每年家族成员交往的机会比以前少	356	18.25
每年由家族共同举行的集体活动比以前少	343	17.58
家族成员之间的关系比以前疏远	227	11.64

[1] 梁庭望：《壮族风俗志》，中央民族学院出版社 1987 年版，第 139 页。
[2] 李富强、俸代瑜：《壮族的经济社会变迁——对靖西壮族经济、人口和家庭制度的研究》，《广西民族研究》1990 年第 1 期。

续表

家族变化	小计	应答百分比（%）
家族成员的矛盾比以前少	304	15.58
每年找家族长老出面解决问题的次数比以前少	254	13.02
家族之间的互帮互助以前不计工钱，现在需要	265	13.58
家族团结感比以前弱	159	8.15
其他	43	2.20
总计	1951	100.0

缺失值 7 个；有效个案 727 个。

注：本表数据来源于课题组于 2015 年 10 月所做的社会转型期壮族民间文化变迁研究问卷调查。

壮族血缘组织的松弛还表现为老年人家庭地位的下降。在问卷调查中，我们针对转型期壮族老人家庭地位的变化进行了询问。从应答情况可以看出，老年人在家庭生产安排、家庭收入和支出的决定，对子女婚姻的影响、家庭教育等主要方面，地位都有所下降。老人的家庭威望也较改革开放以前有所降低（见表 3—22）。

表 3—22　　与改革开放以前相比，现在老年人（指 60 岁以上）在家里的地位，您同意以下哪种说法？

老年人家庭地位变化	小计	应答百分比（%）
家庭生产，以前老年人安排，现在年轻人安排	439	17.50
家庭收入，以前老年人管理，现在年轻人管理	387	15.42
子女婚姻，以前老年人做主，现在子女本人做主	492	19.61
大的支出，以前老年人决定，现在年轻人决定	319	12.71
家族祭祀，以前老年人主持，现在年轻人主持	222	8.85
子女教育，以前祖辈老年人负责，现在父母负责	371	14.79
老年人的威望，以前比较高，现在比较低	245	9.76
没有变化	34	1.36
总计	2509	100.0

缺失值 0 个；有效个案 734 个。

注：本表数据来源于课题组于 2015 年 10 月所做的社会转型期壮族民间文化变迁研究问卷调查。

二是业缘组织迅速发展。以百色市民办教育发展为例，改革开放以后，各类民办教育机构陆续出现，特别是幼儿教育机构，数量逐年增加（见表3—23）。

表3—23　　　　　　近10年来百色市民办教育机构数量（所）

学年	小学	初级中学/九年一贯制学校	高级中学	幼儿园
2009—2010	1	2/3	3	557
2008—2009	1	2/3	3	506
2007—2008	2	4/3	4	335
2006—2007	2	5/4	3	288
2005—2006	1	6*/5	4	225
2004—2005	1*	6*/5*	3*	158*
2003—2004	3*	5*/3*	3*	140*
2002—2003	4*	5*/1*	4*	—

数据来源：百色市《基础教育基本数据（各年度年报数）》；※：统计口径为社会力量办学。

2. 岁时节日变迁

岁时节日的变迁表现在四个方面。第一，民间的节日观念减弱，对节日的重视程度降低，尤其是青年人的节日观念较过去淡化。改革开放以前，"三月三参加祭拜的人特别多，同族里参加祭拜的人很多，而现在（参加祭拜的）人数逐年递减，人们越来越不重视，可能是很多人都往城市去居住，每年三月三回家祭拜祖先的人数也就一两个，不像以前生活在农村，一家七八口人参加，现在没了。七月十四（中元节）也跟三月三差不多都是祭拜祖先，这个节日是专给逝去的人烧衣物，送物资给他们，我感觉也是比以前淡化了，年轻人一般都不太在意这节日，都是忙着挣钱打工"。（WGQ）过去过春节和中元节，都要全家人团聚，中元节要过三四天。转型期，青年人普遍进城工作，由于节日观念的淡化，很多青年人在中元节甚至春节都不回家，即使能够回家，时间也很短，甚至节日没结束，就匆匆返回城市。

第二，现在用于过节的物资较过去丰富。过去过节，由于经济困难，物资匮乏，虽然人们对过节较为重视，但用于吃、穿、用等方面的物品较少。"以前，柴米油盐都很少，平时一般都没肉吃，只有过节过年时，才能有肉吃"，而且"过节吃的肉都是平时存起来的，到春节才能吃""肉并不多，所以过年的时候就吃点，吃饱就行了。鞭炮放得也很少""那时包粽子都没有肉，只有单纯的糯米""家穷没钱买什么对联的，就没有（对联）"。"以前每个人都比较穷，连找吃的米都比较难，每逢过三月三家族里就挨家挨户的收取（每家）1斤米左右，统一回去煮饭，摆桌一起吃饭，这是必需的。为过世的亲人，准备香祭拜他们，纪念他们。以前在家带出去扫墓的饭菜都在祭拜完后在外面一起摆个简单的桌吃掉的，尤其是肉类的吃不完都统一分（了带）回家吃。"（LXH）改革开放以后，随着壮族农村经济的发展和物质生活水平的提高，用于过节的物品越来越丰富。吃的方面应有尽有，过年不仅有猪肉，还有鸡、鸭和鱼，包各种形状的粽子，粽子里会包进叉烧、牛肉、豆沙和板栗等各种辅料。家家都贴对联，放鞭炮，放烟花。更重要的是，家家都有电视机，吃了年夜饭还可以看春节晚会。在有三月三扫墓习俗的个别地方，"以前扫墓只有一碗白米饭，而现在生活好了，什么都有，有时候还给真钱呢！"（LFS）

第三，很多节日习俗的内容发生了变化。例如，改革开放以前，过年"要舂糯米做粑蜀（包粽子），现在人比较懒，喜欢买做好的粑蜀、粽子。"（LXK）在有过三月三节日习俗的地方，过去一般都有唱山歌的习俗，而现在很少有。"以前三月三我们村都会和各个村里的人唱山歌，同时也是一种相亲的形式，你看中哪家的姑娘就要开始和她对唱，抛绣球，谁接到了就要嫁给抛绣球的那个人。而现在这些活动都没有了。以前三月三插田也很热闹，你唱一句我唱一句，现在都没有了。"（QJL）"以前过中元节的时候要买很多纸剪成衣服裤子模样，在拜完祖宗祠堂后就当场烧了送祖宗。现在（很少烧了），杀一只鸭拜祖宗就行了。"（LXK）"以前还去拜山，现在也没有人去了。说鬼节要去江边拜，这样才会顺顺利利。现在的年轻人都改了，山不拜，江湖也不拜了。"（QJL）

本课题组就春节、三月三和中元节（农历七月十四）三个壮族重要传统节日在转型期的变化情况进行了问卷调查，应答情况分别见表3—24、表3—25和表3—26。三个表中的数据，也都印证了前文关于壮族民间节日的变化分析。与改革开放以前相比，壮族民间社会对于上述三大传统节日在观念上都有所淡化，主要表现在节日团聚难以保证，节日气氛渐失隆重，传统节日活动减少。传统节日变化最为明显的就是现在吃的和用的物品较改革开放以前丰富。传统节日文化的内容虽然仍有所保留，如过年吃粽子、粑蜀，拜年，三月三拜山、吃五色糯米饭，等等，但也出现了新的内容和形式，如春节外出旅游，买粽子代替自己包粽子，送钱代替送礼品等。

表3—24　　　与改革开放以前相比，现在过春节有哪些变化？

春节习俗变化	小计	应答百分比（%）
现在吃的东西比改革开放以前丰富	626	28.85
改革开放以前过春节都是全家团圆，现在很多人不回家过春节	357	16.45
以前过春节都在家里，现在经常外出旅游	145	6.68
以前过春节经常有舞龙、唱歌等娱乐活动，现在越来越少	288	13.27
以前的粑蜀和粽子都是自己做，现在多是买来的	151	6.96
以前走亲戚拜年主要是带礼品，现在主要是给钱	290	13.36
现在过年时的年味没有以前的年味浓	313	14.43
总计	2170	100.0

缺失值2个；有效个案732个。

注：本表数据来源于课题组于2015年10月所做的社会转型期壮族民间文化变迁研究问卷调查。

表3—25　　　与改革开放以前相比，现在过三月三有哪些变化？

三月三习俗变化	小计	应答百分比（%）
以前拿去拜山的祭品少，现在拿去拜山的祭品多	398	25.16
以前大家一起做饭、拜山、吃饭，现在淡化了	258	16.31
以前三月三有很多人唱山歌，现在很少人唱歌	303	19.15
以前经常做五色糯米饭，现在很少人做	239	15.11
以前比现在热闹，现在比较冷清	280	17.70
其他	42	2.65

三月三习俗变化	小计	应答百分比（%）
不过三月三	62	3.92
总计	1582	100.0

缺失值 5 个；有效个案 729 个。

注：本表数据来源于课题组于 2015 年 10 月所做的社会转型期壮族民间文化变迁研究问卷调查。

表 3—26　　　　　　与改革开放以前相比，现在过中元节

（农历七月十四）有哪些变化？

中元节变化	小计	应答百分比（%）
吃的比以前好了	587	30.85
祭品比以前好了	452	23.75
以前必须全家团聚，现在有的人不能回家过节	326	17.13
以前过好几天，现在就过七月十四一天	204	10.72
现在没有以前热闹	312	16.40
其他	22	1.15
总计	1903	100.0

缺失值 7 个；有效个案 727 个。

注：本表数据来源于课题组于 2015 年 10 月所做的社会转型期壮族民间文化变迁研究问卷调查。

　　第四，部分过去过的节日现在已经不过了。传统社会，壮族节日较多。如春节、蚂（虫另）节、三月三歌节、牛魂节、[①] 莫一大王节、中元节、霜降节、二月二社节、四月初八插秧节、五月初五端午节、六月初六礼田节、八月十五中秋节等。转型期，壮族的很多传统节日依然过，但部分传统节日开始逐渐淡出。例如在百色的隆林县，牛魂节已经不过了。"因为现在的年轻人大都外出打工，很少有人务农，自然没有

---

　　① 即为牛过生日，为牛祈福。每年 5 月 20 日以前，会择一吉日过"牛魂节"。参见刘锡蕃《亚洲民族考古丛刊（第五辑）岭表纪蛮》，南天书局有限公司 1987 年版，第 198 页；梁庭望《壮族风俗志》，中央民族学院出版社 1987 年版，第 96 页。

牛了。"（BAY）在来宾，现在不过的节日有重阳节。"重阳节现在不过了。以前有我爸妈的时候，他们每年都过的，现在到我们这一代就不过了。村里几乎都不过了，可能也因为是见一家（别人家）不过，自己也不过，年复一年习惯不过了，因此这节日也渐渐消失，不搭理。"（WGQ）在钦州，过去的吃新米节现在也不过了。"吃新米节是在秋季稻谷收割后，由村里威望最高的那个人去向算命的先生算个好日子，回来通知村里人。过新米节时，人们磨好新米，杀鸡宰鸭，叫上亲戚朋友到家做客。节日要持续三天。亲戚朋友走的时候，每个人都会得到一个篮子，里面有新米做成的饭，新糯米做成的粑蜀和半只鸡肉、半只鸭肉。现在不过新米节了，主要是很多家庭都不种田了。过这个节也太麻烦，亲戚朋友大多都是在工作，请不到人来，对稻田的耕种不重视了，收获的喜悦没（以前）那么深。"（LXK）在贵港、河池的东兰等地，三月三实际上也不过了。原因是传统的三月三节是年轻人用来相亲的一种形式，年轻人通过对唱山歌来寻找恋爱对象。而现在的年轻人已不再采用这种形式恋爱，并且很少年轻人会唱山歌。在上思县，现在不过的节日有六月六日的礼田节。

3. 民间娱乐变迁

民间娱乐方面变化也较大。传统社会，孩子的娱乐和游戏活动相当丰富，主要有玩泥巴（用泥巴捏成小人）、老鹰捉小鸡、跳绳、打陀螺、去田里做红薯窖或者在田里玩捉迷藏、踢毽子、打石子、打弹弓、跳房子、踩用细竹棍做的高跷、捉虫子、下土棋、滚铁环、斗鸡、踏马驾比赛（田阳一带的踩高跷）、放章子圈（类似陀螺）比赛、弹玻璃珠、打沙包。在娱乐和游戏形式上，改革开放以前，多是"一帮小孩聚在一起玩"。"如果人多的话，我们还斗鸡，就是用手把脚抬着，你斗我，我斗你，哪个赢哪个就是老大，牛哄哄的，哈哈哈哈……快乐喔。"（FGP）孩子玩的玩具几乎都是自己做的。转型期，孩子的娱乐和游戏在内容和形式上都和改革开放前有所不同。在内容上，"现在的小孩很少有人玩过去小孩玩的游戏"，很多小孩都是玩手机和网络游戏，甚至很多孩子根本不玩什么游戏，而是喜欢看动画片。在形式上，现在小孩很少一大帮在一起玩，多是自己玩自己的。现在小孩玩的玩具几乎都不是自制的，而是父母购买的。

　　表3—27呈现了转型期壮族孩子的游戏变化情况。由表可见，与改革开放以前相比，孩子游戏的变化主要表现为现在一起玩游戏的孩子数量减少；玩具的来源不同，过去的玩具多是自己制作，现在的玩具多为购买；孩子游戏的频次减少，看电视或上网增多；孩子的游戏方式由群体游戏向个体游戏蜕变；孩子游戏过程中的身体运动量减少。

表3—27　　　　与改革开放以前相比，现在孩子玩游戏有什么不同？

孩子游戏变化	小计	应答百分比（％）
以前在一起玩游戏的孩子多，现在在一起玩的孩子少	379	17.53
以前的玩具多是自己制作的，现在的玩具多是买来的	542	25.07
以前的孩子经常玩游戏，现在的孩子经常看电视或上网	461	21.32
以前多是孩子跟孩子一起玩游戏，现在多是用玩具或手机玩	463	21.42
以前玩游戏孩子多会跑动，现在孩子多是坐着玩	279	12.90
其他	38	1.76
总计	2162	100.0

缺失值2个；有效个案732个。

注：本表数据来源于课题组于2015年10月所做的社会转型期壮族民间文化变迁研究问卷调查。

　　传统社会，大人们的娱乐和游戏并不多，主要是唱山歌。平时劳动或休息时，大人们会聚在一起对唱山歌。"改革开放以前，大人们喜欢上山砍柴，一般都喜欢成群结队去，偶尔就来两句山歌。"（XXY）或者就是"围成一圈相望对山歌"。"男年轻人和女年轻人会有个传话筒，用绳子或毛线来做的，还用竹子来做筒，他们就在很远的地方来玩拉线传话筒唱山歌，唱的山歌主要是不给别人听见的（即在绳子或毛线的两端接两个竹筒，男女各执一端的竹筒对唱山歌）。"（HMJ）在很多地方，每年都有山歌比赛。除了唱山歌，最多的娱乐就是看电影。"村里一大帮人聚在一起看电影，在村里林场旁边看黑白电影，一年里面难得看上几回露天电影，画面也不清楚，质量差，但是大家还是看得很认真，津津有味。一有电影看大家都稀嘿完（意思是很开心）。"（HFL）改革开放后，大人们的娱乐内容和形式也发生了变化。看电视成为大人们主要的娱乐方式，部分有条件的地方，能够到广场跳舞、健身。打牌、打麻将也是农村较为普遍的娱乐方式。有条件的家庭还会选择打网络游戏，年轻人也会到 KTV 去唱卡拉 OK。对喜欢山歌的中老年人来说，还习惯到村头或广场对唱山歌，或用录音机、VCD、DVD 听山歌。对那些喜欢壮戏的人，会参加当地的业余剧团，逢年过节或有大的活动，还会参加演出。例如百色市新星壮剧团就是业余剧团，包括团长在内的所有演员都是业余演员，其中大部分是农民。表 3—28 反映的是转型期壮族民间成年人娱乐活动的变化。数据显示，转型期成年人的娱乐活动呈现两个似乎矛盾的特点，一是娱乐活动形式较改革开放以前丰富，娱乐的主要形式由改革开放以前的唱山歌变为看电视；二是现在的娱乐时间和在一起娱乐的人比改革开放以前都有所减少（见表 3—28）。这种有些矛盾的特点，一方面反映出随着现代传播技术的发展，电视对壮族民间社会生活方式的深刻影响；另一方面也反映出随着市场经济的建立和发展，壮族民间社会传统的血缘和地缘关系逐渐松弛，初级群体式的集体娱乐开始向个体化的娱乐方式转变，并且由于现代生活节奏加快，民间娱乐时间实际上有所减少。

表 3—28　与改革开放以前相比，现在成年人的娱乐活动有什么变化？

成年人娱乐变化	小计	应答百分比（%）
以前的娱乐活动少，现在的娱乐活动多	453	34.16
以前最经常的娱乐方式是对唱山歌，现在是看电视	375	28.28
以前娱乐的时间多，现在娱乐的时间少	177	13.35
以前一起娱乐的人多，现在一起娱乐的人少	262	19.76
其他	59	4.45
总计	1326	100.0

缺失值 5 个；有效个案 729 个。

注：本表数据来源于课题组于 2015 年 10 月所做的社会转型期壮族民间文化变迁研究问卷调查。

（三）壮族民间精神文化的变迁

壮族民间精神文化主要包括壮族的信仰习俗、巫术、哲学伦理和民间艺术。本书主要从壮族的信仰习俗和民间艺术两个方面描述壮族民间精神文化的变迁。

1. 壮族的信仰习俗变迁

传统社会，信仰习俗在壮族社会广泛存在。求神和禁忌是壮族信仰习俗的两个重要方面。

求神是壮族信仰习俗的重要内容，岭南诸少数民族自古信仰鬼神。《新唐书》记载："夷人尚鬼，谓主祭者为鬼主，每岁户出一牛或一羊，就其家祭之。送鬼迎鬼必有兵，因以复仇云。""乌蛮……俗尚巫鬼，……大部落有大鬼主，百家则置小鬼主。""开成元年，鬼主阿珮内属。会昌中，封其别帅为罗殿王，世袭爵。其后又封别帅为滇王，皆牂柯蛮也，"① 南宋周去非在《岭外代答》中有"俚僚者……自蛮峒出居，专事妖怪"的记载。②

求神作为壮族信仰习俗的重要内容，是壮族原始宗教的遗留，是古人类在生产力和科学水平低下条件下，对宇宙、自然和社会现象的一种歪曲的认识，反映了原始人类在大自然压迫下的无能为力。③

在特定的日子，壮族民间都有求神活动，大年初一和元宵节，一般会求雨神、财神和福神，祈求来年风调雨顺、五谷丰登、财源滚滚；或者到城隍庙祭拜孔子，祈求孩子读书聪明伶俐。二月二、三月三和七月十四，祭拜祖宗；农历三月初二求水神，六月初六和七月十四（中元节）求土地神。在每个月的初一和十五，也会有人到庙里烧香，祈求家人平安。此外，民间所求的还有观音菩萨、花神。

除求神外，壮族民间在一些重要节日和诸如生小孩、进新房、结婚、老人过生日、有人生病以及有人去世等事件中，还有各种禁忌。例如在大年初一那天，壮族的不同地区都有不同的禁忌。在上思一带，大年初一不能杀生，怕招来不详；不能扫地，怕扫掉好运；不能走亲戚，怕失财；不能吃狗肉，狗是驱除邪恶的象征，吃狗肉怕招灾；不可以说不吉利的话；吃除夕夜剩下的饭菜，意味年年有余；出门遇到他人一定要说恭喜发财。

---

① 《唐书》卷二百二十二下《列传第一百四十七下　南蛮下》，中华书局，第4787—4789页。

② （宋）周去非：《岭外代答》（十卷），清四库全书本，第117页。

③ 张声震：《壮族通史》（上），民族出版社1997年版，第222页。

在靖西县，女孩子不能去别人家串门，预兆别人家要生女孩；女孩也不能梳头，怕做事不顺。在巴马一带，除了不能扫地，还不能洗头、洗衣服，因初一是水神日，怕洗掉财气；忌吃稀饭，怕一年中缺粮食吃；忌吃药，因初一吃药意味整年病；忌讳动剪、刀，避免常年操劳；忌讳已出嫁的女儿回娘家，害怕女儿把家里吃穷。在乐业一带，不能上山，不能下地，意为敬天敬地。在那坡小孩不能打架，意为打架就会把自己的力气给人家，以后没有力气，会经常生病；不洗碗。在宁明一带，不吃肉，不发红包，不能借东西给别人；不串门，串门怕把晦气带给别人或自己。在田东一带，不可以出远门，不可以吃粽子（特别是小孩），不能睡懒觉。出远门怕出事；吃粽子担心会变笨，不会动脑筋，像粽子一样被捆住；睡懒觉怕得罪神，神不会保佑来年种的庄稼，田会塌下去。

孕妇和产妇也有很多禁忌。在那坡，小孩出生前不能动正门口的土，民间观念认为人有三条魂，正门土里有一条，米臼里有一条，阿妈肚子里有一条，小孩生出来时还差两条魂，1岁以后小孩的三条魂才（全部）到完。（HCX）在巴马，不能在娘家和别人家生小孩，在别人家生小孩意为"借生"，即向别人家借一条生命，不吉利。（HYJ）在田东，坐月子的母亲不能串门；不能从家中的香火前走；不能从庙门前走，因为生完孩子的女子身子脏，如果在洗身前经过祖宗的香火前或庙门前，会惹祖宗或神生气因而得不到保佑，所以月子中的女子需要先洗身才能经过这些地方。洗身时必须请道公用柚子叶蘸水撒到产妇身上。（HMJ）在上思，小孩满月之前不能参加白事和祭祖，大人不可以吵架。小孩满月之前参加白事或祭祖容易夭折，大人吵架会使小孩爱哭闹，小孩长大后喜欢与他人发生口角。（HYN）在靖西，小孩满月之前，不能将鱼、鸟、蝗虫等不干净的东西带回家。（XXY）

进新房同样有很多禁忌。进新房时，要拿全家人的生辰八字给道公看，由道公根据全家人的生辰八字确定进新房的日子，必须在道公选择的日子进新房，否则会犯"三煞"。（XXY）在上思一带，进新房的7天内不能在家里或门口吵架；在进新房的那天晚上，如有客人留住，必须住满7个早上；进新房一年内不能参加白事，不可以借钱给别人。因为吵架会导致以后家庭不和睦，外出做生意或做别的事容易与人发生口角，参加白事会给家人带来不祥。（HYN）忌孕妇或坐月子的女子、丧偶者、有残疾的人先进新房，这些人可以后进。忌守孝期的人进新房，这些被认为会给新房的主人带来衰运；（HYJ）进新房时忌讳在正门口摆东西，"老人讲正门是鬼门，在正门口摆东西鬼会盯上主人，不好"。（HFL）在那坡进新房还忌讳午睡和关灯。

结婚时也有很多忌讳。例如结婚时的物品都要成双成对，忌讳单数；新娘出门后忌讳回头看，因为回头意味着婚姻不幸，以后会离婚；结婚那天，新娘要早起，当晚睡觉之前，新郎和新娘不能坐新床，要离床远一点，尤其是新郎不能靠近床边，否则会被认为不吉利；新娘累了也不能躺下，如果不早起或躺下就被认为"挨生病"，天天躺在床上。（HFL）结婚时不能穿白色的衣服，忌讳六月结婚或出嫁，结婚当日不管天气多热，参加婚礼的人忌扇扇子，新娘出嫁时，忌穿有口袋的衣服；新娘出门时，姑嫂要回避；未过门的新娘忌吃喜饼。因为六月即半月（半年），有半月妻的意思，不能白头到老；扇扇子有拆散之意；穿有口袋的衣服意味着会带走娘家的财运；姑与"孤"同音，嫂与"扫"同音，意味婚姻孤独或被扫地出门。（HYJ）婚后第三天回娘家，但不能在娘家过夜，结婚四个月内不能参加婚礼、丧礼和庆祝活动，以免冲喜等。

老人过生日时的忌讳也很多。在靖西一带老人一般在49岁、61岁和73岁时才过生日。老人生日要请道公来家里做法事，旨在保佑老人身体健康，长命百岁。在老人生日时忌讳去参加丧礼。在上思一带，给老人祝寿时不能给老人买衣服、鞋和杯子，也不能送时钟，不能提老人的年龄。因为老人在去世入殓时要换上新衣服，生日时给老人买衣物会让老人不高兴；杯子即杯具，与"悲剧"同音，会被老人认为你是送不祥的东西；送钟则有"送终"之音。（HYN）在巴马一带，老人生日后一月内不能下地干活；别人送的寿钱不能给儿女花。生日后下地干活说成是白忙活；儿女花寿钱说是儿女带走老人寿。（HYJ）在田阳县，生日时老人不生火；不到刚生完猪仔、牛仔和有坐月子的人家里去；不杀生，只能在家里待着，什么也不做。（HMJ）有的地方老人不过生日，甚至忌讳过生日。"生日我从来就不过，我孩子他们要给我过我也不过，不让他们帮我办寿。以前听（说）有的人办生日多会死得快，折寿，这个我信！命不硬的人真的会死得快的噢。你办个生日，杀鸡，杀鸭，鱼肉猪肉什么都有，桌上全部都是肉，杀气重。命不硬受不了大家的祝福。你受不了这种福气

反而会折寿。我不懂我命硬还是不硬，我信啊。所以我从来都不给（自己）办生日。"（HY）

还有一些生病时的禁忌。生病的人忌讳看望生病的人；忌讳参加白事，怕加重病情；忌讳拜庙和参加喜事。病人拜庙被视为对神的不敬，参加喜事是怕给别人带来不祥。在那坡，晚上忌讳喊病人的名字；晚上不能晾晒病人的衣服。"以前就流传这种说法，病人的阳气弱，阴气旺，周围就有一些不好的东西在盯着，围着他转，如果在晚上喊病人的名字，就会被那些东西记住他，老是来找他。晚上阴气旺，晚上晾晒病人的衣服，那些东西就拿去穿，在衣服上留下味道，阴气重，阴阳不平衡，这样病人就不会好起来啦。"（HY）在巴马，看望生病的老人忌讳送鸡蛋，因为送蛋有送终之意。（HYJ）

有人去世时，也有很多禁忌，但不同的地方禁忌不同。在南宁宁明一带，有人去世时，不过三七，家人不能去别人家串门，且要吃斋直到三七。（LHF）在上思一带，逝者的儿女不能吃油；在逝者下葬前，不能吃荤；子女四个月内不能剪发；三年内家里不能办喜事；一年内子女不能穿红色的衣服，子女头上只能带白色或黑色的头饰。因为亲人没下葬时吃肉，表示是吃亲人的肉，是对逝去亲人的不尊重，不尊重逝者会给自己和家人带来灾难。在那坡县，有人去世时，忌讳让猫出现，如果有猫跳过死者的棺材，就会诈尸；三天内不能吃猪肉、狗肉；三个月内不能吃牛肉；三个月内不能办喜事，怕喜气被冲散。（HY）

转型期，随着壮族民间物质文化和民间社会文化的变迁，壮族民间信仰也发生了变化。

民间信仰的变迁同时也表现在求神和禁忌两个方面。求神方面的变化，一是现在人尤其是年轻人对待求神的态度"没有像老一辈的人那么真诚"。"以前我们家拜神，我爷爷、我奶奶、我阿爸阿妈、哥哥姐姐弟弟妹妹，全家人都一定全部在，老人讲拜神就要恭敬，很严肃喔，恭恭敬敬才得，不然就会得病；现在不一样了，现在拜神我不去，我儿子他们去。"（HFL）"过去求神的前三天早上，家里人一律要吃素（到中午才可以吃荤），而现在，只是在求神的那天早上不吃荤。"（HYN）"过去是全村人出动去求神，现在大多是老人求神。"（LZM）"现在年轻人大多数都去广东打工，只有春节才回一次家，有的甚至不回。去广东回来的年轻人

觉得求神拜佛是封建迷信，久而久之求神方面的礼节变少了，求神的态度也没有像老一辈的人那么真诚。"（XXY）

二是现在拜神所用的物品跟过去不同。过去拜神通常只有猪肉、鸡肉、苹果和硬糖；现在的贡品种类多样，有饼干、葡萄、软糖、鸭肉，还有其他零食。尽管物品较以前丰富，但现在求神总体上还是没有以前隆重，很大程度上，"现在只是个形式而已"。

我们的问卷调查也印证了上述变化。表3—29反映的是转型期壮族民间社会求神方面的变化。表中数据表明，与改革开放以前相比，壮族民间求神的行为有所减少，而且求神的人主要是老人。对于"以前求神讲诚意，现在求神多是走形式"的现象，应答率为26.27%，表明宗教神祇观念对壮族民间社会的影响有所减弱。

表3—29　　　　　您认为在求神保佑方面，与改革开放以前相比，现在有哪些变化？

求神方面的变化	小计	应答百分比（%）
以前的人会经常求神，现在的人偶尔求神	362	32.24
以前人人都求神，现在只是老年人求神	319	28.41
以前求神讲诚意，现在求神多是走形式	295	26.27
跟以前一样，没有什么变化	147	13.08
总计	1123	100.0

缺失值15个；有效个案719个。

注：本表数据来源于课题组于2015年10月所做的社会转型期壮族民间文化变迁研究问卷调查。

禁忌方面，尽管很多禁忌依然保留，但总体上有所减少。就大年初一的禁忌变化而言，在靖西县，不再忌讳女孩子串门，"女孩随便乱串，随着社会的发展，交通便利，大年初一，村里的少男少女大多去越南或者靖西其他的旅游风景区游玩，不像过去女孩子一整天都待在家里"。（XXY）在巴马一带，由于生活富裕了，现在大年初一可以吃稀饭，已出嫁的女儿可以回娘家团聚。在很多地方，现在可以洗头洗澡，"尤其是小孩，讲他他不听，他不信我们讲的话，说我们迷信，说不准洗头他照样洗。"

(HFL) 生孩子的禁忌方面，现在很多人都选择去医院生小孩，从医院里回来，什么顾忌都没有。有的是在租的房子里生，很多禁忌也都没人理会。现在住的房子多是用钢筋混凝土建的楼房，根本没有动土不动土的说法了。进新房方面，壮族民间仍视其为大事，很多禁忌依然保留，基本与过去相同。但也有很多年轻人不是很计较。结婚时的很多禁忌发生的变化较大。现在人结婚，很多人都会到新娘的房间要喜糖吃，不再忌讳是否会挨着新床。"现在的年轻人结婚，一大帮人挤着围着看新娘，大人老人小孩一个跟着一个都想凑热闹，人人都进到新娘房间要喜糖。我朋友女仔结婚，我都得进去要过，哈哈哈……我见他们一帮人进去，我也跟着进去，反正现在的人都不怕。"（HCX）老人过生日时的一些禁忌在有些地方基本没有什么变化。如在靖西、上思一带，一些禁忌礼节仍旧遵守。而在田东等地则有了变化：现在很多老人过生日不再请道公，而是给老人买生日蛋糕。"现在啊，过生日时，还会买蛋糕，一大堆亲戚在一起，还会给（老人）红包。现在人都有钱了，谁还会讲古时的那些：这也不能做，那也不能做，不会咯，现在人怎么过舒服就怎么过，都不会理那些（旧规矩）的。"（HMJ）在有关病人的禁忌方面，现在，生病的人不能探望病人的禁忌已经没有了，"只要有心去探望病人，都可以去"。（XXY）在那坡，过去看病人不能穿白衣服，现在已没有这一禁忌了。但现在人忌讳给病人送菊花。在上思一带，病人不参加白事，不拜庙以及不参加婚礼等禁忌都没有了。"现在生病乃常事，以前的那些禁忌都没有。"（HYN）有关白事的禁忌变化上，"虽然还存在一些禁忌习俗，但是都没有限时限制了"。（LZM）在上思，去世者子女四个月内不能剪发的禁忌已经改变。在宁明，去世者不满三七，家人也可以外出串门了；在靖西，现在也有人刚过完生日也去参加葬礼；过去是人去世的三天内不吃肉，都是吃素，现在只吃一天素。不仅禁忌在时间上的限制减少了，而且某些禁忌已经没有了。在巴马，办丧期间不吃荤，子女不吃油的禁忌也发生了变化，"现在办丧事的都如（办）喜事了，都是吃荤，不食素的，儿女更不会不食油了"。（HYJ）

为了从整体上全面反映转型期壮族民间禁忌的变化，本书选择了大年初一、进新房（乔迁新居）、生小孩、结婚和丧事等壮族民间社会较为重要事件中的一些普遍存在的共同禁忌进行了询问和统计。我们的做法是，将上述各种事件中的传统禁忌行为作为选择的对象,询问被访者可以接受哪些行为。结果显示,改革开放以前壮族民间的各种禁忌行为,现在或多或少都可以接受,表明壮族民间社会各种禁忌都有所减少。但不同的事件和不同的禁忌,减少的情况又存在差异。同时,在上述各种事件中,各种禁忌行为都不能接受的现象依然存在,但不同事件中不能接受禁忌的程度有所不同。

对于大年初一的禁忌变化,我们对壮族民间被访者询问的问题是"大年初一那天,您觉得下面哪些事情可以做?"这些事情属于壮族民间社会有关大年初一那天的各种禁忌。从应答情况看,在所列举的各种禁忌中,所有的禁忌都得到应答,即都可以接受。但可接受的禁忌行为的应答率不尽相同。其中应答率较高的是"洗澡""淘米煮饭""到菜地摘菜""吃粽子",应答率分别为 15.58%、15.76%、12.11% 和 16.31%。各种禁忌行为都不能接受的应答率为 1.57%(见表 3—30)。应答情况表明,大年初一的各种传统禁忌都有不同程度的减少。

表 3—30　　　大年初一那天,您觉得下面的哪些事情可以做?

大年初一的禁忌变化	小计	应答百分比(%)
理发	130	4.74
洗澡	427	15.58
倒垃圾	178	6.49
上山砍柴	85	3.10
去外婆家给外婆送好吃的	217	7.92
淘米煮饭	432	15.76
有条件的话去外地旅游	182	6.64
到菜地摘菜	332	12.11
睡懒觉	157	5.73
修剪指甲	111	4.05
吃粽子	447	16.31
以上都不可以做	43	1.57
总计	2741	100.0

缺失值 2 个;有效个案 732 个。

注:本表数据来源于课题组于 2015 年 10 月所做的社会转型期壮族民间文化变迁研究问卷调查。

　　进新房时的各种禁忌也都有减少，减少较明显的禁忌是"进新房后半年内去参加小孩的满月酒"和"进新房后半年内借钱给亲戚"，应答率分别为 10.47% 和 11.09%；禁忌变化较小的禁忌是"进新房后半年去拜庙""进新房后半年内去参加别人的白事""孕妇先进新房""坐月子的人先进新房"，应答率分别为 8.21%、6.64%、4.79% 和 3.83%；变化最小的禁忌是"守孝期里的人先进新房""死了配偶的人先进新房"，应答率分别为 1.44% 和 1.51%。有关进新房时的禁忌变化，在一定程度上反映出壮族民间社会对生命的持久珍惜和对死的否定（见表3—31）。

表 3—31　　　　进新房的时候，您觉得以下哪些行为可以接受？

进新房的禁忌变化	小计	应答百分比（%）
要挑选吉日	663	45.38
孕妇先进新房	70	4.79
守孝期里的人先进新房	21	1.44
坐月子的人先进新房	56	3.83
残疾人先进新房	38	2.60
死了配偶的人先进新房	22	1.51
进新房后半年去拜庙	120	8.21
进新房后半年内去参加小孩的满月酒	153	10.47
进新房后半年内去参加别人的白事	97	6.64
进新房后半年内借钱给亲戚	162	11.09
以上行为都不能接受	59	4.04
总计	1461	100.0

缺失值 2 个；有效个案 732 个。

注：本表数据来源于课题组于 2015 年 10 月所做的社会转型期壮族民间文化变迁研究问卷调查。

　　壮族民间生小孩时的诸多禁忌虽有所减少，但减少的程度较低，突出表现为，所有与生小孩相关的禁忌行为都不能接受的应答率竟高达 44.62%；在有关生小孩时的诸多禁忌中，减少较为明显的禁忌是"没有请道公给产妇洗身，产妇就可以从家里的香火前面经过"和"坐月子人的家里人从庙门前经过"，应答率均为 14.36% 。这种对孕妇行为的禁忌变化，在一定意义上反映出壮族民间宗教观念和祖宗观念有所减弱（见表 3—32）。

表 3—32　　　　生小孩的时候，您觉得以下哪些行为可以接受？

生小孩时的禁忌变化	小计	应答百分比（%）
没有请道公给产妇洗身，产妇就可以从家里的香火前面经过	140	14.36
坐月子的人经过庙门	71	7.28
坐月子人的家里人从庙门前经过	140	14.36
没满月的人去别人家里串门	91	9.33
没满月的人祭祖	53	5.43
没满月的人参加白事	45	4.62
以上行为都不可以接受	435	44.62
总计	975	100.0

缺失值 10 个；有效个案 724 个。

注：本表数据来源于课题组于 2015 年 10 月所做的社会转型期壮族民间文化变迁研究问卷调查。

与进新房和生小孩时的禁忌变化相比，结婚时的禁忌变化较大，很多禁忌都有所减少。在结婚时的诸多禁忌中，变化较大、减少较多的有"姑姑和嫂子送新娘出门""六月结婚""结婚出门那天，新娘穿有口袋的衣服" "结婚的时候，新娘穿白色的衣服"，应答率依次为 16.41% 、12.95% 、12.58% 和 11.78% 。仍有较多的被访者认为与结婚相关的禁忌行为不可接受，所有禁忌行为都不可接受的应答率为 13.76% （见表 3—33）。

表 3—33　　　　结婚的时候，您觉得以下哪些行为可以接受？

结婚时的禁忌变化	小计	应答百分比（%）
结婚那天，新娘随意躺在床上	152	9.38
结婚的时候，新娘出门的时候回头看	117	7.22
结婚 4 个月内参加白事	118	7.28

续表

结婚时的禁忌变化、	小计	应答百分比（%）
结婚的时候，新娘穿白色的衣服	191	11.78
姑姑和嫂子送新娘出门	266	16.41
六月结婚	210	12.95
结婚那天，参加婚礼的人扇扇子	140	8.64
结婚出门那天，新娘穿有口袋的衣服	204	12.58
以上行为都不可以接受	223	13.76
总计	1621	100.0

缺失值5个；有效个案729个。

注：本表数据来源于课题组于2015年10月所做的社会转型期壮族民间文化变迁研究问卷调查。

对于丧事过程中的各种禁忌，变化较大的有"死者的亲人刷牙、洗脸""四个月内，子女剪头发""灵柩下葬前，儿女吃肉"，三种禁忌行为可以接受的应答率依次为22.88%、17.71%和11.57%；而应答率较低的禁忌行为有"死者的家人说别人家的家畜""死者不满三七，家人外出串门"，应答率均为7.34%，应答率最低的有"儿女穿鲜艳的衣服"和"唱歌、喧哗"，应答率分别是2.59%和1.81%（见表3—34）。葬礼中有关刷牙、洗脸、剪头发和吃肉等禁忌的减少，说明现代文明观念逐渐普及壮族民间；而应答率较低的禁忌行为则突出反映了壮族民间较为稳定的尊重逝者和尊重他人的传统。

表3—34　　　有人去世的时候，您觉得以下哪些行为可以接受？

丧事禁忌的变化	小计	应答百分比（%）
灵柩下葬前，儿女吃肉	134	11.57
儿女穿鲜艳的衣服	30	2.59
唱歌、喧哗	21	1.81
死者不满三七，家人外出串门	85	7.34
死者的亲人刷牙、洗脸	265	22.88
死者的家人说别人家的家畜	85	7.34
四个月内，子女剪头发	205	17.71

续表

丧事禁忌的变化	小计	应答百分比（%）
以上行为都不可以接受	333	28.76
总计	1158	100.0

缺失值 8 个；有效个案 726 个。

注：本表数据来源于课题组于 2015 年 10 月所做的社会转型期壮族民间文化变迁研究问卷调查。

2. 民间艺术变迁

壮族民间艺术源于壮族先民长期的劳动实践和社会生活，并随着壮族先民社会的发展而发展。壮族民间艺术历史悠久，形式多样。新石器时代，壮族民间艺术就开始萌芽、形成和发展。壮族原始舞蹈、绘画和雕塑艺术已逐渐形成。先秦时期，壮族先民民间艺术继续发展，既能够在陶器和青铜器上刻画外形美观，寓意丰富神秘的图案，还开创了运用色彩构图表征社会生活的绘画艺术；雕刻艺术取得突出成就，掌握了青铜器的模和范的雕刻制作；吹奏音乐开始萌芽，出现了石磬、铜钟、铜铙、铜鼓和铜铃等乐器；出现了拟蛙舞、拟鹭舞等舞蹈形式。秦汉至隋朝时期，壮族先民社会民间艺术进一步发展。铜鼓装饰艺术发展到高潮；原始乐器继续流行，乐器笛已出现。唐至五代时期，传统壁画消失，铜鼓艺术衰落，铜雕装饰艺术兴起，陶塑艺术发展；巫舞向傩舞和戏剧转化，绣球舞流行，音乐与舞蹈分离。壮族先民民间艺术在内容和形式上受到汉文化的影响日益明显。宋至清初，壮族织锦趋于发展，并融壮族绘画、雕刻、铜鼓和舞蹈艺术于一身；赛鼓和弦乐发展并吸收了汉族音乐元素；融音乐、舞蹈及演唱的傩舞向戏曲发展，汉族的舞龙、舞狮开始在壮族民间流行。明朝中期以后，随着壮族地区经济和商业的发展，戏剧传入，壮剧产生。清朝中叶至民国时期，壮剧和曲艺流行。[①] 壮族民间艺术类别众多，包括民间音乐、舞蹈、绘画、雕刻、民间戏曲和民间手工艺等。本书将重点描述壮剧和壮族民间手工艺的变迁。

---

① 张声震：《壮族通史》（上、中、下），民族出版社 1997 年版，第 88—89、400—404、548—549、775—778、1042—1044 页。

（1）壮剧变迁。根据语言、唱腔和表现特点，壮剧分为南路壮剧、北路壮族和师公戏三大类。[①]

传统社会，壮戏与壮族民间信仰相联系，具有娱神驱邪、祈福避灾的功能。壮戏的这一功能明显地体现于每次唱戏时举行的开台和收台仪式。每年春耕之前，或家中老人生日，通常会请戏班唱戏，以求村屯平安，人寿年丰。唱戏之前，要请道公举行开台仪式，唱戏结束，由道公举行收台仪式。开台时，道公着道服，戴道冠，举着燃放的鞭炮，绕花台（戏台）巡视一周后，用柚子树枝在舞台上弹洒圣水（即一碗水，烧纸将纸灰落在水中，用柚子树枝边搅拌边弹洒到戏台上），以避邪消灾。洒水后道公手持花枪驱鬼，同时宣唱玉帝的旨意："满载日月满风光，吾奉玉帝下凡来，巡查四大部洲，查得广西省××市、××县、××乡、××村，现有一座花台。为保男女平安，前五里、后五里、左五里、右五里、中五里听旨，五五二十五里听旨：不许妖魔鬼怪在此作乱，打下阴山背后，永不超生，回复玉旨，加动祥光！"收台的时候，道公再次传旨："初一十五天门开，吾奉玉帝下凡来，横扫阳间妖魔怪，前一枪风调雨顺，后一枪国泰民安，左一枪五谷丰登，右一枪六畜兴旺，中一枪××村各家各户男女老少个个平安，发财，统统发财！"[②]

正是壮戏具有娱神祈福的功能，才使得壮戏成为壮族民间喜爱的艺术形式，民间壮剧团也因此在传统社会普遍存在。例如，在民国初年云南壮剧演出最为活跃的时期，在富宁、广南和文山一带的业余壮剧班社就多达140多个。[③] 转型期，从壮剧班社的数量和演出活动来看，壮剧呈衰落趋势。尤其是20世纪90年代市场经济体制改革以来，壮剧受到了更大的冲击。以云南为例，云南民间壮剧团的演出活动大幅减少：1997—1998年两年间，富宁县只有57个民间壮剧团正常演出，而到2010年，能够正常演出的民间壮剧团仅有十几个。[④]

---

① 陈永、孟宪辉：《中国民间音乐概论》，华中师范大学出版社2004年版，第85页。

② 吴德群：《壮族山歌与人的社会化——以认知和情感为视角》，人民出版社2015年版，第56页。

③ 文山壮族苗族自治州文化局、文山壮族苗族民族事务委员会编：《云南壮剧志》，文化艺术出版社1995年版，第11—12页。

④ 刘琉、任仁：《云南壮剧的保护与传承研究报告》，《民族艺术研究》2011年第2期。

为了全面反映壮剧的变化，本课题组对壮剧的变化情况进行了问卷询问，询问和应答情况见表 3—35。

从表 3—35 可以看出，壮剧的变化主要表现在四个方面，一是壮剧活动减少，"以前经常唱壮戏，现在很少唱"的应答率为 26.80%；二是唱戏的主体年龄特征变化，"以前唱戏的年轻人多，现在唱壮戏的年轻人少"的应答率为 23.10%；三是壮戏传承出现困难，"以前学唱戏的人多，现在学唱戏的人少"的应答率为 22.58%；四是壮戏对壮族民间社会生活的影响功能减弱，"以前看戏的人多，现在看戏的人少"的应答率为 22.97%。"没有什么变化"的应答率仅为 4.55%。

表 3—35　　在唱壮戏方面，与改革开放以前相比，现在有什么不同？

壮戏变化	小计	应答百分比（%）
以前经常唱壮戏，现在很少唱	413	26.80
以前唱戏的年轻人多，现在唱戏的年轻人少	356	23.10
以前学唱戏的人多，现在学唱戏的人少	348	22.58
以前看戏的人多，现在看戏的人少	354	22.97
没有什么变化	70	4.55
总计	1541	100.0

缺失值 41 个；有效个案 693 个。

注：本表数据来源于课题组于 2015 年 10 月所做的社会转型期壮族民间文化变迁研究问卷调查。

（2）民间手工艺变迁。这里主要描述编制、刺绣和木制品制作这三种壮族民间手工艺的变化。

第一是壮族民间编制工艺的变迁。壮族民间手工编制工艺主要是竹木编制工艺，也有少量的藤枝编制工艺。竹木编制品主要有竹筐（壮话音：弃或㮾）、背篓（壮话音：把）。与改革开放以前相比，转型期，壮族民间手工编制艺术发生了三个方面的变化：一是手工编制的人减少，编制工艺渐渐失传；二是在编制品的功能上，民间社会在强调实用的同时，也开始注重美观；三是编制品的商品化程度提高。

转型期的壮族民间手工编制仍然存在，但较改革开放以前有所减少。

访谈中，壮族民间被访者普遍表示还有编制竹筐的情况："还有人编制。"（YJR）"现在还是有人编制竹筐或藤筐的。在农村，由于经济落后，很多人还是很依赖传统的竹筐。"（LFL）"这个有的，我编的就是竹筐。"（HDG）但被访者同时也表示，编制竹筐或藤筐的人并不多。"现在也还有人编竹筐，不过很少。"（LSG）"现在村里面还有人编，但是也不多了。"（HHP）"有是有，相对来说较少。"（WHM）"有，有少数人编制而已。"（HYF）"（现在）偶尔有人编，以前有很多人编。"（WZJ）

在手工编制减少的同时，懂得手工编制工艺的人也在减少，尤其是会手工编制的年轻人不多，编制工艺在青年一代渐渐失传。"（现在还编制竹筐的）都是老一辈的人咯。像你（20世纪90年代后的大学生）爷爷那一代的人好多人都会编，现在会编的人越来越少了，像你爸爸这一辈都没什么人知道了。"（HGH）"改革（开放）前会编制的人较多，现在只有年纪大点的人会，年轻人都不会。"（WHM）"如今的年轻人不会再去学习如何编制竹筐了。"（LFL）

无论是改革开放以前，还是社会转型期，壮族民间手工编制品的主要功能都是日常生活和生产。在壮族民间，竹筐主要用于盛放和搬运物品，"我们种田的怎么能少得了（竹筐）？收获谷物的时候就需要咯，用来装什么都方便。"（HDG）"以前的竹筐是用来装米，有时还拿去装运土还有石头，现在的竹筐都是用来装米的多。"（LSG）"以前编的竹筐、藤筐多是用来挑米的，交通不方便，就自己家编制自己家的竹筐来挑米啊，背猪菜的。现在人编的竹筐是养蚕背桑叶用的，如果种菜的，就用竹筐挑去街上卖。"（HYF）"以前都是编了然后拿去收谷，种田啊。"（HGH）随着社会的发展，壮族民间社会开始越来越多地使用塑料筐或塑料袋等盛放工具，但与塑料制品相比，竹制品更加"结实""耐摔"。"现在人为了方便，常常使用一些塑料制成的篮子，轻便但不耐摔。"（LFL）

与改革开放以前不同的是，转型期，民间社会在强调编制品实用的同时，也开始注重美观。"以前用竹子做凳子、筐子。那时乱编成一个筐就有人买。现在人家要看手工，看质量。好看、质量好、做工好的才有人买。"（LQY）"以前都是自己家自己做的，只要能装（东西）就可以了，哪里还管它好不好看。现在（的竹筐）都是用好的竹木来编，光滑，结实，精美。比以前编的结实好看，现在你不做得漂亮人家都不愿意去

买。"（LSG）"现在手工制作精致。"（WHM）

改革开放以前，手工编制品主要是自给自足，虽有买卖，但不普遍。转型期，由于市场经济的发展，手工编制品的商品化程度也随之提高。"以前很多人都会编，拿去卖的人少，因为自家都有编了还去买干什么？现在这东西反而卖的好了。"（HGH）"以前的竹筐都是自己做的，不讲价钱（不用买），现在的话一对竹筐三十块（钱）这样。"（LSG）"以前是很少买的，只有自己编制，现在想用，有需要都可以买。"（WHM）"以前编竹筐是拿来自己用的，现在是做来卖的。"（HZM）

第二是壮族民间刺绣工艺的变迁。改革开放以前，作为一项手工艺术，刺绣在壮族民间普遍存在。转型期，民间刺绣虽有所减少，但依然存在。与改革开放以前相比，转型期的壮族民间刺绣在外观、工艺和社会意义三个方面都有所不同。

在外观上，转型期的刺绣更加美观但不够精致。被访者表示，现在的刺绣比改革开放以前的美观。现在的刺绣不仅花色品种多样而且图案类别丰富。"以前人们刺绣只能绣一些花、草、鸟等图案。"（LFL）"现在的刺绣比以前的好多了，五花八门的，各种各样，什么类别的都有，比以前好看，漂亮多了。"（HYF）"现在刺绣好过，漂亮过（即现在的刺绣比以前好，比以前漂亮）。以前都是绣花，现在绣什么都可以绣。以前的线比较细，小小的线和针，现在是大大的线和针。不过以前绣的精致过（即以前刺绣比现在精致）。"（LSG）"改革前刺绣都是纯手工，而且手工精致。"（WHM）

在刺绣工艺方面，标准化代替了个性化。传统工艺较为复杂且具有明显的个性。而转型期的刺绣工艺简单且被标准化。"现在的刺绣都是有图案印在那里，直接绣就行啦。"（WHM）"以前是没有布打底，都是自己绣，现在是跟着那个图绣，以前都是跟着一张白布来绣。以前绣法很复杂，还自己画，现在比较容易绣。"（LSG）"现在人们的刺绣都是在一块制作好的方格布上绣，并且方格布上已染上各种色彩，标好哪种颜色绣哪种颜色的线。方便快捷了许多。以前则完全靠自己的审美来搭配颜色。更具挑战性。"（LFL）"现在像刺绣的话，都是那种街上买的，上面有图案，然后按照上面来刺绣就可以了，容易多了，方便多了。"（LRJ）"以前都是自己画自己绣，很难；现在改变了，上面都画好了样图了，容易多

了。"（HYF）"传统刺绣技术是非常厉害的，现在的那种不算什么。"（HDG）

在刺绣所具有的社会意义上，壮族民间刺绣具有鲜明的社会性别意义，是传统社会壮族女性能力、智慧和品质的重要表征。壮族传统社会，经济的自给自足和男耕女织的社会分工模式，要求家庭妇女必须懂得衣食的制作加工。因此，会做针线，做好针线便成为壮族民间女性社会化的重要内容。会做针线，做好针线不仅是民间社会对女性能力、智慧和品质进行评价的重要标准，也是对女性家庭教育成功与否的评价标准。女孩会做针线而且手工精美，就被认为是心灵手巧，聪明伶俐，结婚后，才会被认为有能力持家顾家，共兴家业，才能得到婆家的认可和尊重。如果女孩不懂得做针线或针线做得不好，就被认为不机灵，甚至被认为没有家教，结婚后就会被婆家看不起。因此，自小学习做针线，学好做针线，就成为每个壮族民间女性的重要任务。正因如此，做针线便具有重要的社会性别意义。刺绣则是其中之一。

转型期，刺绣的社会性别意义开始淡化，很多时候，刺绣已成为一种时尚。"你（20世纪90年代后出生的大学生）妈妈那一辈都有好多刺绣的。以前她们做完农活就刺绣。那时候（通过）刺绣可以看一个女孩子的本事，刺绣做得好，也很被人看中的。"（HGH）"以前（女孩）要结婚、大寿，都要提前一年自己用手工绣。像门帘、窗帘、鞋子、嫁衣等都要提前绣。"（LQY）"（在过去）刺绣一直是妇女们喜欢做的事，也是一个人的智慧与审美观的具体表现。"（LFL）"以前刺绣是绣鞋，绣枕头，绣帽子，现在刺绣是做装饰品。"（HZM）"以前绣成了做鞋子的比较多，耐穿又舒服。年轻女子就绣手绢的多，现在我们县城有个壮锦厂，里面也全是手工绣，人们买去送礼好，有面子，代表靖西的民族特色。"（YJR）

第三是壮族民间木制手工艺的变迁。与改革开放以前相比，转型期的壮族民间木制工艺主要有两个方面的变化。一是木制材料和工具的变化，二是工艺方面的变化。

转型期，木制品在原材料方面的变化主要是原木使用减少，合成木材或取代木材的金属材料使用普遍。"以前的木工都是要实木的多，通过修修刨刨，才得到想要的木料，浪费木材。现在的家具很多都不是实木了，很多的使用（复）合板来完成，这往往是用一些废木渣通过加工形成的

木板。"（LFL）"大多数人都不用木了，都用不锈钢。"（LQY）

木制工艺变化最为明显的就是加工工具方面的改进。传统手工工具逐渐被淘汰，取而代之的是现代电动工具。"以前做木工都是靠木工工人用'修'和'刨'还有墨尺做。'修'是用来凿出各种接（榫），'刨'则是用来刨平原本不平整的木板，墨尺则是用来测量木条、木板的长度，还可以将木头取直。"（LFL）"以前，做木工用得最多的工具是凿子，用木头做成的柱子、门、桌都用凿一点一点凿成形的。用的时间久很多。"（YJR）"以前都是人工的，用锯子把木头锯开，费力，耗体力，速度也不怎么快，现在的话，用的是电锯，很轻易就锯开了，省时间。"（LRJ）"在制作的时候都是老人们用手拉锯子来切断木头，然后用锤子这里敲一下，那里敲一下合成的。"（HYF）

"以前用的都是斧头、锯子、刨子，现在多了很多，用电的机器做什么都快，也方便多了。你廖伯伯就是做木工的，现在做木工最大的区别就是比以前多了好多机器，以前什么事都是用人工一点点做的。就说伐木，以前建房子需要很大的木头，很平的木板，那可是费好大劲，树木大的话人工砍一天才得，做成木板更不用说了。完全是人，两个人拿着锯子一点点伐出来。"（WGX）"现在都是机器，以前都是刨木。"（LSG）

随着加工工具的自动化程度提高，转型期的木制工艺也发生了很大变化。总体上，与传统工艺相比，现代工艺更加快捷、方便，外表也较美观。"以前所做的桌子、椅子、凳子、柜子等，都是靠接口来连接。不像现在做什么家具都靠钉子和螺丝来完成。由于以前的制作工具都比较简单，所以那些家具都是以方方正正的为主。不像现在，弄一块平整的木板直接放到电锯上就可以，方便快捷。主要是以前没有卷尺，人们为了完成一条长又直的木条或木板，在木头上拉上一条墨尺，木头上就会留有一条直的墨线，木匠沿着墨线锯、刨、修，就可以做出一条直的木条或木板了。"（LFL）"现在使用电焊，一插电按图来做就行，方面多了，又做得快，做出来的门桌也比较光滑，形状也多。"（YJR）"以前在木工制作方面，比如说桌子、椅子、衣柜等，都是没有上油的，没有上色的。做的木制东西都是古老的样子，老常规，老头脑。家家户户看到的木制的东西都是一样的。现在可不同了，现在技术发展，木制的东西都上色上油了，漂亮多了，高档多了。现在技术改变了，头脑也是新头脑，都是用电锯来切

割木头，用电器（工具）来合成，做出来的也是各式各样的形状，好看多了。"（HYF）

（四）壮族民间语言文化的变迁

民间语言主要包括民俗语言和民间文学。民俗语言又包括民族语言和方言；民间文学包括民间口头文学、民间神话、民间故事、民间传说和民间歌谣等多种形式。[①] 壮族民间语言文化包含的内容较多，本书着重描述壮语和壮族山歌的变化。因为在壮族民间语言中，壮语最为重要，在民间文学中，壮族山歌最为典型。

1. 壮语的变迁

历史上，瓯骆地处边远，交通闭塞，社会发展缓慢，当文字尚处萌芽阶段时，秦朝统一岭南并统一推行汉字，瓯骆原始文字便因此消失。但其独特的民族语言则延续下来，[②] 并发展为现在的壮语。壮族拥有自己的民族语言，壮族民间普遍使用壮语。[③] 由于壮族与汉族长期交往，壮族民间在使用壮语的同时，也同时会使用汉语。但传统社会，除了部分干部和学生会使用汉语外，民间社会多以壮语为主要的交流工具。[④] "以前年轻人和小孩都是讲壮话，不会讲官话（汉语），读些书的年轻人会讲些桂柳话。""我们以前从来就不讲普通话，只讲自己的话，家乡话。我们读书时学堂里老师也是用本地话来讲的，普通话不会说，说也说不准，说得慢啊，半土半洋的不流利。有外地人来我们这边，跟我们讲普通话，听倒是听得懂，就是不会讲，学着普通话来跟他们讲，他们都听不懂我们讲什么。"（YL）

转型期，随着壮族农村现代学校教育的发展和城市化带来的农村人口向城市流动水平的提高以及全球化影响的加深，不仅汉语普通话在壮族民间逐渐普及，会讲普通话的壮族人越来越多，使用普通话的频率亦逐渐增多，而且越来越多的人还会使用英语。"现在的年轻人，什么话都会讲，

---

① 钟敬文：《民俗学概论》，上海文艺出版社2009年版，第5—6页。
② 张声震：《壮族通史》（上），民族出版社1997年版，第197—198页。
③ 杨宗亮：《壮族文化史》，云南民族出版社1999年版，第93页。
④ 韦庆稳，覃国生：《壮语简志》，民族出版社1980年版，第2页。

不得了。讲自己的家乡话，讲普通话，讲英语，有的还会讲其他地方的方言，真厉害。什么（话）都懂讲一点，跟什么人说什么话，听口音有的讲的还准得很。现在小孩子，阿爸阿妈都跟他们说普通话了，刚学说话刚走路的小小个，都用普通话来教他叫爸爸妈妈了。"（YL）

普通话的普及，改变了民间日常交流的语言结构，形成了普通话与壮话同时使用的状况。"改革开放以前的年轻人和小孩都比较倾向讲方言，很少讲普通话，而讲普通话也会夹带很多壮话；改革开放以后的年轻人和小孩都喜欢讲普通话，而且讲得很顺口，反而壮话讲得不怎么好，讲壮话也夹带很多普通话。"（HYN）

随着使用普通话机会的增多，壮族民间使用壮话的频率则相应减少。部分由农村进入城市的壮族孩子已不会讲壮话，甚至已听不懂壮话。"不管城里面的小孩还是在农村（的小孩）都喜欢讲普通话，城里面的小孩在小时候父母就教讲普通话，有的小孩甚至不会讲壮话。"（XXY）"你们这一代（指20世纪90年代出生的学生）的（孩子）还行，会说（壮话）的多。现在的小孩连自己家乡话都不会讲。我儿子在县里面工作，每次我去看孙子，他都用普通话来跟我讲话，跟他讲家乡话他听不懂了，呵呵呵……"（YL）"但在乡下大多数的小孩还是以壮话为主，有的小孩也会夹着几句普通话。"（XXY）

表3—36较为全面地反映了壮族民间社会的语言使用状况。由表可见，壮语仍然是壮族民间社会的主要语言，使用壮语的应答率为51.57%；仅次于壮语的是汉语普通话，使用汉语普通话的应答率是36.97%，还有少数的被访者会使用英语或其他外语，会使用英语和其他外语的应答率为1.49%。除了壮语、汉语普通话、英语及其他外语之外，还有部分个案选择了其他语言，其他语言的应答率为9.97%。这些语言主要有桂柳话、白话、客家话。

表3—36　　　　　　　　您现在会说哪种语言？

会说哪种语言	小计	应答百分比（%）
汉语普通话	471	36.97
壮语	657	51.57

会说哪种语言	小计	应答百分比（%）
英语或其他外语	19	1.49
其他语言	127	9.97
总计	1274	100.0

缺失值 8 个；有效个案 726 个。

注：本表数据来源于课题组于 2015 年 10 月所做的社会转型期壮族民间文化变迁研究问卷调查。

2. 壮族民间文学的变迁

壮族民间文学的典型是壮族山歌。岭南各少数民族有好歌之俗。周去非在《岭外代答》中，记载了岭南民族婚嫁时的"送老"对歌习俗："岭南嫁女之夕，新人盛饰庙坐，女伴亦盛饰夹辅之。迭相歌和，含情凄婉，各致殷勤，曰送老。言将别年少之伴，道之偕老也。其歌也，静江人依苏幕遮为声，钦人依人月圆，皆临机自撰，不肯蹈袭，其间乃有绝佳者。凡送老，皆在深夜，乡党男子群往观之，或于稠人种发歌以调女伴，女伴知其谓谁，亦歌以答之，颇窃中，其家之隐匿。往往以此致争或以此心许。"① 民国学者刘锡蕃在《岭表纪蛮》中感叹道："未有如蛮人之好歌者也"，"蛮人无论男女，皆认唱歌为其人生观上之切要问题。"刘锡蕃认为，岭南少数民族喜欢唱歌的原因有五个。一是依歌择配。歌是青年男女获得理想爱情的媒介。"善唱歌者，能博得妇女之欢心，可借此为媒介，而达到最美满之恋爱；并可以由此等范围之内，而实验抉择各个恋爱者之谁为惬意，进而达到美满结婚之目的。"二是在社会生活中有赛歌的习俗。"蛮人在'集会''婚娶''群作''宴饮'时间，皆以赛歌胜负分荣辱，使千万人集视其歌战之胜负，故唱歌不止娱乐，实含有一种激烈之'战斗性'。"三是因为岭南诸族，社会赋予了唱歌较高的价值，唱歌是获得社会声誉的途径。"会唱歌者，能博得全社会一般民众的尊誉。"四是因为唱歌是排解苦闷的方式。"蛮人生活痛苦、居地荒凉，工作繁多，若不以唱歌……则绝无祛烦怡情之余地。"五是因为歌唱是岭南社会历史文化

---

① （宋）周去非：《岭外代答》（十卷），清四库全书本，第 134 页。

传承的方式和载体。"蛮人无文字，述其先哲历史，完全以歌词传诵之。"①

　　与岭南其他民族一样，壮人自古好歌。② 根据笔者的田野调查显示，改革开放之初，山歌在壮族民间还十分流行，但随着改革开放的深入，尤其是市场经济的建立和发展，壮族山歌渐趋衰落。壮族民间文学方面的变化明显地表现为壮族山歌的衰落。

　　作为壮族民间文学的典型，山歌在传统民间社会特别盛行，并为壮族赢得了"歌海"的美誉。转型期，随着工业化、城市化和市场经济体制的建立，壮族社会结构和文化结构都发生了变化，作为社会文化一部分的壮族山歌，也同样发生了变化。与传统社会相比，转型期壮族山歌的变化表现在三个方面。

　　一是山歌在社会生活中的地位大大下降。传统社会，山歌在壮族民间拥有极高的文化地位。山歌不仅被用来作为个体人格的表征，还是一个人、一个家庭甚至一个村落获得社会声望的文化资本和顺利交往，获得友情或爱情的重要依据。作为个人的人格表征，山歌是衡量一个人知识多少、能力高低甚至道德修养好坏的重要标准。会唱歌者就被认为有知识、有能力，懂道理，因而道德修养好。歌唱得越好的人，则越被认为知识丰富，越有能力和道德修养越好。不会唱歌或唱歌不好的人，则被认为没有知识能力和修养或者知识能力较低或修养较差。因此，会唱歌的个人、家庭和村落就能获得较高的声望。唱歌越好，声望越高。反之，不会唱歌或唱歌不好者，其声望亦不高。正是山歌与人格及其声望之间的联系，使得山歌很大程度上成为影响个体交往和年轻人寻找恋爱对象的最重要因素。一个不会唱歌的人，其社会交往的机会往往较少。尤其是不会唱歌或唱歌不好的年轻人，因被认为知识能力低或道德修养不好，而在寻找恋爱对象时较为困难。而唱歌好的人，不仅社会交往的机会越多，而且越容易找到恋爱的对象。表3—37、表3—38显示的是改革开放以前及改革开放之初壮族山歌较为流行的时候，社会对山歌与人的能力及品质关系的看法。这

①　刘锡蕃著：《亚洲民族考古丛刊（第五辑）岭表纪蛮》，南天书局有限公司1987年版，第155页。

②　潘其旭：《壮族歌圩研究》，广西人民出版社1991年版，第1页。

种看法突出反映了壮族民间崇尚山歌的价值观。表3—37显示，在周围人对山歌唱得好的人的评价中，"聪明"的应答率为24.69%，"口才好"的应答率为31.27%，"有能力""懂道理""人品好"的应答率分别为20.90%、13.40%和7.35%；相反，在周围人对不会唱歌者的评价中，"比较笨"的应答率为36.75%，"能力低""不懂道理""人品不好"的应答率分别为34.10%、11.41%和4.84%（见表3—38）。

表3—37　在山歌比较流行的年代，周围人对山歌唱得好的人的看法

评价	小计	应答百分比（%）
聪明	319	24.69
口才好	404	31.27
有能力	270	20.90
懂道理	173	13.40
人品好	95	7.35
其他	31	2.39
总计	1292	100.0

缺失值0个；有效个案547个。

注：数据来源于本课题组于2013年春节开展的壮族山歌文化变迁问卷调查。

表3—38　在山歌比较流行的年代，周围人对不会唱山歌的人的看法

评价	小计	应答百分比（%）
比较笨	319	36.75
能力低	296	34.10
不懂道理	99	11.41
人品不好	42	4.84
其他	112	12.90
总计	868	100.0

缺失值3个；有效个案544个。

注：数据来源于本课题组于2013年春节开展的壮族山歌文化变迁问卷调查。

转型期，尤其是市场经济体制的建立，使得物质利益越来越受到壮族民间社会的重视，崇尚市场利益的观念逐渐取代传统社会崇尚山歌的观念而成为壮族民间社会的主要价值观。壮族民间社会不再认为唱歌是最重要的事，而认为挣钱最重要；社会也不再把能否唱歌作为评价个人能力和品质的依据；对孩子来说，读书与唱山歌相比，民间社会普遍认为读书比唱歌更加重要。根据课题组对 547 名壮族农村会唱山歌者的调查显示，有94.70%的被访者认为会挣钱比会唱山歌更重要（见表3—39）；对于"小孩是学唱山歌更重要还是读书更重要"；有98.72%的被访者认为小孩读书更重要（见表3—40）；对唱歌与个体能力和人品的关系认识上，也发生了很大变化。在 547 名被访者中，有93.78%的被访者现在不会认为不会唱山歌的人笨（见表3—41）；有96.89%的被访者不会认为不会唱山歌的人不懂道理（见表3—42），有98.17%的被访者不会认为不会唱山歌的人人品不好（见表3—43）；有96.71%的被访者不会认为不会唱山歌的人会被人欺负或嘲笑（见表3—44）；有89.76%的被访者认为会不会唱歌，不会影响年轻人谈恋爱（见表3—45）。

表3—39   现在，您认为是会唱山歌更重要，还是会挣钱更重要？

唱歌与挣钱哪个更重要	频次	有效百分比（%）
会挣钱更重要	518	94.70
会唱山歌更重要	29	5.30
总计	547	100.0

注：数据来源于本课题组于 2013 年春节开展的壮族山歌文化变迁问卷调查。

表3—40   对小孩来说，您认为是读书更重要，还是学唱山歌更重要？

读书与唱歌哪个更重要	频次	有效百分比（%）
读书更重要	540	98.72
学唱山歌更重要	7	1.28
总计	547	100.0

注：数据来源于本课题组于 2013 年春节开展的壮族山歌文化变迁问卷调查。

表3—41　　　　　　　现在，您会认为不会唱山歌的人笨吗？

会不会认为不会唱歌的人笨	频次	有效百分比（%）
会	34	6.22
不会	513	93.78
总计	547	100.0

注：数据来源于本课题组于2013年春节开展的壮族山歌文化变迁问卷调查。

表3—42　　　　　　现在，您会认为不会唱山歌的人不懂道理吗？

会不会认为不会唱歌的不懂道理	频次	有效百分比（%）
会	17	3.11
不会	530	96.89
总计	547	100.0

注：数据来源于本课题组于2013年春节开展的壮族山歌文化变迁问卷调查。

表3—43　　　现在，您会认为不会唱山歌的人，他的人品也不好吗？

会不会认为不会唱歌的人人品不好	频次	有效百分比（%）
会	10	1.83
不会	537	98.17
总计	547	100.0

注：数据来源于本课题组于2013年春节开展的壮族山歌文化变迁问卷调查。

表3—44　现在，您会认为不会唱山歌的人会被人嘲笑或受人欺负吗？

会不会认为不会唱歌的人会被人嘲笑或受人欺负	频次	有效百分比（%）
会	18	3.29
不会	529	96.71
总计	547	100.0

注：数据来源于本课题组于2013年春节开展的壮族山歌文化变迁问卷调查。

表3—45 对现在的年轻人来说，您觉得会不会唱山歌，
会影响她（他）谈恋爱吗？

唱歌会不会影响年轻人恋爱	频次	有效百分比（%）
会有影响	56	10.24
不会有影响	491	89.76
总计	547	100.0

注：数据来源于本课题组于2013年春节开展的壮族山歌文化变迁问卷调查。

山歌第二个方面的变化是山歌的社会基础大大减弱，学山歌和唱山歌的人逐渐减少。传统社会，山歌拥有广泛的社会基础。在民间，几乎个个都学山歌，人人都唱山歌。"男女老少无论哪一个都会唱山歌，而且还经常唱。"（HYN）"在哪里都会听到有人唱山歌，新年啊，都会有人一堆一堆的在一起对唱山歌。"（HMJ）转型期，唱山歌的人不仅大量减少，且向老年人集中，会唱山歌的青年人和少年儿童很少。"（现在）唱山歌的人越来越少，年轻人喜欢听流行音乐，不像过去一样喜欢唱山歌，只有老年人才会去听山歌或买（山歌）碟子来放了。"（XXY）"现在年轻人不会唱也不会听了。"（LHF）山歌社会基础减弱还可以通过会唱山歌者的年龄结构和学唱山歌时的年龄变化进行说明。2013年春节期间，课题组在壮族农村通过抽样问卷调查询问了547名会唱山歌者，在这547名被访者中，60岁以上的占50.1%，19—29岁的占3.47%，而18岁以下的少年儿童仅有一人，占0.18%。而在传统社会，绝大多数个体是在18岁以前就学会唱山歌，如分别有72.99%的老年人和69.96%的中年人是在18岁以前学会唱山歌。

山歌第三个方面的变化是其社会功能的变化。传统社会，山歌具有多种社会功能，最为主要的有娱乐功能，娱神乐神、祈福消灾和社会交往功能。作为娱乐，山歌是壮族民间在劳动之余或劳动之中一种愉悦身心、表达情感或消遣娱乐的方式。在传统条件下，没有电视、广播等娱乐方式，电影也较少，对唱山歌便成为民间社会最主要的娱乐方式。除了娱乐，山歌的第二个主要功能就是娱神乐神，祈福消灾。在壮族民间，有一种专门颂神和求神的歌，其内容多是赞美神的功绩和祈求神的保佑。如在2010

年的田阳敢壮山歌圩，我们就见过几位妇女唱歌颂壮族祖先布洛陀的山歌。歌词大意是壮族兄弟朋友个个很高兴，团结和睦，共同来拜神仙布洛陀，感谢布洛陀的保佑，个个得平安，家家得幸福（见图3—1）。除了娱乐和颂神功能，山歌还有重要的交往功能。传统民间，个体之间、群体之间甚至村落之间的交往都离不开山歌。无论是路人相见、邻里交谈抑或朋友游玩、亲戚造访，无论是孩子游戏、青年交友抑或大人聊天，很多时候都离不了山歌。特别是青年人之间的恋爱，山歌更是不可或缺。此外，山歌还有重要的教育功能，是壮族个体社会化的重要机制。①

图3—1　歌颂布洛陀神的壮族山歌唱本

转型期，尽管壮族山歌在一定程度上还发挥着其传统功能，仍然具有娱乐、颂神和交往的功能，但与传统社会相比，这些功能已大大减弱。除了大的节日和歌圩的时候，尚有一些中老年人偶尔还唱一唱山歌之外，其他时候唱歌的人则很少。由于青年人和少年儿童已基本不会唱山歌甚至听不懂山歌，加之民间恋爱观念的变化和学校教育的发展，山歌的"择配"功能和教育功能已基本消失。在山歌一些传统功能消失和减弱的同时，一些新的功能又逐渐产生。其中一个最重要的功能就是经济功能。随着壮族社会经济的发展和文化自觉意识的增强，壮族民间文化逐渐在地方旅游开

---

① 吴德群：《壮族山歌与人的社会化——以认知和情感为视角》，人民出版社2015年版，第162—163页。

发中扮演着越来越重要的角色。作为壮族民间文化的典型，山歌已作为重要的文化资源在壮族社会经济发展中发挥重要作用。如转型期壮族地区的很多文化旅游品牌都直接或间接与壮族山歌有关，其中影响较大的有桂林阳朔的印象刘三姐、河池的铜鼓山歌文化节、百色市的布洛陀民俗文化旅游节、武鸣县的壮族三月三歌圩等。此外，那坡县的黑衣壮山歌、平果县的壮族嘹歌也都成为发展县域经济的重要文化资源。随着文化产业化的进一步发展，壮族山歌的经济功能还将会进一步增强。

三　壮族民间文化变迁的特征

本书拟从壮族民间文化变迁发生的广度、变迁的深度、变迁的速度（物质文化与非物质文化变迁速度间的差异）以及变迁的向度这四个角度，从量和质两个层面概括转型期壮族民间文化变迁的特征。概言之，转型期，壮族民间文化变迁具有发生领域广、深刻多样、在变迁速度上壮族民间文化堕距加大以及在变迁向度上衰落与创新并存四个主要特征。

上文对壮族民间文化变迁现状的描述，实际上已充分呈现了壮族民间文化变迁领域的广泛性，即壮族民间物质文化、民间社会文化、民间精神文化和民间语言文化都发生了变迁，这里不再赘述。下面将着重分析壮族民间文化变迁的深刻多样、壮族民间物质文化与非物质文化变迁速度间的文化堕距加大以及衰落与创新并存三个特征。

（一）在变迁深度上，壮族民间文化变迁深刻多样

这里的深刻多样，指的是壮族民间文化在诸多方面都发生了形态上的根本意义的变化，这种根本变化，对于不同类型的民间文化来说，具有不同的内容和形式。换一种说法，就是壮族民间物质文化、民间社会文化、民间精神文化和民间语言文化都发生了根本性的变化，但变化的内容和形式不尽相同。壮族民间文化变迁的深刻多样体现在以下四个方面。

（1）物质文化层面，壮族民间物质生产正由传统的自然经济形态向现代市场经济形态转变；民间物质生活正由传统的乡村生活方式向现代城市生活方式转变。人类社会经济形态按照不同标准，可以划分为不同的类型。仅按其历史发展过程中所呈现的主要质变阶段，就有四种划分方式：

按照社会生产的目的，可以划分为自然经济、商品经济和产品经济；按照资源配置方式，可划分为就地经济、市场经济和计划经济；按照生产要素的构成，可以划分为传统经济、知识经济和精神经济；按照经济时代划分，可以分为本能自发时代、智能自觉时代和德能自由时代等等。[①] 以上四种分类，无论哪一种，不同类别的经济形态之间都有质的不同。若用生产目的的分类框架来审视壮族民间物质生产的变迁，可以明显看出，壮族民间物质生产正由传统的自然经济形态向现代市场经济形态转变。

自然经济即自给自足的经济，生产的目的在于满足个体或家庭的消费。自然经济虽不完全排斥交换，却限制了交换的发生；市场经济则属于商品经济，社会生产的主要目的是交换，是为了满足他人而非自己的消费。新中国成立前的壮族社会，其经济形态是以稻作农业为主的典型的自然经济。其主要特征是以家庭为单位的稻作生产。生产的目的主要是满足家庭消费。不仅生产规模小，而且生产分散。由于壮族农业生产环境复杂，多石少田，加之生产力水平较低以及土司的长期统治和剥削，壮族农民拥有的土地很少，很多时候难以维持生计，因此，丰衣足食便成为传统民间社会的最高理想。刘锡蕃对广西诸少数民族的这种自然经济状况有过评价："蛮人无功名富贵之奢望，其男女皆以苦力农耕为其毕生之事业。唯日孜孜，以求实现其单纯之'面包主义'"[②]，"蛮区地方，工商业皆极凋敝，……几无工商市场之可言，……其所谓经济制度，亦即纯粹的农业经济制度，其所谓工业，亦即纯粹的家庭工业，……商业不发达……"在谈及原因时，刘锡蕃特别论及壮族社会的自给自足状况："衣、食、住三者，皆以自力经营，外求者少。"[③] 新中国成立后，壮族社会的生产关系发生了根本变化，社会生产力大大提高。但改革开放以前，因受高度计划经济影响，壮族社会的市场经济依旧落后，在很大程度上还处于自给自足状态，传统社会的自然经济形态很大程度上依然存在。前文所呈现的访谈

---

① 程言君：《社会经济形态和时代演进轨迹透视》，《甘肃社会科学》2005 年第 4 期。
② 刘锡蕃：《亚洲民族考古丛刊（第五辑）岭表纪蛮》，南天书局有限公司 1987 年版，第 121 页。
③ 同上书，第 129 页。

情况表明，民间社会在稻作生产方面很大程度上还在沿袭着传统，物质生活依然匮乏，商品交换受到抑制。虽有圩市，但商品很少，很多商品必须凭票购买。

改革开放以后，壮族农村实行联产承包责任制，农民生产经营的自主性和积极性大大提高，农业生产力迅速发展。尤其是20世纪90年代以来的市场经济体制改革，极大地改变了壮族农村自给自足的经济形态，市场机制逐渐主导壮族民间生产。民间生产很大程度上已不再只是为了自家消费，而更多是为市场交换。近年来，壮族农村粮食种植面积逐渐减少，经济作物种植逐渐增加。特色种植、养殖在壮族农村迅速发展。在百色的田东、田阳、西林、凌云等县的部分农村，农业规模化经营已逐渐出现，土地流转机制正在形成，以市场为导向的特色农业经济初具规模。与此同时，连接县、乡、村的市场体系基本建立，乡村集市迅速发展，村落商铺普遍存在且商品种类齐全。农耕器具、化肥等生产要素和民间饮食、服饰及日常消费品及服务市场化程度日益提高。用被访者的话说，就是"只有想不到的，没有买不到的"。总之，在壮族民间，市场经济正逐渐取代传统的自然经济。

随着壮族民间经济形态的变化，壮族民间社会生活方式也逐渐由传统的乡村生活方式向现代城市生活方式转变。本章的第一部分已从社会结构的角度论述过壮族民间社会生活方式的变化，这里则是从文化的角度来理解这一变迁。生活方式指的是社会成员在一定的社会经济、政治和文化背景下用以满足自己生活需要的行为方式。狭义的理解，生活方式指的是人们日常生活的样态，主要包括与吃、穿、住、行和娱乐等相关的日常消费和精神生活内容。[①] 受城乡分割体制的影响，长期以来，壮族社会城乡生活方式差距明显，总体上，城市较农村在物质上富裕，吃、穿、住条件较好，交通便利，精神生活上有较多的闲暇时间和较多的娱乐方式。

改革开放以来，虽然壮族社会的城乡差别依然存在，但差距程度正在缩小。就物质生活而言，农民在吃、穿、住、行四个方面，无论是消费的数量、质量或方式，与城市居民的差距都大大缩小。以吃的方面为例，壮族农民已根本改变了粮食不足、食物单一的状况。尤其是肉食，对农民来

---

① 王雅林:《生活方式研究评述》,《社会学研究》1995 年第 4 期。

说已不再是稀缺食物，相反，正如被访者所讲述的：现在过得好了，天天想吃肉都可以了。甚至与多数城市人的感觉一样，"天天吃肉吃到你看到肉都想跑……一说吃肥肉就怕"。在食物消费的方式上，由于市场在农村普遍存在，与城市一样，几乎所有的食物农民都可以在市场上买到。再以行的方面为例，改革开放以来，农村交通条件大大改善，尤其是近年来的新农村建设，壮族农村基本实现了村村通公路，部分已经有高速公路。铁路建设发展迅速，尤其值得一提的是，连接滇、桂、湘的高铁正在修建，部分区间已建成通车。公路和铁路实际将壮族乡村与城市连在一起，高铁的开通大大加快了壮族乡村的城市化进程。就精神生活而言，随着农村物质生活条件的改善，娱乐休闲状况也随之改善。由于电视在壮族民间的普及，跟城市人一样，看电视很大程度上已成为壮族民间主要的娱乐休闲方式。近年来，随着壮族民间民族文化意识的增强，传统民间歌舞、民间节日习俗活动又得到很大程度的重建和恢复。各种民间文化娱乐团体如乡村文艺队、山歌队、壮剧团等开始活跃，大大丰富了民间社会的娱乐内容。城市近郊的农村人，还能够到广场唱歌、跳舞或健身。随着国际互联网在壮族民间的覆盖，部分家庭也会像城里人一样选择打网络游戏。年轻人也会到 KTV 去唱卡拉 OK。对喜欢山歌的中老年人来说，还习惯到村头或广场对唱山歌，或用录音机、VCD、DVD 听山歌。随着民间社会市场经济观念的增强，以乡村旅游休闲为内容的开发项目逐渐发展，旅游休闲不仅促进了壮族乡村经济的发展，而且为壮族民间的休闲娱乐创造了条件，并成为民间社会追求的与城市社会一样的休闲时尚。正如被访者所述，在靖西县，大年初一，年轻姑娘们再也不顾不能出门的禁忌，竟然成群结队地到附近的风景区甚至去越南游玩。

（2）社会文化层面，由于城市化过程中农村人口向城市流动，壮族民间血缘组织和地缘组织的社会影响下降，业缘关系逐渐建立；民间法制观念和个体意识增强。壮族传统社会，是以单一的稻作生产为基础的农业社会，与其单一的物质生产方式相适应的是单一稳定的社会结构，其主要特征是民间社会分化程度较低，社会成员的生产方式、生活方式和思想观念基本相同；人口在地理空间和社会地位空间中的流动水平低。在这种单一稳定的经济与社会结构条件下，形成了以血缘和地缘为基础的社会关系，家庭、家族、宗族和村落是壮族民间社会的主要社会组织，业缘组织较少。① 改革开放以来，壮族民间社会生产力大大提高，产业结构不断优化，尤其是市场经济体制的建立，使壮族民间社会分化加快。特别是工业化和城市化的快速发展，大批农业剩余劳动力向非农产业和城市转移，直接导致传统血缘纽带的松弛和血缘组织社会地位的下降。首先是家族纽带的松弛和家族影响力的下降。一个明显的例子就是传统节日重要性的下降。例如清明节（有的地方是三月三）、七月十四、春节等传统节日，在过去都属于要求全家人团聚的祭祖节日。但如今，由于青年人普遍进入城市打工，每逢过节，很多人都不能或不愿回家。同样，过去很多家族活动，如定期聚会、祭祀、聚餐等活动现在已很少举行或者在很大程度上流于形式。其次是家庭关系的松弛和老年人社会地位的下降。因农村中青年劳动力从农村流向城市，留守在农村的人口主要是老人和儿童，传统的血缘纽带松散；随着青年人经济能力的增强，老年人在家庭中的地位下降。而地缘关系的松弛和地缘组织地位的下降则主要表现为传统"寨老制"的消失和传统村际间协作活动的减少。如过去村落间在特定节日开展的歌圩活动和山歌比赛，现在已很少延续。在血缘关系和地缘关系地位下降的同时，业缘关系逐渐发展并成为维系壮族民间社会的主要纽带。例如，在转型期的壮族农村，市场观念普遍形成，市场关系在很大程度上成为连接民间社会的主要纽带。正如被访者所述，过去建房子，主要依靠家族和亲戚的帮忙和协助，而如今，由于大量劳动力流向城市，建房子则普遍是承包给专业建筑队，所用机械设备和劳务主要是按照市场规则租用和支付劳务费。近年来，随着壮族规模化农业的发展，公司和企业等业缘组织在壮族农村逐渐增多。

市场经济是法制经济，市场关系和企业在壮族民间的发展，强化了民间社会的法制观念。根据被访者的讲述，新中国成立前，如果家庭内部或邻里之间发生矛盾，首先是通过当事人双方协调解决，解决不了会请家族中的长者或"寨老"出面解决，即依靠血缘和地缘关系解决。而新中国成立后，尤其是改革开放以来，当人际之间发生矛盾，矛盾双方难以解决时，通常会诉诸国家或法律。正如被访者所述：自己解决不了，就找村干部解决，如果村干部解决不了，就到乡里，再到县里，如果还解决不了，

① 梁庭望：《壮族文化概论》，广西教育出版社 2000 年版，第 332 页。

就打官司，通过法律来解决。可以看出，与人情、权力相比，法律的效力在民间社会观念中的地位是最高的，这种对法律的信任反映出民间社会法制观念的增强。

传统社会，个体的社会地位主要以血缘为基础，由个体在家庭和家族中的先天特征如性别、年龄等所决定，家族长者具有较高的威望和权力，个体在很大程度上依附家族和长者，年轻人地位较低。同时，传统社会特别重视传统，创新和个性受到压制，个体自我意识不强。而在市场经济条件下，人与人之间普遍建立起平等的契约关系，创造受到鼓励，能力和个性得以彰显，个体的自我意识增强。例如，在壮族传统社会，老人地位较高，普遍受到尊重，而年轻人地位较低，年轻人的婚姻通常都由父母包办。在市场经济条件下，个体的社会地位在很大程度上取决于其市场地位，取决于个体挣钱的能力。由于年轻人在市场竞争中具有优势，其社会地位普遍提高，诸如婚姻等个人大事，基本都由年轻人自主决定。

（3）精神文化层面，集中表现为民间信仰世俗化。世俗化是现代社会用来理解宗教变迁的概念。道博莱尔（Dobbelaere）认为，宗教的世俗化可以从宏观、中观和微观三个层面来分析。宏观层面上指宗教与其他社会制度之间的分化，中观层面上指宗教本身的入世取向，微观层面上指个体与宗教组织关系的松弛。卡萨诺瓦（Casanova）将这三个过程概括为宗教与世俗生活相脱离，信仰人数的减少和参与程度的降低，以及宗教生活的个体化。[1] 若用上述框架来分析壮族民间信仰的世俗化，有两点变化较为明显。一是民间信仰表现出明显的入世倾向。典型的例证就是广西田阳敢壮山壮族民间宗教布洛陀信仰的重建。田阳布洛陀信仰的重建过程实际上是由地方政府主导，由壮学专家等知识分子参与论证，媒体参与宣传，企业参与策划和包装的多维力量共同建构的过程，其主要目的在于发掘利用布洛陀这一壮族民间信仰资源，发展地方旅游。[2] 类似的重建还有很多，如河池的壮族蚂（虫另）节、西林县的壮族牛头舞等。从民间信仰的社会功能来看，上述民间信仰的传统心理功能逐渐减弱，而其经济功能

---

① 汲喆：《如何超越经典世俗化理论？——评宗教社会学的三种后世俗化论述》，《社会学研究》2008年第4期。

② 时国轻：《壮族布洛陀信仰研究——以广西田阳县为个案》，宗教文化出版社2008年版。

日益凸显。二是民间信仰对信众的影响力下降。在求神或禁忌方面，较为虔诚和信守的多是老年人，青年人则"没有像老一辈的人那么真诚"。即使有的年轻人仍然求神，但很多时候只是流于形式，礼节少多了，甚至"觉得求神拜佛是封建迷信"。在各种禁忌方面，如大年初一不能洗澡，不能洗头，不能出远门，没满月的人不能经过神台以及新婚当天不能接近新床等禁忌现在的年轻人已很少遵守。而对老年人而言，随着社会的发展，部分信仰活动实际上也已减少，如很多地方因为不再使用耕牛，所以牛魂节实际上已经不过了。同样，由于科学技术在农业生产中起着决定作用，传统的求雨活动、六月六日敬祭土地神的活动也已名存实亡。

（4）民间语言文化层面，正由壮语向多元化语言转变；壮族民间歌谣的社会属性正由民间文化向大众文化和精英文化转变。转型期的重要特征是改革开放。在改革开放的推动下，壮族的工业化、城市化、市场经济以及全球化快速发展。伴随上述四大过程，壮族社会结构急剧转型。工业化和市场化加速了壮族社会的分化，改变了壮族传统单一的民间社会结构；城市化和全球化带来的乡村人口向城市的流动，打破了壮族传统社会的封闭性。壮族社会日益成为一个多元开放的社会。

多元开放的社会导致壮族民间语言的多样性。随着越来越多的人进入城市和工厂，越来越多地参与国内或国际分工，壮族民间社会的语言结构亦越趋复杂，民间语言多元化。转型期，民间语言的多元化指的是汉语普通话和其他地方的方言越来越多地融入壮语当中，改变了壮族民间传统上以壮语为主的单一语言结构。根据被访者所述，改革开放以前，除了少数干部和学生，民间很少有人会讲普通话，即使讲也不标准，且夹着很多壮话。改革开放以后，壮族民间普遍会讲普通话，尤其是年轻人和孩子，甚至讲壮话时也夹着很多普通话。很多在城市生活的孩子，"小小个父母就用普通话教他说爸爸妈妈"。此外，对部分进城打工的年轻人和学生来说，他们不仅会讲普通话，有的还会讲外地的方言，用被访者的话说就是"见什么人讲什么话"。虽然英语在壮族民间并不普及，但日常交往中同样融入了英语要素，如告别时的"拜拜"（byebye）已被壮族民间普遍理解并频繁使用。随着改革开放的进一步深入，随着全球化的进一步发展，壮族民间语言将更趋多元化。

转型期，伴随着市场经济的发展和城市化过程，壮族民间文化开始走向市场和城市，呈现出明显的职业化和半职业化特征，并开始与现代都市文化相结合。① 壮族民歌也是如此。例如很多职业性或半职业性的民间歌唱团体或个体歌手逐渐增多。很多民歌要素被越来越多地融入现代流行音乐、高雅音乐和城市形象当中。这一过程改变了壮族民歌的"民间"属性和文化类别。民间，主要指农民阶层，民歌在很大程度上指的是农民阶层所创造和享有的歌谣，与之对应的则是流行音乐和高雅音乐。壮族民歌的职业化、半职业化及其与城市文化的结合表明，其文化属性已从农民阶层向城市商业阶层或精英阶层转移，其文化类别也逐渐由民间文化转向大众文化或精英文化。

（二）在变迁速度上，壮族民间文化堕距加大

文化变迁的速度，指的是某种变迁类型的产生所经历的时间（例如某个文化特质的产生到其被另一文化特质所替代所经历的时间），通常用天、月、年、世纪、短期或长期等时间单位来测定。②

文化堕距是用来描述在文化变迁过程中，文化内部不同层次间变迁速度上的不一致，美国社会学家奥格本（William Fielding Ogburn）用文化失调来表达这一概念。文化堕距有两点含义，一是说物质文化和适应文化（制度文化、精神文化、行为文化等）在变迁的时间顺序上，通常是物质文化较适应文化先发生变迁；二是在变迁的速度上，物质文化总是较适应文化快。正是由于物质文化和适应文化在变迁顺序和速度上的不一致，适应文化通常总是落后于物质文化的变迁，与物质文化不协调。③ 尽管文化堕距是一个用来表达文化失调的概念，但这种失调却是由于物质文化和适应文化在变迁过程中因发生的时间顺序和速度上的不一致造成的，具有较强的时间性。因此文化堕距不仅表达文化失调的概念，而且是一个衡量文化变迁速度的概念。

就壮族民间文化变迁而言，总的看来，物质文化的变迁速度较快。改革开放以来的短短三十几年，物质文化几乎都发生了变化。稻作生产方

---

① 吴德群：《衰落与创新：转型期壮族传统民间文化变迁的辩证特征》，《广西社会科学》2013 年第 9 期。

② ［美］史蒂文·瓦戈：《社会变迁》，王晓黎等译，北京大学出版社 2007 年版，第 5 页。

③ ［美］威廉·费尔丁·奥格本：《社会变迁——关于文化和先天的本质》，王晓毅等译，浙江人民出版社 1989 年版，第 106—112 页。

面，很多传统耕作方式和工具被新的耕作技术和工具所替代：如旱秧技术普遍代替水秧技术；农用拖拉机和收割机普遍代替畜力和人力。民间经贸方面，市场经济已替代传统的自然经济和计划经济，成为民间资源配置的主要方式。物质生活方面，彻底改变了改革开放以前的吃不饱穿不暖状况，不仅饮食充足、营养条件大大改善，而且食物结构日趋多样化和合理化。服装材料的生产效率和质量大大提高，数量充足，花色款式繁多。居住条件大大改善，楼房逐渐代替了传统的土房和草房。交通运输方面，乡村公路或铁路基本上代替了往日的泥路和石路，并且正迅速步入高速公路和高铁时代，曾代替了步行的自行车，又逐渐被摩托车甚至汽车所代替，摩托车、电动车成为民间的主要交通工具。更值得一提的是，由于电子信息技术的普遍使用，手机等无线电话已成为壮族民间的主要而普遍的通信工具，国际互联网也正在民间迅速发展。民间医药方面，壮族传统医药很大程度上已被西医西药所替代。随着科学技术的发展和生产力水平的提高，壮族民间物质文化变迁的速度将越来越快，呈加速变迁趋势。

但从区域上看，由于受自然条件的影响，物质文化变迁速度也存在差异。例如在靖西县，因为交通不便，田块又比较小，很多地方不适宜机器插秧和抛秧，仍然使用传统的水秧技术，即泡种、人工插秧和收割。

与民间物质文化变迁相比，民间社会文化、精神文化和语言文化等适应文化的变迁速度则相对较慢。尤其是民间精神文化和民间语言的变化则更慢。民间信仰方面，尽管也发生了一些变化，如求神的活动有所减少，特别是青年人在对待求神的态度上不如老年人那么虔诚，很多求神活动很大程度上流于形式，很多生活中的禁忌也有所减少。但总体上看，民间的求神活动仍然普遍存在，多数禁忌在民间社会依旧遵守。例如，在大多数村落的村头，都建有土地庙。每年大年初一到十五、每个月的初一和十五以及除夕、二月二、三月三、七月十四、中秋节等节日，都有人到庙里上香，或求天神、雨神，或求土地神，或求观音菩萨，或祈求平安、发财，或祈求健康、生子，等等，求神活动依然普遍。不仅如此，有的地方，求神活动不仅没有简化，反而较过去更加隆重。例如在田东县南立村，"以前，小孩子不可以跟大人一起去庙里求神，就每家有一个人拿一点香和肉、酒去庙里拜庙求神。现在呢，全屯的人都会去拜庙，然后就每家都交钱，筹钱一起买猪、鸡、鸭、饮料等，然后到庙里再杀猪、杀鸡、杀鸭，还请道公一起做法事，请一对人来唱山歌。比以前都隆重，都热闹"。（HMJ）在求子方面也同样存在这一现象，虽然随着生育观念的变化和医疗技术的提高，民间很大程度上已改变了重男轻女的观念，求子（男）意愿有所减弱，而且更加依赖医学。但求子信仰依然在民间普遍存在。例如，在来宾、靖西、那坡等壮族地区还普遍存在花婆信仰。对那些婚后不育的家庭，通过医疗技术仍不能生育的，问神求子更为普遍，而且费用越来越高。过去求子，"出钱买鸡请花婆到家改改道，修正修正，给自己算一卦然后改邪，化凶为吉，向神诉说求赐子；而现在，很多人都是去花婆居住地，请求神为他们赐子，费用也越来越高"。（LXH）

　　跟求神活动的变迁速度相似，壮族民间禁忌的变迁也较慢。尽管诸如一些节日禁忌，有关结婚、产妇和病人的禁忌已部分发生改变，例如现在的年轻人不再顾忌大年初一不能洗头、女孩子不能外出、产妇不能经过神台以及病人不能慰问病人等禁忌。但多数禁忌依旧被普遍遵守，尤其是像住房这样对家庭生活具有全局和长远影响的大事，多数禁忌仍被严格遵守。例如进新房时，民间依旧普遍要请道公根据主人全家人的生辰八字挑选吉日，守孝期的人忌进别人的新房，孕妇、产妇或病人不宜先进别人的新房，进新房后一年内不参加丧事等禁忌仍没改变。

（三）在变迁向度上，衰落与创新并存[①]

　　关于壮族民间文化变迁的现状，理论界存在两种基本倾向，一种是悲观论倾向。有该倾向的学者认为，由于民间文化赖以存在的社会条件、文化条件尤其是社会价值观的变化，壮族民间文化主要表现为衰落。[②] 另一种是乐观论倾向。有该倾向的学者认为，由于国家的保护和市场开发，壮族民间文化正在复兴。[③] 我们认为，无论悲观论者还是乐观论者，对壮族

---

　　① 本部分内容作为阶段性成果在《广西社会科学》2013 年第 9 期发表，有修改。参见吴德群《衰落与创新：社会转型期壮族传统民间文化变迁的辩证特征》，《广西社会科学》2013 年第 9 期。

　　② 李莲芳：《论传统歌圩的现状及其衰亡》，《河池学院学报》2007 年第 4 期。

　　③ 秦红增，万辅彬：《壮族铜鼓文化的复兴及其对保护民族民间文化的启示》，《中南民族大学学报》（人文社会科学版）2005 年第 6 期；黄爱莲：《壮族风情旅游与壮族民间文化主体重建》，《学术论坛》2005 年第 7 期。

民间文化变迁现状的理解都显片面，事实是，社会转型期，壮族民间文化既面临着衰落的挑战，又充满了创新的机遇。本书将主要以壮族山歌文化的变迁为例，分析壮族民间文化变迁所具有的这一辩证特征。

1. 转型期壮族民间文化的衰落

社会转型期，壮族民间文化的衰落主要表现在三个方面：老年人成为壮族民间文化的实践主体，民间文化向青年人尤其是向少年儿童的传递功能减弱；主体的文化实践活动减少，民间文化在个体社会生活中的地位有所下降；传统民间文化逐渐淡出现代社会生活，民间文化的传统社会功能减弱。

（1）老年人成为壮族民间文化的实践主体，民间文化向青年人尤其是向少年儿童的传递功能减弱。一种文化能否持续存在，取决于该文化是否拥有赖以生产与传承的社会载体，即稳定的社会基础。壮族民间文化的持续存在也同样依赖其稳定的社会结构。壮族是以稻作为主的农耕社会，改革开放以前，社会结构稳定。在此结构中，老年人和中年人是民间文化的主要实践者和传承人，而青少年和儿童则是民间文化的学习者和继承者。依赖这种稳定的社会结构，灿烂的壮族民间文化被不断创造并通过口传身授，代代相传。改革开放以后，壮族社会急剧转型，特别是由于工业化、城市化和现代学校教育的发展，壮族农村大部分中青年劳动力流向城市，部分青年和学龄儿童进入学校学习，老年人成为壮族农村社会的主要群体。农村中青年人口和少年儿童的外流，使得壮族民间文化赖以存在的社会主体老龄化，传统民间文化的代际传承因此减弱。

以壮族山歌为例，"壮人自古好歌"，[①] 传统社会，能否唱歌不仅是社会用来衡量其成员知识与能力水平的依据，还是个体或群体获得社会声望的资本。由于山歌对青年人的交往和恋爱具有重要意义，使得壮族个体在少年时代就必须向长辈们学习唱歌，否则长大后就不易找到恋爱对象。因此，不仅形成了"老者传中，中者传青，青者传少"[②] 的山歌文化代际传承，还使得青年人成为最主要的歌唱群体。社会转型期，由于农村劳动力向城市的大量流动，崇尚歌唱的传统价值观的变化以及适龄青年与儿童的普遍入校学习，唱山歌的青年人越来越少，学唱山歌的少年儿童则更少，

---

① 潘其旭：《壮族歌圩研究》，广西人民出版社 1991 年版，第 1 页。
② 黄勇刹：《壮族歌谣概论》，广西民族出版社 1983 年版，第 7 页。

使得老年人成为山歌实践的主要群体。我们的调查显示，目前，在会唱山歌的调查对象中，60 岁以上的老年人超过一半，占样本总量的 50.10%，中年人占 46.25%，而青年人和少年儿童共占 3.65%，其中少年儿童仅占 0.18%（见表 3—46）。

若从唱山歌者的年龄结构进行推论，不难看出，不仅老年人成为壮族传统民间文化的实践主体，而且民间文化向青年人尤其是向儿童的代际传递功能也在减弱。

表 3—46　　　　　　　目前唱山歌者的年龄分布

年龄组	频次	百分比（%）	累计百分比（%）
少年儿童	1	0.18	0.18
青年人	19	3.47	3.65
中年人	253	46.25	49.90
老年人	274	50.10	100.0
合 计	547	100.0	

注：数据根据本课题组于 2013 年春节开展的壮族山歌文化变迁问卷调查整理。

（2）民间文化主体的文化实践活动减少，民间文化在个体社会生活中的地位有所下降。壮族民间文化的衰落，不仅表现为民间文化主体的老龄化及其代际传递功能的减弱，还表现为民间文化主体文化实践活动的减少，传统民间文化在个体社会生活中的地位下降。以壮族山歌为例，我们的调查显示，在调查询问时的近 7 天内，人均唱山歌次数为 2.48 次，人均每次唱歌花费的时间为 1.67 小时，人均听山歌的次数为 3.33 次，2012 年内，人均赶歌圩次数为 2.65 次。与改革开放以前或改革开放之初山歌较为流行时期的山歌活动相比，在唱歌次数上，有 79.7% 的被访者回答现在较过去减少，其中有 61.1% 的被访者回答为"减少了很多"；在平均每次唱歌花费的时间上，79.9% 的被访者回答现在较过去缩短了，其中，有 58.9% 的被访者回答为"缩短了很多"；在听歌次数上，71.1% 的被访者回答为减少，其中，回答"减少很多"的占 51.2%；在赶歌圩的次数上，有 76.2% 的被访者回答"较过去减少"。

壮族山歌可谓是壮族传统民间文化的典型，歌唱主体在歌唱活动上的大量减少，很大程度上能够反映出壮族传统民间文化实践活动的减少，表明壮族传统民间文化在个体社会生活中的地位有所下降。

（3）传统民间文化逐渐淡出现代社会生活，民间文化的传统社会功能减弱。尽管文化的社会功能不是文化存在的依据，却可以作为衡量一种文化存在状态的参考指标。如果一种文化能够广泛参与社会生活，具有较强的社会功能，一定意义上能够表明这种文化处于强势地位；相反，如果一种文化逐渐退出社会生活，社会功能减弱，则意味着这一文化出现了某种意义上的衰落。以壮族山歌为例，传统社会，山歌广泛参与壮族社会生活，与社会生活密不可分，"平时生活里的红白婚丧、春种秋收、走村串寨、起屋或乔迁、婴孩满月、满百天、满周岁等，都有习惯性的和多样化的对歌风俗"[1]。这就形成了壮族社会特有的歌化生活和生活的歌化。在此背景下，山歌发挥了多种社会功能，或娱神乐神，以求丰收；或祈福消灾，以图安康；或表情达意，以获爱情；或传道授业，教育子女；或维系交往；或愉悦身心；等等。我们的调查也表明，壮族传统社会生活中的很多日常事件，通常都有山歌参与。这些事件包括建新房、结婚、生小孩、小孩满月、乔迁新居、老人生日、客人造访。我们的调查数据显示，在山歌较为流行年代的以上事件中，被访者选择"经常有"唱山歌的比例依次为53.8%、85.7%、41%、55.4%、65.4%、53%和65.8%；而在当前背景下的以上事件中，被访者选择"经常有"唱山歌的比例则依次为4.4%、12.6%、1.1%、5.9%、8.6%、4.4%和3.8%，现在与过去相比，山歌参与社会生活的机会大幅减少。山歌参与社会生活机会的减少说明其传统社会功能的下降。山歌的当下境遇在很大程度上也反映出壮族传统民间文化逐渐淡出社会生活，壮族民间文化的传统社会功能弱化。

2. 转型期壮族传统民间文化的创新

尽管壮族民间文化的某些传统特征不再明显，面临着衰落的挑战，但并不意味着壮族民间文化已"陷于危机"或正在"衰亡"，相反，壮族民间文化在实践中不断创新，并焕发出强大的生命力和活力。壮族传统民间文化的创新主要表现在三个方面：民间文化生存空间正从乡村转向城市；民间文化的存在方式由传统的非职业化转向现代的职业化或半职业化；民间文化的表现形式开始与现代都市文化形式相结合。

---

① 黄勇刹：《壮族歌谣概论》，广西民族出版社1983年版，第7页。

（1）民间文化生存空间正从乡村转向城市。壮族民间文化的衰落很大程度上是就农村而言的，而在城市，由于农村人口向城市的流动，加之城市老龄人口的参与以及政府对壮族民间文化活动的鼓励和支持，为壮族民间文化在城市的兴起创造了条件，使得壮族民间文化的生存空间正从乡村向城市转移。这种转移表现在三个方面。

一是民间文化在城市的社会基础有所扩大。这一基础包括两个部分，一部分是城市的退休群体，这部分群体多保持着对传统民间文化的情感，并具有较充裕的闲暇时间和便利的文化活动条件，因此是社会转型期壮族传统民间文化在城市的主要实践者。另一部分是进城务工的农村中年人，这部分人口多在传统民间文化中长大，受到传统民间文化的熏陶，在离开农村的同时，却成为传统民间文化在城市的重要支持者和参与者。以百色市山歌协会为例，该协会于1997年香港回归时成立。成立之初，只有30多位会员，且多是百色市的退休人员。到2010年，会员发展到100多位，会员中除少数退休人员之外，大部分是附近农村的山歌爱好者和进城务工人员，其中协会现任副会长就是农民。

壮族传统民间文化从乡村向城市转移的第二个表现是，传统民间文化活动地点逐渐从农村向城市转移。就壮族山歌活动而言，在农村山歌活动逐渐减少的同时，城市及其郊区的山歌活动却较为经常和活跃。据我们的调查显示，在壮族人口较为集中的南宁市武鸣县、柳州市、河池市、百色市及其下属的平果县、靖西县、德保县等主要城市公园，山歌活动都较活跃，不仅有固定的对歌场所，且有较固定的对歌时间。例如，在百色市森林公园，每逢大的节日和周六、周日，都有人聚集对歌，这里实际上已成为新兴的歌圩。

壮族民间文化从乡村向城市转移的第三个表现，是城市已成为壮族传统民间文化保护与复兴的带动力量。近年来，随着政府对民族传统文化保护力度的不断加大以及民族意识和城市文化品位意识的不断增强，壮族地区的城市在发展建设过程中，越来越重视对民族传统民间文化资源的开发和创新，并形成了以城市为动力和纽带的传统民间文化主题区或活动带。其中较为典型的有以南宁市为纽带的南宁国际民歌文化，以桂林市为纽带的《印象·刘三姐》，以河池及宜州为中心的铜鼓山歌文化，以百色市为中心的田阳敢壮山布洛陀民俗文化、右江区阳圩山歌文化，以及以田林县、云南富宁县为中心的壮剧文化，等等。在城市及其边缘，壮族传统民间文化生机盎然。

（2）民间文化的存在方式由传统的非职业化转向现代的职业化或半职业化。通俗地理解，职业，就是人们所做的作为谋生手段的工作。职业化是指把原本不是用来作为谋生手段的工作变为借以谋生的工作。半职业化则指的是不完全把做某项工作作为谋生的手段。就壮族传统民间文化而言，传统社会，尽管也有少数以民间文化活动为谋生手段的个人或团体存在，如道公、巫婆和一些民间剧团，但很大程度上，这只是一种非职业性质的活动形式，道公或巫婆只有在特定的时候才从事一些法事活动，民间剧团也只有在节日或农闲时间才从事演出，更多时间这些个人或团体还是以农业生产为主，其主要身份仍是农民。总体上，传统民间文化主要还是作为一种非职业性的活动方式而存在。对于山歌活动来说，人们学唱山歌、对歌比赛，并不以从中获得生活来源为目的，唱歌并不是一种职业，只是劳动之后的休息或娱乐，多与休闲相联系。社会转型期，社会分工空前发展，新兴职业不断涌现，特别是市场经济和文化产业化的发展，不仅极大地改变了人们的职业观念，而且有力地推动了壮族传统民间文化的职业化和半职业化发展。就壮族山歌文化来说，山歌文化的职业化和半职业化表现为以生产和销售山歌产品为职业或半职业的个人或组织陆续出现；与山歌文化有关的文化传媒与策划公司相继产生；以旅游为依托，以获得收入为目的的职业或半职业性表演日益增多。课题组调查发现，甚至很多民间歌手的歌唱活动都具有职业或半职业的特点，他（她）们在参与诸如企业开张或家庭庆典活动的歌唱时，都会收取报酬，视具体情况，少则50元，多则500元。

（3）民间文化的表现形式开始与现代都市文化形式相结合。在社会转型期，随着壮族地区城市的发展，壮族传统民间文化越来越自觉地融入城市文化建设过程当中，与现代都市文化形式相结合。这种结合体现在三个方面。一是壮族传统民间文化越来越多地融入当地的城市内涵当中，成为城市的性格符号。如铜鼓、壮锦、绣球、山歌等壮族传统民间文化特质，越来越多地融入壮族地区的城市建筑、景观或活动当中，成为城市民族性格的标志。二是壮族传统民间文化越来越多地利用现代大众传媒进行传播。随着壮族民族意识与民族认同的增强，壮族传统民间文化传播意识也随之增强，并充分利用诸如计算机互联网、电视、广播、报纸、书刊等现代传媒进行传播。如"壮族在线"，就是传播壮族民间文化的主要门户网站之一。此外，现代录音、摄影、录像和光盘刻录技术也已成为记录、保存壮族传统民间文化的主要载体。三是随着城市文化产业化的兴起，壮族传统民间文化的发展也加快了产业化发展的步伐。壮族民间文化越来越多地融入以旅游为典型形式的城市文化产业当中。其中，南宁国际民歌节、桂林阳朔的《印象·刘三姐》、百色田阳的布洛陀民俗文化旅游等文化项目，就是将壮族民歌、民间信仰、民间体育等传统文化形式融入现代产业的成功尝试。

　　文化变迁是衰落与积累的辩证法。① 在衰落与积累的表象背后，是文化与社会之间的错位与调适。在文化与社会的互动中，社会与文化显示了各自的能动性。一方面，社会通过对传统文化的选择、解释和重建进行着文化的创新；另一方面，文化凭借其独特的符号和传统赋予社会新的内涵和性格。在这一能动过程中，传统文化实现了向现代的转型，现代社会实现了对传统的继承。转型期，对壮族传统民间文化持悲观倾向的衰落论者只看到了社会对文化的选择性，而没能看到社会对文化所具有的解释和重建能力，更没看到传统民间文化所具有的塑造现代社会的潜力；而乐观论者虽然看到了社会及文化本身所具有的能动性，认为传统民间文化具有复兴的可能，但该观点较少意识到，复兴并不意味着传统文化的回归或重复，而是形式与内容上的根本创新。文化创新未必背叛传统，同样，保护传统也无须重返过去。

---

① ［美］威廉·费尔丁·奥格本：《社会变迁——关于文化和先天的本质》，王晓毅等译，浙江人民出版社 1989 年版，第 3 页。

第四章

现代性与个体能动性：
壮族民间文化变迁的动力

社会转型期，推动壮族民间文化变迁的力量众多，既有社会结构转型的原因，亦有壮族民间文化本身的创新和对其他民族文化的借鉴与吸收，还有个体在文化实践过程中的创造。本章着重从社会学视角下的现代性和个体能动性角度，分析科学技术、工业化、城市化三大结构性力量和个体的创造性实践对壮族民间文化变迁的影响。

一　现代性与壮族民间文化变迁

（一）现代性概念解读

现代性是一个复杂的概念，其复杂性和多义性甚至使得有的学者不把它看作一个概念。但多数学者坚持辨别和梳理现代性概念的基本层面和基本含义。谢立忠认为，现代性可以简单理解为现代事物和人的特性。现代性有广义和狭义之分。广义的现代性"指任何一个泛指的'现代'时期"或者该时期所具有的普遍性质或状态。这种泛指的"现代"在时间上是流动的、相对的，没有特指的时间段。不同的时代或时期有不同的现代标准和内涵，"旧"的"现代"不断被"新"的现代替换。这种相对意义上的现代性主要指的是现代都市生活的特性：瞬间性、短暂性或飞逝性。狭义的现代性指的是大约从17世纪开始至今这一个历史时期，以及这历史时期的事物和人所具有的性质及状态。狭义的现代性具有大致确定的时间界限和定义现代性的众多标准。①

　　在狭义的现代性框架内,学者们对现代性的表征进行了具体提炼。总体上,这种提炼又有不同的学科角度,如哲学意义上的现代性、社会学意义上的现代性、美学意义上的现代性以及心理学层面的现代性等。陈嘉明认为,哲学意义上的现代性主要有三点特征:理性、自由和世俗化的祛魅过程。其中理性是现代性的核心,自由是现代性的根本价值,而世俗化的祛魅则是现代性的表现形式。② 从社会学角度看,美国的梅泰·卡利内斯库(Matei Calinescu)认为,现代性源于19世纪上半期,是西方科技进步、工业革命和资本主义发展三大过程带来的结果和趋势。这种现代性的基本内容包括坚信进步、崇尚科学、珍惜时间、对理性和自由的崇拜、实用主义、追求成功等。③ 中国学者汪民安认为,现代性包括碎片化的现代都市生活,理性化的现代资本主义经济组织和法治国家,现代政治观念、以自由学说和科学思想为主要内容的现代观念,工业主义和民族国家的形成。④ 周宪和许钧认为,作为一个社会学概念,现代性总是和现代化过程紧密相关,城市化、工业化、世俗化、科层化、殖民主义、市民社会、民族主义和民族国家等历史过程,就是现代化的各种指标。⑤ 在上述各种理解中,周宪、许钧关于现代性的理解较有启发意义:将现代化进程中的各种过程,作为理解现代性的指标。本书将以现代性理论为框架,结合中国和壮族社会转型的实际,从现代性的各种指标中选择科学技术、工业化、城市化三个典型指标,分析现代性对壮族民间文化变迁的推动作用。

(二) 科学技术对壮族民间文化变迁的影响

　　科学技术相对宗教和迷信而言,几乎是现代性中理性化的代名词。在

① 谢立中:《"现代性"及其相关概念词义辨析》,《北京大学学报》(哲学社会科学版)2001年第5期。

② 陈嘉明等:《现代性与后现代性》,人民出版社2001年版,第3—7页。

③ [美]梅泰·卡利内斯库:《两种现代性》,《南京大学学报》(哲学·人文·社会科学)1999年第3期。

④ 汪民安、陈永国、张云鹏:《现代性基本读本》(上册),河南大学出版社2005年版,第1—63页。

⑤ [匈]阿格尼丝·赫勒:《现代性理论》,李瑞华译,周宪、许钧主编,商务印书馆2005年版,第3页。

改革开放的推动下，中国的科学技术迅速发展，并成为经济和社会发展的第一推动力量。对壮族社会来说，改革开放以来，随着科学技术的快速发展，壮族农村社会生产力也获得了较大发展，工业化和信息化步伐加快。"科学进步对生产力所引起的并不仅仅是一场生产革命或经济革命，而且是整个社会以及人们的生活方式和价值观念的急剧变革。"[①] 换句话说，科学技术的发展不可避免地引起社会文化的变迁，因此，随着科学技术在壮族社会的发展和普及，科学技术便成为转型期壮族民间文化变迁的重要动力。本书拟从三个方面来理解科学技术对壮族民间文化变迁的推动作用：现代科技发明，迅速推动了壮族民间物质文化现代化；科学的普及，因改变了壮族民间文化赖以存在的知识基础而改变了壮族民间社会对壮族民间文化的态度，壮族民间文化的凝聚力减弱；壮族民间社会对科学的重视，鼓励了壮族青少年对学习科学知识和技术的重视，传统文化日渐边缘化。

（1）现代科技发明迅速推动了壮族民间物质文化现代化。改革开放为壮族社会的科技发展创造了前所未有的机遇和条件，极大地推动了壮族社会科学技术的创新发展。现代科技产品不断涌入壮族民间社会生产和生活，改变了壮族民间物质文化的结构。

第一，现代生产工具和生产技术在壮族民间社会生产中普遍使用，传统的生产工具和技术逐渐更新。在生产工具方面，最显著的变化就是农业机械在农业生产中的普遍使用。如前所述，根据我们对734名壮族民间个体的询问表明，在农业生产时，"全部使用机器"的应答率为8.17%；"主要用机器，也用牛、马等畜力"的应答率高达51.36%。也就是说，在当前，壮族民间社会在农业生产过程中，机器的使用者的比例接近60%。机器的普遍使用，意味着传统生产工具的减少，随着机器使用的进一步发展，传统生产工具将逐渐被淘汰。在生产技术方面，最突出的变化就是"旱秧"技术普遍使用，"水秧"技术逐渐淡出稻作生产过程。此外，在水稻种植方面，作为现代科技发明的杂交水稻成为壮族民间水稻种植的主要品种；化肥、农药技术普遍使用；大棚技术、营养土和营养液技

---

① 周晓虹：《现代社会心理学——多维视角中的社会行为研究》，上海人民出版社1997年版，第527页。

术在蔬菜和水果种植中得到越来越多的应用。随着环境科学和医学的普及,壮族民间社会在种植和养殖过程中,又形成和掌握了绿色种植、生态养殖等无公害生产观念和技术,并逐渐推广和普及。

第二,现代科技产品在壮族民间社会生活中大量使用,改变了壮族民间物质文化形态。关于中国社会转型,有学者提出了"社会双重转型论"。该观点认为,中国社会转型实际上处于由农业社会向工业社会和信息社会的双重转型过程,具有工业化和信息化的双重特征。① 这种双重转型的特点反映到壮族民间物质文化的变化上,就是现代工业产品和信息产品越来越多地成为壮族民间社会物质生活的必需品。众所周知,现代楼房很大程度上已替代了传统的干栏建筑;电灯、电话、电视机已成为壮族民间普通家庭的必备物品;空调的使用逐渐增加;VCD/DVD 机、电饭煲、高压锅、电冰箱等现代家具已在壮族民间家庭普遍使用;沙发、席梦思、衣柜等现代家具越来越多地被壮族民间社会接受和使用。交通方面,普通公路已延伸至壮族乡村,伴随着高速公路里程的增加,高速铁路已在壮族地区开通运行;电动车、摩托车已代替自行车成为壮族民间社会的主要交通工具,家用汽车也越来越多地出现在壮族民间家庭。随着信息产业的发展,移动电话已经在壮族民间普及并不断升级更新;部分壮族民间家庭已用上电脑,国际互联网用户越来越多。此外,各种现代西医西药作为医药文化,在很大程度上已替代壮族传统医药,成为壮族民间社会生活中的主要医药文化特质。

表 4—1　　广西 15 个壮族聚居县近十年国际互联网用户增加情况

县份	2005 年	2014 年
邕宁	—	62345
武鸣	20805	58859
隆安	7399	21874
大新	7302	26778
天等	5301	14960
龙州	8758	20221

---

① 王雅林:《"社会转型"理论的再构与创新发展》,《江苏社会科学》2000 年第 2 期。

续表

县份	2005 年	2014 年
忻城	2394	26369
田阳	6412	31039
田东	9220	33790
平果	12167	48538
德保	4051	18634
靖西	5698	30686
那坡	2765	9834
东兰	2434	24460
上思	2046	6505

注：2005 年数据来源于《广西统计年鉴·2006》；2014 年数据来源于《广西统计年鉴·2015》。

（2）科学的普及，因改变了壮族民间文化赖以存在的知识基础而改变了壮族民间社会对壮族民间文化的态度，壮族民间文化的凝聚力减弱。"文化的存亡虽则不因个人的存亡而存亡，但却因社会上人们对它的态度而决定其存亡。"① 现代社会心理学认为，认知是影响态度的重要中介。认知平衡和认知失调理论认为，认知的不平衡或失调，会引起心理上的不适和压力，人们会通过调整自己的认知或行为来获得平衡和协调，从而改变自己的态度。

科学对壮族民间文化的重要影响在于，科学知识因否定或动摇了壮族民间文化赖以存在的知识基础而改变了社会成员对壮族民间文化的传统态度。以稻作农业经济为基础的壮族民间文化，经过千年的积淀，形成了一个完整而和谐的文化体系。在本质上，这种文化属于传统文化。从知识基础方面来说，传统文化的建立在很大程度上依赖古代的传说、圣贤的权威或前人的习俗，其知识基础不仅缺少理性的反思和经验的检验，而且缺乏逻辑性和普遍性。② 也就是说，作为一种传统文化的壮族民间文化，其知识基础在某些部分和某种程度上是非科学的。尽管如此，但由于传统文化

---

① 孙本文：《文化与社会》，上海东南书店 1930 年版，第 10 页。
② 吕乃基：《科学对文化的冲击与诱导效应》，《自然辩证法研究》1994 年第 5 期。

源远流长,不仅仍然能够"使创造了它并生活于其间的等等众生感到生命与万物的意义,感到安定和自在……个人因定位并消融于集体之中而不会产生对于存在的忧虑,"而且,这种"传统文化的价值体系和整体的凝聚力量保证了它功能的实现和自身的延续"①。也就是说,在传统社会,壮族民间社会对壮族民间文化的功能和价值的认识具有一贯性,是稳定而和谐的。正是这种认知上的和谐一致,使得壮族民间社会的成员对壮族民间文化持有一种认同感和归属感,壮族民间文化因此获得了很强的凝聚力。

在现代性语境中,转型期实际上是科学知识迅速发展的时期。科学知识是经过科学论证和实验得到证实或证伪的知识,经得起理性的怀疑,具有经验的基础,逻辑清晰且普遍适用。随着科学知识的普及,科学知识必然与作为传统文化基础的传统知识相遇并发生矛盾和冲突。由于科学知识所具有的真实力量最终要否定非科学的传统知识,所以,必然否定社会关于传统文化的认知,打破对传统文化的认知平衡,因而改变对传统文化的态度,降低传统文化的凝聚力。

科学知识对壮族民间文化知识基础影响较大的领域是壮族民间宗教。"万物有灵论"是关于宗教起源的理论。其中,"灵魂观念是整个宗教信仰的源头和赖以存在的基础,是所有宗教意识的核心内容……灵魂观念是一切宗教观念中最重要、最基本的观念之一。'灵魂不灭'的信仰,是古今中外各种宗教体系中广泛流行的普遍信念"②。所谓灵魂观念,实际上就是在社会生产力低下、科学知识极度贫乏、人类认知能力极其有限的特定时期,人们关于世界和自身的一种解释和认知,是关于世界的一种知识,也是人们关于如何控制外在于自身的自然和社会力量的知识,这种知识是宗教的认知基础。在人类还没有能力科学认识自然和人的本质的漫长传统社会里,灵魂观念一直作为一种被认同的知识支配着壮族民间社会的认知和行为。传统社会,壮族民间也一直保持着对有关神的知识的认同,一直保持着对神的敬畏和崇拜。

现代科学——特别是现代医学和心理学——揭示了生命的本质和生命

---

① 吕乃基:《科学对文化的冲击与诱导效应》,《自然辩证法研究》1994年第5期。
② 玉时阶:《壮族民间宗教文化》,民族出版社2004年版,第25页。

现象的本质，解释了远古时代祖先们难以解释的自然现象和生命现象。科学用实验和事实告诉人们：独立于万物的灵魂并不存在，支配世界万物和人的命运的神也不存在。支配自然和人的，不是神，而是自然规律，是可以认识和利用的因果关系。随着科学知识的普及，随着人们认识能力的增强和认识水平的提高，宗教知识基础越发遭到质疑，越来越多的人开始摆脱宗教，宗教的吸引力和凝聚力于是日渐下降和减弱。本书第三章有关求神保佑方面的变化，实际上就反映了壮族民间宗教吸引力和凝聚力的下降。

（3）壮族民间社会对科学的重视，鼓励了壮族青少年对学习科学知识和技术的重视，传统文化日渐边缘化。科学属于文化范畴，[①] 科学不仅在物质和知识层面影响着壮族民间文化的变迁，科学还以其自身的价值引导着社会价值观念的变迁。现代科技迅速发展，科技发明日新月异并形塑着壮族社会的生产和生活。现代科技以其满足壮族民间社会需求的能力和方式，彰显了科学的优势。当科学因通过它的成果推动社会进步而成了进步的象征时，科学本身便具有了近乎至高无上的价值。[②] 随着科学对社会生产和生活影响的扩大，人们不仅在生产和生活中越来越多地接受现代科技成果，而且逐渐形成了重视科学的观念和崇尚科学的文化氛围。

壮族民间社会对科学的重视，可以通过转型期壮族教育的发展得到体现。这里用笔者于 2005 年在广西进行的职业流动问卷调查的数据进行说明。在该调查数据中，壮族个案 322 人，有效个案 320 人。我们将样本按年龄分为 0—30 岁、30—40 岁、40—80 岁三组，并就年龄和文化程度两个变量进行列联分析，旨在观察改革开放前后样本受教育情况的变化。我们发现，年龄为 0—40 岁的个案，具有初中以上学历的占样本总数的81.25%，其中具有初中学历的人数占样本总量的 12.81%，高中学历的占 11.57%，中专学历的占 18.43%，大学学历的占 38.44%；而 40—80岁的个案，具有初中以上学历的人数占总数的 17.19%，其中，具有初中学历的比例仅占 1.87%，高中学历的占 4.69%，中专学历的占 3.13%，

---

① 尹萌芽、刘郎：《科学技术对文化价值观念的影响》，《南京政治学院学报》1992 年第5 期。

② 吕乃基：《科学对文化的冲击与诱导效应》，《自然辩证法研究》1994 年第 5 期。

大学学历的占 7.50% 。而在年龄为 0—30 的青少年群体中,无论是初中、高中、中专或大学,学历比例均高于 40—80 岁的相应比例,其中大学学历的比例达到 22.81% (见表 4—2)。上述受教育程度的变化及分布情况一方面表明,与改革开放以前相比,壮族社会成员的受教育程度普遍提高,青少年受高等教育的比例越来越高;另一方面也反映出壮族民间社会对现代学校教育的日益重视。

表 4—2　　　　　　　　　转型期壮族学校教育变化 (%)

受教育程度	0—30 岁	30—40 岁	40—80 岁	合计
文盲		0.31		0.31
小学		0.31	0.94	1.25
初中	11.56	1.25	1.87	14.68
高中	8.44	3.13	4.69	16.26
中专	13.75	4.68	3.13	21.56
大学	22.81	15.63	7.50	45.94
合计	56.56	25.31	18.13	100
N = 320				

注：本表根据 2005 年笔者所做的广西各民族职业流动调查数据整理。

学校是开展形式教育的地方,"是纯粹传递成人生活所需的知识、技能的场所",在学校教育过程中,受教育者所接受的教育内容通常与其日常生活相脱节。[1] 就中国学校教育而言,学校教育承担着为社会主义现代化建设培养人才的重任。科学技术是第一生产力这一客观要求,迫使学校不仅把培养和训练劳动力纳入学校教育,而且把科学技术知识教育作为其教育的中心内容。因此,从某种意义上可以说,现代学校教育就是将现代科学技术转化为直接生产力的中介。[2]

传统社会,壮族民间教育相对落后,青少年很少能够进入学校学习,

---

① 钟启泉:《现代学校教育与课程结构》,《外国教育资料》1988 年第 6 期。

② 李克敬:《现代学校教育在现代化建设中的战略地位——读〈邓小平文选〉中有关教育论述的札记》,《中国社会科学》1983 年第 6 期。

更多的是在家务农。长期的家庭和社区生活，使得青少年有充足的机会接触民间文化，有利于民间文化的传承和实践。转型期，学校教育的发展以及学校教育的特点，不仅使得青少年接触民间文化的机会减少，而且使得民间文化对青少年的影响减弱。随着学校教育和学习现代科学技术知识对青少年发展的意义日益重要，民间传统文化的重要性则相对下降，民间文化日趋边缘化。

（三）工业化对壮族民间文化变迁的影响①

根据帕森斯（Talcott Parsons）的观点，社会由四个系统构成：适应系统（Adaptation）、目标达成系统（Goal attainment）、整合系统（Integration）和模式维持系统（Latence）。这四个系统分别与经济、政治、社会和文化四个系统相对应。四个系统之间因相互进行着输出和输入的交换而相互依赖。当其中一个系统发生变化时，其他系统将随之变化，以维持系统间的平衡。② 工业化意味着壮族经济结构的变化，根据帕森斯的观点，经济结构的变化必然引起文化的变化。因此，工业化便成为影响壮族民间文化变迁的重要力量。工业化对壮族民间文化变迁的影响具有双重性。在消极意义上，生产方式从传统稻作农业向现代工业的转变，使壮族民间文化逐渐失去了赖以存在的经济基础；由工业技术武装的大众传媒的普及，压缩了壮族民间文化的存在空间；工业化培育的工具理性，因改变了壮族民间社会的社会行动结构而改变了壮族民间文化本身。在积极意义上，文化工业为壮族民间文化的保持、创新和发展创造了机遇。

（1）生产方式从传统稻作农业向现代工业的转变，使壮族民间文化逐渐失去了赖以存在的经济基础。壮族自古以来就是据"那"而作、依"那"而居的稻作民族，③ 稻作农业构成了壮族民间文化赖以存在的经济基础。稻作农业对于壮族民间文化的基础作用体现在以下几个方面。第

---

① 本部分内容作为阶段性研究成果在《广西社会科学》2014年第2期发表，有修改。参见吴德群《工业化对壮族民间文化变迁的影响》，《广西社会科学》2014年第2期。

② ［美］杰弗里·亚历山大：《社会学二十讲：二战以来的理论发展》，贾春增等译，华夏出版社2000年第2版，第67—71页；［日］万成博、［日］杉成孝：《产业社会学》，杨杜、包政译，浙江人民出版社1986年版，第157—164页。

③ 杨宗亮：《壮族文化史》，云南民族出版社1999年版，第1页。

一,稻作生产过程本身就构成了壮族民间文化的重要部分。其中,壮族各地的稻作生产习俗就属于壮族民间物质文化的内容,例如武鸣县的谷雨下秧,立夏、小满插秧,寒露、霜降割稻等稻作习俗。[1] 第二,许多民间文化在很大程度上是壮族稻作生产条件或生产环境的反映。[2] 以壮族饮食文化中的糯米文化为例,糯米在壮族饮食中具有的突出地位,在很大程度上反映了壮族稻作生产环境的复杂性和生产条件的艰苦。因为壮族地处南方山区,地形、土壤和气温状况在地区之间变化较大,自然环境的复杂性要求所种植的作物必须具有较强的适应性。不仅如此,由于地处山区,交通不便,因而劳动强度大,较为艰苦。而糯米则有很强的生命力,适宜在多种条件下生长,且营养丰富,口感好,耐饥饿,具有食用、酿酒等多种价值。[3] 同时,糯米还有不易回生,易加热等烹食特点,[4] 食用方便省时,在农忙时能够节省用餐时间,因而很好地适应了上述生产环境和条件。第三,许多壮族民间文化基本都是围绕稻作生产周期展开的,都以祷祝丰稔为宗旨。[5] 例如西林壮族的牛头舞就是在春节和春耕之际举行的祭祀活动,祭祀的目的除了祈求平安,更大程度上则在于祈佑稻谷丰收:"神啊神……大家来祭祀、祈神保平安……风调雨又顺、庄稼长得好、虫不来咬根、蝗不来舔叶、早发二三芽、晚长四五叶、根长过沟、叶盖过壑、高得像芦苇、大得像茅败、七月谷初惠、八月谷初黄、九月黄灿灿、满箩挑回家……"[6]

　　而工业化则改变了壮族以稻作为主的生产方式。工业化对传统稻作经济的影响主要体现在两个方面。一是工业技术和成果在稻作生产过程中的运用,促进了稻作生产技术和过程的革新。如稻作生产的机械化,化肥、农药的使用,稻作技术的创新(如水稻杂交技术),粮食加工技术以及稻

　　[1]　梁庭望:《壮族风俗志》,中央民族学院出版社1987年版,第105页。

　　[2]　潘其旭:《以"那文化"研究为基础建立壮学体系的理论构架》,《广西民族研究》1998年第1期。

　　[3]　杨筑慧:《糯:一个研究中国南方民族历史与文化的视角》,《广西民族研究》2013年第1期。

　　[4]　杜双奎、杨红丹、于修烛、张亚丽、李志西:《商品粳米、籼米、糯米品质特性和糊化特性比较研究》,《食品科学》2010年第5期。

　　[5]　杨宗亮:《壮族文化史》,云南民族出版社1999年版,第1页。

　　[6]　何建泽:《论牛头舞与句町古国》,http://www.gxxilin.gov.cn。

作生产和加工过程的科层化管理，等等，极大地提高了稻作生产的效率。二是以市场为导向的工业化经营和管理模式，不仅推动了稻作生产和经营的规模化，而且促进了农业经济的多元化，改变了传统自给自足的和以稻作农业为主的单一经济结构。以百色国家农业科技园为例，该科技园就是运用现代科技和现代管理手段，以多元种植为重点的规模化农业经济园。该园已建成农业科技展示、芒果、香蕉、蔬菜、甘蔗、特色养殖等 7 个示范园，以及农产品加工、科技培训及农村信息服务 2 个基地。科技园已种植 120 万亩香蕉、96 万亩甘蔗、40 万亩芒果和 32 万亩蔬菜，产品销往国内外 300 多个城市。园区建有农业技术研究及推广中心、专家实验楼，配备了先进的实验设备。① 尽管百色国家农业科技园是个个案，却是典型，它代表了壮族农业发展的方向。

民间文化是民间社会生产与生活的反映。随着农业生产技术的进步和生产结构的调整，壮族传统的稻作生产方式、过程、内容、时间和空间都发生了翻天覆地的变化。因此，那些与传统稻作生产过程相联系以及反映传统稻作生产环境和条件的民间文化便因逐渐失去其传统基础而渐行渐远，那些祷祝丰产丰收的祭祀仪式在很大程度上也因失去其原有的社会功能而演变为一种娱乐形式。

（2）由工业技术武装的现代传媒的普及，压缩了壮族民间文化的存在空间。

改革开放以前，由于教育和技术的落后，加之壮族的文言断裂，② 壮族民间文化在很大程度上依赖口头传播。尽管口头传播在一定程度上限制了壮族民间文化的对外传播能力，但另一方面也强化了民间文化的本土传播功能，有利于民间文化的传承和普及。以壮族山歌为例，壮族传统社会，人人唱歌，时时有歌，处处起歌，无事不歌。尽管屡遭官方横加禁止和被文人士大夫们所不屑，却仍能代代相传，延续千年至今。求其究竟，我们认为，一个重要原因在于落后的传播技术使得山歌本身扮演了传播媒介的角色，具有文化传播的功能。由于山歌中蕴含了丰富的节气时令、社

---

① 参见《广西百色国家农业科技园区简介》，2013 年 3 月，http：//www.gxbszs.gov.cn/。
② 梁庭望：《壮族文化概论》，广西教育出版社 2000 年版，第 586—587 页。

会生产、风俗礼仪、历史沿革、道德规范、人情礼节等知识和规范，[①] 因此唱歌在社会中具有重要的地位。之所以会唱歌的人受到尊重，不会唱歌的人往往被人嘲笑或看不起，甚至把唱歌作为青年人择偶的依据，其中一个重要原因就在于唱歌其实反映了歌者有知识、懂道理、有修养。唱歌越好者，越有智慧、品行也越好。落后的传播条件同时还赋予了山歌娱乐媒介的功能。由于没有其他传播中介，人们只能通过同时在场的方式歌唱和娱乐。群体共同参与、共同创作、共同愉悦。或许因山歌具有特殊的媒介功能，社会才赋予山歌以极高的社会价值，才给予唱歌者以极高的社会地位，壮族个体因此才自小就学习唱歌，壮族社会才能普遍形成歌唱之风。

新中国成立后，由于党的少数民族区域自治政策，壮族人民在政治上当家做了主人，经济文化繁荣发展。壮族农村不仅已普及九年制义务教育，而且越来越多的壮族农民子女能够进入大学学习。尤其是随着壮族工业化的发展，现代技术武装的大众传媒已普遍深入壮族农村：书籍、报纸、收音机、录音机、录像机、电视机、手机已基本普及，国际互联网发展迅速。现代传媒的普及，导致大众文化空前活跃，加之社会分化和全球化的影响，文化越发多元化。

大众文化以及文化多元化彻底改变了壮族民间社会的文化生态。传统同质的民间文化空间不断被分割和压缩。仍以壮族山歌为例，传统社会，由于缺少各种传播媒介，民间主要的娱乐方式是唱山歌或者听山歌。由于电视和网络的普及，年轻人已很少再学习山歌和对唱山歌，取而代之的是参与各种流行文化活动。根据我们对壮族农村 547 名会唱山歌者的问卷调查显示，在不做工的时候，有 38.2% 的被访者看电视；听收音机、看电影、看报纸、上网、用手机、唱山歌或听山歌者的比例分别为 14.2%、4.8%、6.3%、4.0%、8.4% 和 18.2%；做其他事情的为 5.8%。同传统的娱乐方式相比，现代传媒明显带来了民间娱乐方式的多元化。从被访者平均每天花费在各种媒体上的时间来看，看电视为 2.88 小时，听收音机为 1.58 小时，使用手机 2.11 小时，上网 1.27 小时。显然，发达的现代

---

① 赵毅：《壮族民歌的区域性特征》，《中央音乐学院学报》1999 年第 2 期；滕光耀：《〈嘹歌〉的内容、形式和分类——壮族〈嘹歌〉文化研究之四》，《广西民族研究》2005 年第 2 期；梁庭望，罗宾：《壮族伦理道德长诗传扬歌译注》，广西民族出版社 2005 年版，第 36—43 页。

传媒不仅占去被访者越来越多的时间，也使得传统同质的民间文化主体因多元化而流失，民间文化赖以存在的社会空间缩小。

（3）工业化培育的工具合理性，因改变了壮族民间社会的社会行动结构而改变了壮族民间文化本身。根据马克斯·韦伯（Max Weber）的定义，社会行动指的是"指向他人过去的，现在的或未来预期的行为"[1]。韦伯将社会行动分为四种类型：工具合理性行动、价值合理性行动、传统行动和情感行动。工具合理性行动是由对他人的期望所导致的行动，这种对他人的期望被用来作为行动者实现某种目的的"手段"或"条件"；价值合理性行动指由于对宗教的、审美的、伦理的或政治的等特定价值的信仰而导致的行为，不关涉是否成功；传统行动指的是习惯所导致的行为；情感行动指由特定的情感或感觉所导致的行动。[2] 韦伯不仅对社会行动概念进行了界定和分类，而且还提出并论证了他的重要思想：理性化是现代社会的主要特征。由于韦伯认为现代社会的理性化主要是由技术的发展所决定的，尤其是由以数学和科学实验为基础的自然科学的发展所决定的，[3] 因此，韦伯所说的现代社会的理性化主要指的是工具合理性。

就壮族民间社会而言，传统农业社会，社会行动虽然也同样包括韦伯的四种行动类型，但构成其主要行动的并非工具合理性行动，这是因为工具合理性行动是建立在现代科学基础之上的。而传统农业社会，科学技术相当落后。相反，构成农业社会的主要行动则是传统行动、情感行动和价值合理性行动。第一，传统农业社会，"传统的重要性比现代社会更甚，那是因为在乡土社会里传统的效力更大"[4]。第二，由于传统农业社会主要是由血缘关系和地缘关系构成的亲密社群，人与人之间的关系表现出明显的情感关系，"因为相互不欠人情，也就无须往来了"[5]。第三，由于科学技术的落后，民间社会对诸多自然或社会现象缺乏科学的认识，因而许多解释都赋予了神秘力量，并进一步形成了各种宗教或信仰，例如壮族民

---

① ［德］马克斯·韦伯：《社会学的基本概念》，顾忠华译，广西师范大学出版社 2005 年版，第 29 页。

② 苏国勋：《理性化及其限制——韦伯思想引论》，上海人民出版社 1988 年版，第 81 页。

③ ［法］阿隆：《社会学主要思潮》，葛智强等译，华夏出版社 1999 年版，第 358 页。

④ 费孝通：《费孝通选集》，天津人民出版社 1988 年版，第 111 页。

⑤ 同上书，第 105 页。

间宗教及其各种神秘仪式很大程度上就因此形成。

工业化则改变了壮族民间社会的社会行动结构，导致韦伯所说的理性化，原因有二。第一，工业化是现代科学技术发展的结果。随着科学技术的普及，科学技术不仅成为最为重要的现实生产力，还是最有力的祛魅力量。过去那些因难以认识而被付诸神灵的力量被科学的规律所取代。第二，工业化推动的社会组织的发展，要求个体必须按照组织的目标要求有效行动。组织的目标性、非人性化等特点，培养了个体的工具合理性。根据我们对 547 名壮族农村会唱山歌者的询问显示，有 78.1% 的被访者认为，在做工的时间安排上，现在比过去更加周到；在 546 名应答者中，有 98% 的应答者表示现在比以前更加重视子女上学读书。由此可见，在工业化背景下，工具合理性行动正在壮族民间社会普遍形成。而文化，实际上就是一个社会的生活方式或行动方式，工业化对壮族民间社会行动结构（方式）的改变，也就意味着壮族民间文化本身的改变。

（4）文化工业为壮族民间文化的保持、创新和发展创造了机遇。文化工业（culture industry）也称文化产业，这一概念由霍克海默（Max Horkheimer）和阿多诺（Theodor W. Adorno）于 1947 年提出。按照阿多诺的解释，文化工业就是文化商品的工业化生产，这种生产根据大众消费的口味有计划地进行。① 文化工业有两层含义，一是文化产品生产过程的工业化，二是文化产品的商品化。阿多诺主要是站在资本主义文化批判的角度来看待文化工业现象的，因此他的很多观点难免偏颇，但有些观点对思考我们自己的文化问题，仍具有启发意义。这些启发性观点包括文化生产的标准化使文化产品失去了个性；无限制的复制使社会审美能力下降；文化产品的商品化导致人们对文化的敬畏感消失；对文化商品消费的盲目攀比使社会丧失了对文化价值的追求；② 等等。就壮族民间文化而言，很大程度上也受到了文化工业的冲击，例如大众传媒的发展就压缩了壮族民间文化的生存空间，流行文化受到热捧，传统文化遭到冷落。

但任何事物都具有辩证性，文化工业对壮族民间文化变迁的影响也是如此。虽然文化工业对壮族民间文化产生了消极影响，但同时也具有积极

---

① Theodor W. Adorno, *The Culture Industry*, the Taylor and Francis e-Library, 2005, p. 98.

② Ibid., pp. 29 - 106.

意义。这种积极意义表现在四个方面。第一，文化工业所凭借的现代传媒，为壮族民间文化的保存和传播提供了物质基础和技术支持。书籍、录音录像技术、光盘刻录技术、电子储存技术越来越多地用于壮族民间文化的记录、出版和保存；电视、广播、报刊以及国际互联网等传媒的普及，使壮族民间文化的传播摆脱了过去的口传身授和时空限制。特别是互联网的使用，大大提高了壮族民间文化的传播能力。第二，文化的产业开发，推动了壮族民间文化的复兴，为壮族民间文化的创新提供了动力。文化产业的利益驱动，鼓励了地方政府、市场和社会等多个主体力量参与到民间文化的产业化过程当中，激活了壮族民间文化复兴和保护的活力。在产业化背景下，与壮族民间文化相关的旅游开发、动漫制作、舞台表演、传统服饰、传统饮食、传统工艺等开始复苏和活跃，并在竞争中推陈出新。如《印象·刘三姐》就是创造性地将壮族山歌、民族舞蹈、习俗、服饰融入优美的自然景观及现代声光电技术、舞台和音乐艺术的成功典范；而布洛陀民俗旅游则是将壮族民间宗教、歌圩、铜鼓、体育等众多民间文化要素创造性地融入旅游，既保持了民间文化的存在，又发展了地方经济。第三，文化工业推动了壮族民间文化的挖掘、整理和保护。文化市场的活跃，催生了一批专业从事文化产品开发、整理、营销或研究、设计的个人、群体和组织。尤其是地方政府越来越重视地方民间文化资源的挖掘和整理。近年来，壮族民间文化中，被列入各级非物质文化遗产名录的种数和文化保护单位的数量不断增加。其中，被列为国家级非物质文化遗产名录的已有 10 余项。第四，文化工业不仅推动了壮族民间文化的挖掘、整理和保护，而且在民间文化的挖掘、整理和保护过程中，强化了壮族民间社会的民间文化意识，唤醒了壮族民间社会的文化自觉，使壮族民间社会越来越多地了解了自己民族的文化遗产、历史贡献，民族自豪感不断增强，并自觉地保护、实践和珍惜自己的民族民间文化。壮族民间社会的文化自觉我们深有体会。2009 年和 2010 年，我们先后到那坡县果巴村和云南剥隘的坡芽村做有关壮族山歌的访谈。访谈中，果巴村的被访者在回答完问题后，总喜欢补充一句，"山歌是我们壮家人的特色"，而坡芽村的村民则特别强调，"我们壮话唱的歌，每个字都是很完美的，翻译出来就没那个意思了"。话语中流露出对自己民族文化的强烈认同和由衷自豪。

(四) 城市化对壮族民间文化变迁的影响①

城市化指人口不断集中,城市人口占全社会人口的比例不断上升,以及全社会人口逐渐接受城市文化的过程。② 在转型期的中国,一定意义上,城市化就是农民的城市化,③ 其主流和实质是大批农民进城工作和居住。④ 随着市场经济和工业化的发展,壮族社会的城市化进程加快。以百色市靖西县为例,1986 年,靖西县城镇人口(按非农业人口理解)占该县总人口的比例为 4.98%(当年年末总人口 54.17 万人,其中农业人口51.47 万人),⑤ 2005 年上升为 7.99%(年末总人口 58.8 万人,乡村人口54.1 万人),⑥ 2011 年则继续上升为 8.25%(总人口 60.95 万人,非农业人口 5.03 万)。⑦然而,以上比例很大程度上是按人口的户籍性质来计算的,若按照在城市工作和生活的实际人口数量计算,壮族城市化水平要高出按照户籍计算出的数值。以百色市的人口流动情况为例,2006 年,百色市农村流动人口总数为 80 万人,占农村劳动力的 42.4%。其中田阳县为 8 万,占农村劳动力的 27.9%。田阳县的那坡镇,流动人口为 9692 人,占该镇农村劳动力的 38.8%。而那坡镇的永常村流动人口 330 人,占其农村劳动力的 37.5%。流动人口中,多为受过初中或高中教育的中青年人。例如 2006 年田阳县有 56.7% 的流动人口不超过 30 岁,有 24.12% 的流动人口受过高中或高中以上教育。⑧ 由于百色市是壮族人口聚居地区之

---

① 本部分内容作为阶段性研究成果在《贵州民族研究》2014 年第 1 期发表,有修改。参见吴德群《城市化对壮族民间文化变迁的影响》,《贵州民族研究》2014 年第 1 期。

② 郑也夫:《城市社会学》,中国城市出版社 2002 年版,第 107 页。

③ 焦连志:《农民城市化进程中的文化冲突及其解决——图式理论的视角》,《宁夏社会科学》2009 年第 5 期。

④ 郑也夫:《城市社会学》,中国城市出版社 2002 年版,第 114 页。

⑤ 广西壮族自治区统计局:《广西统计年鉴·1987》,中国统计出版社 1987 年版,第375 页。

⑥ 广西壮族自治区统计局:《广西统计年鉴·2006》,中国统计出版社 2006 年版,第541 页。

⑦ 广西壮族自治区统计局:《广西统计年鉴·2012》(第三编:人口),中国统计出版社2012 年版,第 74 页。

⑧ 鲁奇、杨春悦、张超阳:《少数民族地区农村劳动力转移的调查研究——以广西壮族自治区为例》,《山西大学学报》(哲学社会科学版)2007 年第 4 期。

一，田阳县为壮族聚居县，因此，上述流动人口数量及其社会特征对壮族流动人口的总体特征具有代表性。若据此推论，壮族农村人口向城市的平均流动水平应在30%左右。

"城市的吸引力是否定性的，它是一块摆脱了诸种传统的园地"①。壮族农民离开农村流向城市的过程，在某种意义上也是农民摆脱民间文化传统的过程。因此，城市化是社会转型期影响壮族民间文化变迁的重要力量。

（1）农村劳动力向城市流动导致民间文化的社会载体流失，民间文化的代际传承能力减弱。壮族民间文化传承，是以其传统社会的低流动性为基础的。低流动性有两层含义，一是代际之间在职业上具有继承性，对壮族民间社会来说，就是父辈和子辈都是农民；二是农村人口在居住空间上很少变化。农业社会，祖祖辈辈都生活在农村，很少流动，因为"直接靠土地来谋生的人是粘着在土地上的"②。尽管壮族农村实施联产承包责任制以来，由于农业生产率的提高，农村劳动力出现大量剩余，但是由于计划经济和户籍制度的限制，农民很难向城市流动。民间社会的低流动性一方面避免了社会的分化，保证了民间社会及其文化的同质性；另一方面也保证了壮族民间文化社会载体的稳定性。在这种同质且稳定的社会条件下，壮族民间文化不仅能够不断生产、实践，而且能够一代一代地向下传递，顺利实现代际传承。

在城市化背景下，农村劳动力向城市大量流动。根据我们2013年春节在广西农村所做的关于壮族山歌文化变迁的抽样问卷调查显示，在547名被访者中，有37.8%的被访者有过进城打工的经历，其中，在城市打工3—5年的占17.3%；5—7年的占13.6%；7—9年的占6.8%；9年以上的占25.7%。在所有被访者中，有65.2%的被访者的孩子有在城里打工的经历，其中，从进城打工的孩子数量来看，有一个孩子的占28%，有两个孩子的占36.8%，有三个孩子的占21.8%，有四个及以上孩子的占13.3%。在有多个孩子进城打工的情况下，按打工时间最长的孩子计算，有96%的孩子进城打工在1年以上，打工在3年以上的占74.3%，5

---

① ［美］E. 希尔斯：《论传统》，傅铿等译，上海人民出版社1991年版，第310页。
② 费孝通：《费孝通选集》，天津人民出版社1988年版，第87页。

年以上的占51.6%。从打工者所在的城市来看,属于广西区内的占20.2%,属于广西区外的占58.1%,区内外兼有的占21.7%。以上数据表明,与父辈相比,有近70%的子辈离开农村并长期生活在城市,其中,有近60%的人生活在异乡城市。

从年龄上看,农村流动人口一般由两部分人构成。一部分是中年人。中年人通常上有老人,下有子女。由于城市生活成本较高,孩子大多留在家里由老人照看。因此中年人往往在农闲时外出打工,农忙时回乡收种,除了重要节日,其余时间很少回家。另一部分则是未婚青年,他们没有孩子牵挂,往往常年甚至多年在外,很少回家。而留在农村的人口主要是老人和少年儿童。民间社会是民间文化生长的土壤。农村中年人是民间文化的重要实践者和传递者,青年人则是民间文化的学习者和继承者,二者是壮族民间文化的重要载体。中青年人口向城市的流动,直接导致壮族民间文化的重要载体在农村的流失。

民间文化载体的流失,又进一步造成民间文化传承功能的弱化。对农村大部分青年人而言,城市的长期生活,使他们很大程度上已融入城市文化,对民间文化的学习和传播基本中断。对少年儿童而言,他们尽管仍生活在农村,但由于普遍进入学校学习,体验与学习民间文化的机会有限;加之中年父母外出,他们向父母学习民间文化的机会减少;虽然与老人一起生活,但老年人因家务负担增加以及受身体条件的限制,民间文化活动减少,因而少年儿童向老年人学习民间文化的机会并不多。因此,民间文化向少年儿童的代际传承能力也在减弱。

以壮族山歌文化为例,根据2013年春节期间我们在广西壮族农村对会唱山歌者进行的抽样问卷调查显示,在547名被访者中,60岁以上的老年人占到50.1%,而19—29岁的青年人占3.47%。以上数据不仅说明会唱山歌者的老龄化趋势,而且也反映出山歌文化青年载体的严重流失。虽然中年人的比例较高,30—59岁的中年人占到调查总数的46.25%,但主要是因为我们选择调查的时间是春节,若在平时,中年人的比例将会有大幅度下降。数据同时也说明了山歌文化向少年儿童(18岁以下)传递功能的减弱。在此次调查中,少年儿童仅有1人,占样本总量的0.18%。而从山歌代际传承的年龄特点上看,在传统社会条件下,绝大多数个体是在18岁以前学会唱歌,如72.99%的老年人和69.96%的中年人是在18

岁以前学会唱歌。调查样本中少年儿童比例的偏低，至少从学习山歌的时间上表明，山歌文化向少年儿童的传递功能减弱（见表4—3）。

表4—3　壮族山歌文化的社会载体结构与山歌文化传承的时间特点

调查对象	调查人数	调查对象学会唱山歌时的年龄分布及占所在行的百分比						
		10岁以前	11—18岁	19—29岁	30—39岁	40—49岁	50—59岁	60岁以上
少年儿童	1	0	1	0	0	0	0	0
（0—18岁）		0	100%	0	0	0	0	0
青年	19	10	9	0	0	0	0	0
（19—29岁）		52.63%	47.37%	0	0	0	0	0
中年	253	35	142	66	8	1	1	0
（30—59岁）		13.83%	56.13%	26.10%	3.16%	0.39%	0.39%	0
老年	274	47	153	47	16	3	5	3
（60岁以上）		17.15%	55.84%	17.15%	5.84%	1.10%	1.82%	1.10%
总计	547	92	305	113	24	4	6	3
		16.82%	55.76%	20.66%	4.39%	0.73%	1.09%	0.55%

注：本表数据来源于社会转型期壮族山歌文化变迁研究问卷调查。

（2）城市亚文化整合了进城农民，壮族民间文化逐渐被消解。亚文化是指某一群体所持有的行为特性，包括年龄、种群、地区或职业，这一特性足以与其他文化或社会群体的特性相区别。[1] 城市亚文化则可以理解为城市中不同群体所具有的相对独立的特性。费舍（C. Fischer）的亚文化理论认为，当城市人口聚集到一定规模时，就会产生亚文化，人口规模越大、密度越高，亚文化在数量上就越多，强度亦越大。该理论还认为，不同亚文化群体之间的接触，对群体会产生多重影响。而且，城市化程度越高，发生反传统行为的可能性越大。[2] 随着壮族农民逐渐在城市立足并参与城市生活，城市亚文化便对其施加影响并最终将其整合其中。整合的结果是，以与城市相适应的新的文化惯习替代其传统的文化惯习。因此，

① 黄瑞玲：《亚文化的发展历程——从芝加哥学派到伯明翰学派》，《国外理论动态》2007年第11期。

② 蔡禾、张应祥：《城市社会学：理论与视野》，中山大学出版社2003年版，第79页。

城市亚文化对壮族进城农民的整合,对农民的民间文化起着消解作用。

以流行歌曲的影响为例,在传统社会条件下,壮族农村普遍流行山歌,无论耕作或休息,总能听到山歌。一定意义上,壮族个体的人生就是"山歌里的人生"①。在这种环境中,壮族个体自小就学会唱山歌。一旦这些在山歌中长大的个体从农村进入城市,就立即被流行歌曲——一种城市亚文化——所包裹。无论是在工作时的车间,还是在购物时的商场,无论在街上抑或宿舍,流行歌曲无处不在。对那些壮族青年人来说,长时间的城市生活已使他(她)们很大程度上习惯和融入了这种流行亚文化并逐渐与昔日的山歌相疏离。事实上,很多在城市生活的壮族青年人不仅已不会唱山歌,甚至已听不懂山歌。他们喜欢和追随的是已"武装"到手机铃声和口哨中的流行歌曲。

(3)城市化过程中壮族民间文化的职业化、半职业化以及民间文化与现代城市文化的结合在推动壮族民间文化创新的同时,也加速了壮族民间文化体系的解体。壮族民间文化的职业化和半职业化以及民间文化与现代都市文化的结合是壮族民间文化变迁的重要特征之一。② 这一特征对壮族民间文化变迁具有双重意义。在积极意义上,它是壮族民间文化面临转型期的各种冲击和挑战所做出的回应,这种回应推动了壮族民间文化的创新。然而,在消极意义上,这一回应却带来了壮族民间文化体系的解体。因为,其一,壮族民间文化的职业化和半职业化以及民间文化与现代都市文化的结合改变了壮族民间文化的"民间"属性和文化类别。民间,主要指农民阶层,民间文化指的是农民阶层所创造和享有的文化。与之对应的是精英文化和大众文化。③ 壮族民间文化的职业化、半职业化及其与城市文化的结合表明,其文化属性已从农民阶层向城市商业阶层或精英阶层转移,其文化类别也逐渐由民间文化转向大众文化或精英文化。其二,社会属性和文化类别的改变,加速了壮族民间文化体系的解体。人类学家露

---

① 这里借用了李向春所著《山歌里的人生·壮族》一书的名称。参见李向春《山歌里的人生·壮族》,云南大学出版社 2001 年版。

② 吴德群:《衰落与创新:转型期壮族传统民间文化变迁的辩证特征》,《广西社会科学》2013 年第 9 期。

③ 高丙中:《精英文化、大众文化、民间文化:中国文化的群体差异及其变迁》,社会科学战线》1996 年第 2 期。

丝·本尼迪克特（Ruth Benedict）告诉我们，文化是一个总体，是超过了其文化特质总和并整合为具有特定结构模式的总体，这种模式，通常指的就是文化中情感、价值和观念的制度化。① 而壮族民间文化大众化和精英化的过程却是一个被严格选择的过程。以壮族山歌的大众化和精英化为例，山歌通常是被通过取舍，以某种或某些"元素"被吸收的形式与现代电影、流行歌曲、舞台表演或者音乐创作相结合的。山歌很大程度上被从其现实的经济基础、社会结构和文化观念体系中剥离，并以纯粹和改编后的形式被分解利用。这种分解使得同质统一的壮族民间文化体系碎片化。

至此，我们难抑伤感地得出结论，壮族民间文化的职业化、半职业化以及民间文化与现代都市文化的结合，意味着壮族民间文化必将以凤凰涅槃的形式实现其现代转型。

二　个体能动者对壮族民间文化变迁的影响

"文化变迁不是没有主体性或非主体性的，而是一种主体性行为，是一种意识到的社会历史活动，尽管不是所有的人都是自觉的"②。社会学主要从社会结构的角度观察社会现象，基本做法是"用社会事实解释社会事实"。使用结构的分析方法有一个明显的缺陷，就是个体的作用往往难以呈现。本书用科学技术、工业化、城市化这三大结构性力量或过程来解释壮族民间文化变迁的动力，也采用的是结构分析，重点在于理解这三大结构性力量对壮族民间文化变迁的关键性影响。但并不是说，在壮族民间文化变迁过程中，个体没有发挥作用或者个体的作用微不足道。相反，在壮族民间文化变迁过程中，个体的影响不仅存在，在某种意义上，还至关重要。因此，本书在分析结构性力量对壮族民间文化变迁影响的同时，也试图理解个体在壮族民间文化变迁中的重要作用。

波兰社会学家彼得·什托姆普卡（Piotr Sztompka）将个体能动者分为三种类型。第一种是日常生活中的普通个体。第二种是指有特殊的个人素

① ［美］露丝·本尼迪克特：《文化模式》，何锡章等译，华夏出版社1987年版，第36—38页。

② 司马云杰：《文化社会学》，华夏出版社2011年版，第331—332页。

质的人,这些素质包括知识、能力、天赋、技能、力量或者魅力。具有特殊素质的人主要包括领袖、先知、理论家、元老或政治家等,他们具有代表他人采取行动的能力。第三种行动者主要指的是被赋予某种特权、占有某种特殊地位的人,这些个体通常包括立法者、管理者、行政人员、警察等。同时,什托姆普卡还将个体行动的模式划分为五种类型,其中的三种类型对我们理解个体的作用具有重要意义。①日常性活动,纯粹以个人的意愿和目的行动,具有不知不觉的非意向性;实际上指的是普通个体的日常行动。②创业活动,指的是组织、协调、动员、教育他人,旨在唤起他人有意图的行动。③政治行动,通过行使命令、立法或其他权利,来影响他人的行动。① 实际上,将上述三种行动者及三类行动模式进行对应组合,可以得出个体在文化变迁中体现的三种影响:普通个体日常行为的影响、具有特殊素质的个体的创业活动的影响以及被赋予权力者行动的影响。接下来,本书将以上述行动者与行动的分类为分析框架,分析普通个体、文化精英和国家相关部门领导人在壮族民间文化变迁过程中的重要推动作用。

(一) 普通个体的实践和创新推动了壮族民间文化变迁

文化的本质属性是社会性或团体性。意思是文化创新必须以特定的社会文化为基础,总是由社会群体创造和共享。② 然而,个体与社会密不可分,行动与结构相互依存。肯定文化的社会性并不意味着文化的创造和变迁与个体无关或个人的作用微不足道。可以肯定地说,文化的创造或变迁,都离不开个体的作用。

普通个体对于文化变迁的意义主要有两点。一是个体的创新是文化变迁的开始。"当一个既定社会的个体成员以新的方式对环境变化做出反应时,变迁也就开始发生。"③ 对壮族民间文化来说,壮族民间文化变迁其实也是从普通个体行为和观念的创新开始的。

以田林县北路壮剧为例,转型期,由于流行文化的冲击,与其他民间

---

① 〔波〕彼得·什托姆普卡:《社会变迁的社会学》,林聚任等译,北京大学出版社2011年版,第251页。

② 孙本文:《文化与社会》,上海东南书店1930年版,第1—10页。

③ 〔美〕克莱德·M. 伍兹:《文化变迁》,何瑞福译,河北人民出版社1989年版,第23页。

文化一样，田林县北路壮剧也同样面临着后继无人的困境。为了保护北路壮剧，田林县政府做了大量努力，并探索出一套保护壮剧的有效做法，主要包括以下几个方面。第一，资金扶持。县财政每年给全县每个壮剧团 1 万元的发展基金，用于剧团购买乐器、服装和道具。第二，以政府部门援建和其他方式，帮助搭建乡村戏台，为乡村壮剧团提供活动场所。第三，培养乡村壮剧人才。县文化局派壮剧专家或壮剧老艺人为地方剧团骨干提供定期和不定期的指导和培训。第四，通过组织一年一度的壮剧节，支持乡村剧团会演，鼓励乡村剧团发展。自 2007 年至今，田林县已举办 10 届壮剧节。第五，实施壮剧进校园。在田林民族高中和其他中小学建立壮剧传承基地，成立学生壮剧团，培养壮剧传承人。经过县政府及相关部门的多年努力，田林县壮剧得到了较好的保护。至 2016 年，全县已有乡村民间壮剧团 106 个，壮剧活动相当活跃。

　　上述事实表明，在田林壮剧变迁和保护过程中，田林县政府及其相关部门发挥了重要作用。但不可否认的是，在田林壮剧保护和变迁过程中，普通民间个体，尤其是积极参与各乡村壮剧团日常实践的普通演员，发挥了不可替代的作用。这种作用体现在两个方面。一是民间个体的积极参与，是乡村壮剧团得以形成、保持和活动的前提条件。笔者在调研中发现，田林县具有深厚的壮剧文化土壤，民间社会成员普遍怀有浓厚的壮剧情节。民间个体学习壮剧、参与壮剧演出的积极性很高。农闲时这些个体自发组织，主动参与壮剧的学习和排练。所需花费，或由演员们自己出资，或由村屯集体补贴。县里每年举行壮剧节需要会演或比赛时，每个民间剧团都能积极参与，精心准备，并得到村屯的大力支持。即使有的演员远在广东打工，只要剧团需要，也会请假回家参与演出。正是由于一个个成员的热情支持和积极参与，才使田林壮剧经受住现代性的冲击并显得生机勃勃。二是一代代壮剧老艺人的坚守和传承，既保证了壮剧的传统本色，又促进了壮剧的创新发展。与其他壮族民间文化形式相似，口传心授，是壮剧传承的主要形式。正因如此，一代代壮剧传承人在壮剧传承过程中发挥了核心作用。从北路壮剧产生至今，已经历了十代传承，产生了 12 位传承人。① 在一定意义上，正是这一代代、一个个传承人的传承和创

---

　　① 政协田林县委员会：《广西北路壮剧教程》，北京燕山出版社 2011 年版，第 5 页。

新，才保证了北路壮剧的百年延续和不断创新。

转型期，对北路壮剧的传承和创新来说，第十代传承人 BKJ 发挥了重要作用。BKJ，男，1937 年生，祖籍田林。转型期，BKJ 对北路壮剧传承和发展所作的贡献主要有三个方面。一是坚持壮剧艺术创作和创新。他独立创作了 27 个曲调，并与他人合作，将其师承的曲调从 9 个发展为 52 个；编写了 30 多个剧本，丰富了壮剧剧目；创新表演艺术，改变传统的提纲式剧本，将壮剧剧本发展为现代的规范剧本；改变了后台说词，前台复述的壮剧表演习惯；借鉴和吸收彩调的角色表演，改进武戏表演。二是积极传承壮剧。BKJ 坚守壮剧口传心授传统和壮剧传承人的职业操守，积极传承壮剧。多年来，他先后到田林县内的 25 个村屯，凌云县的 7 个村屯，百色市右江区的 6 个村屯以及云南、贵州等地的村屯和剧团传授壮剧，教出 40 多个业余壮剧团。在壮剧传承过程中，针对壮剧艺人老龄化和武戏可能失传的状况，BKJ 特别注重向青少年传授壮剧，并重视壮剧武戏的传承。近年来，为了向青少年学生教授壮剧，BKJ 积极在学校组建业余壮剧团。由 BKJ 指导和组建的田林高中学生壮剧团在 2010 年还参加过田林县壮剧会演比赛。为了避免武戏失传，BKJ 在定安等地挑选有培养潜力的年轻人，指导和传授武戏。与此同时，BKJ 还特别重视对北路壮剧第十一代传承人的选定。BKJ 坚持北路壮剧拜师授业选定传承人的传统，坚守德艺双馨的选人标准，坚守北路壮剧的民间本色，认真选择第十一代传承人。据 BKJ 介绍，目前，北路壮剧第十一代传承人已选定，北路壮剧后继有人。三是积极开展壮剧调查研究。BKJ 在坚持壮剧创作和创新的同时，还奔赴云南、贵州和广西各地，对壮剧的传播历史、壮剧音乐发展等开展调查研究，[①] 并完成了有关中国壮剧音乐发展资料的收集、写作。有关北路壮剧十代传承人的信息可见表 4—4。

表 4—4　　　　　　　　　　**北路壮剧十代传承人**

代别	传承人	生卒年份	传承与创新
第一代	YLL	康熙至乾隆	首创壮戏的台上表演形式

[①]　政协田林县委员会：《广西北路壮剧教程》，北京燕山出版社 2011 年版，第 10—11 页。

续表

代别	传承人	生卒年份	传承与创新
第二代	CR、CZ	不详	对平调进行改革，改一曲四句为两句
第三代	CXL、CHM	不详	注重少唱歌，多做戏，突出舞台表演
第四代	CS	不详	改平调为正调，改进平调音乐
第五代	LFL	1830—1894	创立壮剧的《台符》，主张戏班要供奉先师，创造杀鸡调曲牌
第六代	YL	1850—1910	传播壮剧，推广壮剧，教授徒弟
第七代	HYG	1853—1914	将邕剧、粤剧精华融入壮剧，推出武打戏
第八代	HFX	1896—1964	动员妇女学习表演壮剧，到云南、贵州教戏
第九代	HFS	1925—	传播壮剧，能导演文戏武戏，培养壮剧人才
第十代	BKJ	1937—	

注：本表根据《广西北路壮剧教程》第一章第3节：北路壮剧的师传内容整理。参见政协田林县委员会《广西北路壮剧教程》，北京燕山出版社2011年版，第5—11页。

再以壮族山歌为例，众所周知，壮族山歌属于口传山歌，几千年来，壮族山歌一直延续传承。但山歌的延续传承并非一成不变的，而是在传承过程中不断创新，自觉地融入时代内容，这些点滴创新，多数时候都是由普通个体完成的。这一点可以由壮族山歌的即兴特点得到说明。所谓即兴，用壮族人的话说，就是看到什么唱什么，想唱什么唱什么，随机应变，根据具体的情景进行编唱，只要调式和旋律不错，歌唱的内容是开放的。这种演唱的开放性为歌唱者的创新创造了广阔空间，也使得山歌不断推陈出新，发生变迁。正因如此，古老的山歌不仅在革命年代能够成为鼓动革命的红色歌谣，而且能够成为现代化建设中用来宣传党的方针政策、歌唱繁荣昌盛和幸福生活的民间歌唱形式。在社会转型背景下，因受流行音乐的冲击，壮族山歌面临衰落和代际传承中断的危机。为了吸引年轻人，为了将传统山歌与现代流行歌曲相融合，一些普通的壮族山歌爱好者又在积极尝试，创作出了新的歌唱形式：流行山歌。流行山歌有两种做法，一种是保持流行歌曲的曲调和歌词，但用壮语演唱；另外一种是保留流行歌曲的曲调，但用壮语重新编词。在笔者访谈过程中，一位山歌爱好者就是按照后者创作了一首《常回家看看》。原稿是壮话，这里译成普通话：

儿子也是在外打工

出去几年也不见回家

女儿也是，嫁给别人

过年过节也不见回来

过年过节，你们一起回家

父母不叫你们买饼买糖

父母不叫（向）你们要银要钱

父母不叫你们买鞋买衣服

等你们回家等你们回家

想让你们回家跟爸妈一起吃吃饭

今年你们要一起回家跟爸妈过年

一家人团圆才能过得高高兴兴

早晨我站在纪念碑广场

望着我们美丽的百色市

街道美丽又宽敞

房子一座比一座高

感觉我们百色越来越富裕

是我们的领导一心为人民

开路建桥样样为人民

也不留名字　不留名字

人民也知道他是谁

感谢我们百色的领导

给我过上快乐的生活

你爱人民就像自己的儿女

人民永远记得你

　　普通个体的创造性实践，对于预示和推动壮族民间文化变迁，具有重要的意义。这种源于普通个体的将传统山歌与流行歌曲相结合的创新尝试，已为文化精英和国家相关部门进行山歌文化创新和保护提供了启发。使这种结合的观念理论化，并且在此理论指导下的山歌文化创新实践亦正在展开。

普通个体的行动对于壮族民间文化变迁的意义还在于，普通个体的接受或拒绝，最终决定着壮族民间文化的变迁程度。这一点是由文化的特性——社会性决定的。"文化虽则不因个人的存亡而存亡，但却因社会上人们对它的态度而决定其存亡。"① 这句话实际上说的是社会态度而不是个人态度决定文化的存亡。但社会与个人之间的关系是辩证的，其中一层含义就是没有个体，就没有社会。实际上，一个社会的态度从某种意义上说就是这个社会中所有个体所认同的态度和与这种态度相一致的行为。没有众多个体的认同和行为，社会态度也就失去了实际功能，文化也会失去活力。因此，文化的存亡取决于社会态度，在一定意义上，也可以说取决于多数个体的认同和行为。例如，社会转型给壮族民间文化带来的诸多冲击，使很多民间文化特质渐趋消亡。之所以会如此，一个重要原因就在于，在城市化大潮中，农村个体为了自己的追求，纷纷离开家乡，流向城市。正是农村大部分个体的流失，才造成壮族民间文化活动的减少，民间文化活动减少，才导致民间文化衰落甚至消亡。

正如什托姆普卡所言："社会中的大部分情形是人们工作和休息，吃饭和睡觉，旅行和走路，说话和写作，笑着和吵着等等。普通民众创造出了组成人类社会的最终的东西。"② 这里所说的普通民众，实际上说的就是民间社会的普通个体，正是这些普通个体的日常行为，创造着文化，推动着文化的变迁。

(二) 文化精英的引导与创新

这里所说的文化精英，指具有某种知识或能力专长的个体，特别是熟悉壮族民间文化，对壮族民间文化的特点和规律有深入研究和思考的壮学专家。在壮族民间文化变迁过程中，文化精英发挥着重要作用。

文化精英的重要作用主要体现在传播壮族民间文化、培养文化人才和唤起壮族文化自觉上。以壮学专家为例，在壮族民间文化领域，有一大批

---

① 孙本文：《文化与社会》，上海东南书店 1930 年版，第 10 页。

② ［波］彼得·什托姆普卡：《社会变迁的社会学》，林聚任等译，北京大学出版社 2011 年版，第 251 页。

壮学专家，这些专家大部分是文化教育机构或文化研究机构的成员，有各类学校的教师，有各类研究机构的研究者，还有其他从事文化创作和文化活动的专业人员。这些专家或通过言传身教，或通过著书立说，或通过创作和宣传，传播壮族民间文化知识，为外界认识壮族民间文化的内容、特点、内涵、源流以及价值提供知识和依据。以广西民族出版社出版的《壮学丛书》为例，《壮学丛书》是包括壮族民间文化在内的壮族文化的集大成者，系统整理或论述了壮族文化的方方面面。《壮学丛书》不仅为世人了解、认知和研究壮族民间文化提供了一个立体式的窗口，为培养壮族文化人才提供了文化营养，而且激发了壮族人的民族自豪感和自信心，唤起了壮族人传承、保护和创造民族文化的自觉性。《壮学丛书》的社会贡献，与《壮学丛书》编纂委员会中各位壮学专家的贡献密不可分。正是这些壮学专家的整理和研究，才成就了《壮学丛书》，推动了壮族民间文化的挖掘、整理、研究、传播和创新，因而也推动了壮族民间文化的变迁。

　　在壮族民间文化的保护与创新方面，也有很多壮族之外的文化精英的贡献，包括很多非壮族的壮学研究者、壮族文化保护的参与者和创新实践者。这里举一个典型的例子就是中国的著名导演 ZYM。《印象·刘三姐》可以说是壮族民间文化产业化的成功典范。《印象·刘三姐》的成功虽然离不开中国文化乃至世界文化产业化发展的宏观背景，离不开国家文化政策的支持，离不开广西文化厅和桂林及阳朔县政府的大力支持及其专业团队的努力。但是，根据阳朔县文联某负责人（负责接待过 ZYM）介绍，《印象·刘三姐》的成功某种意义上也具有偶然性，与 ZYM 个人的作用密切相关。具体而言，ZYM 在形成《印象·刘三姐》过程中的作用有三点。一是选址阳朔。1999 年，ZYM 在成功创作了大型露天剧场《图兰朵》之后，还想创作一个大型的山水剧场，当时由香港的一个大财团计划投资资助。于是，ZYM 带了一个几十人的创作团队在全国各地考察，都没有满意的地方。考察结束，团队准备解散。解散之前团队决定到桂林观光。桂林观光结束，顺便到阳朔坐船游玩。当游船行驶到田家河与漓江交汇处的时候，ZYM 突然要求停船，并下船查看。看后非常满意，并决定将项目地点选在阳朔。二是为阳朔段水域争取到了"漓江"身份。1999 年，桂林市和阳朔县正在为漓江的具体空间范围划分发生矛盾。根据桂林市的意见，漓江的范围包括桂林到阳朔大桥上游一段，阳朔大桥以下包括阳朔县在内的 18 千米水域不属于漓江。桂林还为此专门下发文件确认，漓江归属桂林市，并要求其他水域不能以漓江命名。当时阳朔县在阳朔大桥以下包括阳朔县城在内的水域开发了一个旅游项目：刘三姐水上公园，很受游客欢迎，短期内美名远扬。为了保护桂林漓江旅游，桂林市力图减小阳朔刘三姐水上公园的影响力，又决定将漓江水域延长，阳朔大桥以下的 18 千米水域都被视为漓江水域，并统一售票。但在售票的时候，桂林漓江段相对便宜，60 多千米的旅游票价 240 元，阳朔大桥以下 18 千米票价 180 多元。这种定价对阳朔旅游发展非常不利。也正是在这个时候，ZYM 希望选址阳朔。但阳朔水域是否属于漓江，是否具有漓江身份，对项目的成功与否具有重要意义。因为漓江如诗如画的山水品质已闻名世界。经过 ZYM 的争取，桂林市最终同意阳朔大桥以下包括阳朔县城在内的水域为漓江下游。因此这段水域获得了"漓江"身份。三是 ZYM 成功导演了《印象·刘三姐》。ZYM 当初所设想和所要打造的山水剧场并不是《印象·刘三姐》，而是一个融所有壮族和当地民间传说在内的故事集，并且要在漓江两岸建设索道和玻璃制造的升降设备。由于工程浩大，且会改变漓江的自然风貌，因此其最初设想没能实施。ZYM 于是改变方案，决定以刘三姐及壮族民间文化为主要元素，将实景故事改为印象展示，最终形成《印象·刘三姐》演出方案。

（三）政府及其相关部门领导和工作人员的动员与组织

在壮族民间文化保护与创新过程中，政府及其各级部门起着主导作用。但同时，政府及其各级部门领导个人的重视程度和努力程度，在很大程度上也影响着壮族民间文化保护和创新的进程和成效。

在保护壮族民间文化、引导壮族民间文化变迁过程中，政府机关领导人主要发挥着动员和组织作用。笔者到壮族各地政府文化部门访谈时听得最多的一句话就是"领导重视"。而且明显地感觉到，领导重视的地方，民间文化保护工作力度较大，民间文化活动也相对活跃。例如，在柳州市，鱼峰区的民间文化保护工作成果最为显著，民间文化活动也最为丰富和活跃。根据柳州市文化新闻出版广电和柳州市群众文化艺术馆的相关人员介绍，鱼峰区的文化保护工作之所以最为突出，跟鱼峰区的现任领导对民间文化建设的高度重视密切相关。云南富宁县文化局负责人也特别强调，壮族民间文化保护通常离不开领导的重视和作为。

实际上，很多壮族民间文化活动，都离不开各级政府部门的动员和组织。虽然这些动员和组织活动属于组织行为，属于结构性力量，但组织力量的发挥必须通过个体的行为来实现，这些组织和动员活动任务的完成，终究离不开每一位责任个体的责任履行。换一句话说，在壮族民间文化活动中，各级领导干部个体，都通过扮演自己的角色，发挥了自己的组织和动员作用。以 2015 年百色市布洛陀民俗文化旅游节的组织为例，百色市布洛陀民俗文化旅游节，是由百色市政府和广西壮学会共同主办，由田阳县委和县政府承办的壮族民间文化活动。活动由田阳县委、县政府动员和组织。为了加强对活动的组织和领导，田阳县成立了 2015 年百色市布洛陀民俗文化旅游节田阳县筹备委员会，委员会下设 18 个工作组。每个工作组基本上都是由各级政府相关部门的主要领导组成。旅游节虽然是百色市和田阳县委县政府的组织行为，但活动的动员和组织，离不开每一个工作小组的工作，离不开工作组每一位领导个体角色的扮演。或者说，正是每一位领导成员个体所做的动员和组织工作，才保证了整个活动的顺利开展。

领导的动员和组织作用，有时并非直接以组织的形式发挥出来，而是借助个人的领导身份和偏好得到体现。以百色市平果县 NMJ 为例。NMJ 在壮族民间文化创新过程中的动员和组织作用突出表现在两个方面。一是积极为传统文化创新创造条件，积极引导创新方向。根据平果县文化局歌手 MYC 的介绍，NMJ 曾担任过百色市那坡县县委书记、县长，担任过平果县人大常委会主任。其本人特别熟悉壮族民间文化，重视壮族民间文化的保护和创新，在担任政府领导期间，对壮族民间文化的保护投入了很大精力。在那坡任职期间，NMJ 为那坡县的民间文化保护做了大量工作，特别是在挖掘和保护那坡黑衣壮山歌过程中，投入了大量精力。在平果壮族嘹歌文化的保护、宣传和创新过程中，NMJ 也发挥了重要作用。为了保护平果壮族嘹歌，NMJ 努力探索嘹歌的现代化路径，想方设法实现平果嘹歌与现代流行歌曲的结合。为此，在任平果县人大常委会主任期间，NMJ 通过自己的熟人寻找到了一个名为"斑马线"的流行乐队（平果哈嘹乐队的前身），乐队当时缺少键盘手，而 MYC 当时在平果铝集团工会工作，业余爱好就是练习键盘。NMJ 找到 MYC，建议他加入"斑马线"，并将"斑马线"更名为"哈嘹"乐队。乐队组建后，NMJ 为乐队明确了创作方向，就是希望乐队在流行音乐创作过程中，能将壮族嘹歌融入其中。在 NMJ 的引导下，乐队成功创作了《月亮》等具有鲜明壮族嘹歌特色的流行歌曲。在壮族嘹歌文化创新中，NMJ 的组织作用的第二个表现是积极寻找平台，宣传嘹歌。在嘹歌创新过程中，哈嘹乐队的成立和创新实践是第一步，第二步就是积极寻找机会，扩大嘹歌的影响，为嘹歌创新创造更大空间。为此，NMJ 的重要作用就是将"哈嘹"乐队成功推向中央电视台。2006 年，中国曲艺家学会小分队沿南昆铁路开展基层慰问演出，演出首站是平果县。当时到平果县慰问演出的有冯巩、姜昆等著名艺术家。中央电视台音乐频道摄制组也跟随演出队伍录制节目。演出期间，中央电视台要求平果县选送一个地方性节目，与艺术家们同台演出。NMJ 抓住机会，将哈嘹乐队作为首选，并将乐队的原创歌曲《月亮》作为演出节目。演出后，《月亮》得到了冯巩和姜昆的高度评价，也受到中央电视台音乐频道的青睐。中央电视台因此又邀请哈嘹乐队参加《民歌中国》节目的录制，并参加演出，产生了较大的社会反响。从某种意义上说，哈嘹乐队走上中央电视台，标志着壮族传统民歌与流行歌曲相融合尝试的成功。这种成功，极大地鼓舞了壮族传统音乐的创新实践。壮族嘹歌与流行音乐的成功结合，在一定程度上，得益于 NMJ 的引导和组织。

孙本文先生认为，新文化的产生需要满足三个条件：文化基础、社会需要和特别人才。[①] 这里的"特别人才"自然应该包括有特殊专业才能的民间文化精英、政治精英，还应该包括更多的作为文化实践主体和主要创造者的普通个体。

三   对壮族民间文化变迁动力的多维解读

上述关于转型期壮族民间文化变迁动力的分析清晰表明，转型期，构成现代性主要内容的科学技术、工业化、城市化以及国家（将在第八章论述）等结构性因素，作为壮族民间文化变迁的动力，力量巨大；同时，

① 孙本文：《文化与社会》，上海东南书店 1930 年版，第 12 页。

个体的创造和努力,在壮族民间文化变迁过程中也发挥了重要作用。这里,我们试图以文化变迁的五种理论为视角,对转型期壮族民间文化变迁的动力进行多维解读。

如第二章所述,在文化变迁的动力来源和性质上,宿命论将之归结为预定的逻辑和具有普适意义的文化特质,例如摩尔根所罗列的火、弓箭或陶器等;调适论虽然主张文化变迁源于可变的外部环境和文化的内在结构,但与宿命论相似,认为文化变迁的动力具有单一性,怀特将之简化为技术和能量。宿命论和调适论都认为,文化有其自身的结构规律,文化变迁的动力源于文化环境和文化自身,作为个体的人,在文化变迁过程中是被动的,无能为力。

若用宿命论和调适论来审视壮族民间文化变迁,尽管我们能够获得一些启发,但也很容易发现这两种理论的局限。确实,转型期,在壮族民间文化变迁过程中出现了一些标志性的文化特质,如壮族民间文化领域中的机器、汽车、互联网;民间社会文化领域中的现代企业组织和契约关系;民间精神文化领域中的科学文化和现代艺术;民间语言文化领域中的英语和其他语言;等等。这些标志性的文化特质,在一定意义上也体现了转型期的壮族社会特征。例如,互联网的出现和逐渐普及在一定意义上就体现了壮族社会所具有的工业化和信息化特征。不仅如此,转型期,这些标志性的文化特质,也确实成为推动壮族民间文化变迁的重要力量。例如,机器生产的普及和工业化的发展,就极大地推动了壮族民间文化变迁。

然而,上述两种理论的局限也显而易见。第一,壮族民间文化变迁的动力是多元的,并非如宿命论和调适论所言,文化变迁的动力源于某一种因素。就本书所分析的内容而言,至少就有如科学技术、工业化、城市化和国家及各级地方政府的政策和实践四种现代性力量,推动了壮族民间文化的变迁。然而,这并非推动壮族民间文化变迁的全部动力因素,还有诸多动力因素我们尚未分析,如企业开展的文化产业实践;部分民间组织所开展的壮族民间文化传承和创新;多元文化背景下,壮族与其他民族尤其是汉族之间的文化交流;等等。壮族民间文化变迁的事实表明,文化变迁的动力不仅具有多元性、复杂性,而且具有特定的历史和社会内容。第二,壮族民间文化变迁的动力结构表明,个体在民间文化变迁的过程中具有能动性。在变迁的动力上,宿命论和调适论不仅将变迁的动力归结为单一的文化特质，而且坚持决定论，认为个体在文化变迁过程中是被动的，无能为力。本章分析表明，在壮族民间文化变迁过程中，结构的力量确实巨大，但个体并非被动或无能为力，而是主动参与并在一定程度上影响着文化变迁的过程。无论是壮族民间社会的普通个体，还是少数精英人物，他们不仅能够积极主动地进行着壮族民间文化的日常生产和传承实践，而且还积极投入壮族民间文化的保护过程当中，大胆探索和尝试壮族民间文化的创新，并在一定程度上获得了成功，如《印象·刘三姐》大型实景演出的成功、嘹歌与流行歌曲和电视艺术的有效结合，就与 ZYM、MYC 和 NMJ 等个体文化精英的积极参与和创造密不可分。这些成功的创造为壮族民间文化的产业化和现代化，积累了重要经验。

与宿命论和调适论将文化变迁的动力归因于某种文化特质不同，建构论和偶发论则将之归因于作为社会主体的个人、个人之间的互动或国家（将在第八章分析）。建构论和偶发论认为，作为社会主体的个体，不仅具有认识文化变迁的能力，还具有计划和建构文化变迁的能力。

个体在壮族民间文化变迁过程中的推动作用，在一定范围内支持了建构论和偶发论的观点。但是，若将壮族民间文化变迁的动力完全归结为个体及个体之间的互动，则显得牵强。因为科学技术、工业化和城市化等社会过程，尽管离不开个体及个体之间的互动，但其本质特征，却难以还原为个体及个体间的互动。同时，个体能动作用的发挥，并非无条件的。在规划和引导壮族民间文化变迁过程中，个体不能无视壮族社会转型的事实和壮族民间文化的内在结构，必须从转型期壮族社会背景出发，尊重壮族社会科学技术发展和工业化、城市化等社会事实和壮族民间文化发展变迁的内在规律。因此，在文化变迁的动力层面，建构论和偶发论虽然看到了个体能动作用，但同时也忽略了社会环境和社会结构的制约作用。

马克思主义不仅科学地回答了文化变迁的动力来源问题，而且还科学地回答了结构与个体的关系问题。以历史唯物论为视角来观察壮族民间文化变迁的动力，我们可以获得两点理解。第一，转型期，壮族民间文化变迁的动力来源于壮族民间社会的物质生产过程，来源于壮族社会的生产力发展。具体而言，就是现代科学技术在壮族物质生产领域的普遍使用，极大地提高了壮族社会生产力，推动了壮族社会生产的工业化和信息化。工业化和信息化分工，一方面由于人口集中而促进了壮族社会的城市化进程，农村人口大量流向城市；另一方面又要求市场经济的发展，导致壮族社会分化加快。壮族传统的社会关系因此发生变化。随着壮族生产力和生产关系的变化，作为上层建筑的文化观念必然发生变化。因此，转型期壮族民间文化变迁，本质上源于壮族社会生产力的发展。第二，就壮族民间文化变迁的动力性质而言，既有结构的力量，也有个体的力量。结构的力量指的就是转型期壮族社会的经济基础和社会结构。前者主要指的是发展中的科学技术、变化中的壮族农耕方式、工业化和城市化，后者指的是壮族民间社会的分化。这些结构力量是推动壮族民间文化变迁的重要力量，影响着壮族民间文化变迁的过程和趋势，同时也构成了个体文化实践和文化创造的前提和背景。在历史唯物主义视角下，推动壮族民间文化变迁的个体能动性表现在两个方面，一是壮族民间文化变迁的过程，实际上就表现为个体真实的、具体的实践过程，是个体生产、传承和创新壮族民间文化的实践过程；二是个体力量的发挥，总是具有时代的内容和特点，总要受到既定的背景和条件限制。例如，作为一个壮族民间文化产业项目——《印象·刘三姐》之所以能获得成功，尽管很大程度上是由于 ZYM 的文化才能和名人效应，但从根本上说，还是由于《印象·刘三姐》项目顺应了市场经济条件下文化产业的发展趋势，满足了现代社会的审美需求，同时也充分合理地利用和发挥了漓江山水资源和桂林市的旅游优势。

第 五 章

转型期壮族民间文化变迁的过程[①]

转型期，壮族民间文化变迁经历了国家引导下的恢复发展和国家、壮族民间社会和市场三者博弈中变迁两个阶段。国家、壮族民间社会和市场三者间的互动性质，在很大程度上影响着壮族民间文化的变迁过程，三者的互动关系不同，壮族民间文化的实践方式和存在状态亦不同。在市场经济条件下，在壮族民间文化保护与开发过程中，在国家和市场扮演着越来越重要的角色的同时，回归壮族民间社会在壮族民间文化中的基础和载体地位，意义重大。

海德格尔（M. Heideger）有句哲学名言："只有着眼于时间，才可能把捉存在。"[②] 简单地理解，就是只有把握事物的历史，才能理解其现在和未来。同样，要认识壮族民间文化变迁的现状和趋势，也必须考察其经历的变迁过程，因为以史为鉴，不仅可知兴衰，亦能知得失。

广义的理解，民间文化包括民间物质文化和民间非物质文化。民间非物质文化又包括民间社会文化、民间精神文化和民间语言文化等。鉴于物质文化和非物质文化包含了不同的文化特质，具有不同的性质，在变迁的范围、深度、速度等方面存在差异，如文化堕距，因而本章将民间文化做了限定，特指民间非物质文化。

---

① 本部分内容作为阶段性研究成果在《广西民族研究》2014 年第 4 期发表，并被人大报刊复印资料《民族问题研究》2014 年第 11 期全文转载，有修改。参见吴德群《高度政治化、恢复发展与博弈中变迁——转型期壮族民间文化变迁的三个阶段》，《广西民族研究》2014 年第 4 期。

② ［德］海德格尔：《存在与时间》，陈嘉映等译，生活·读书·新知三联书店 2006 年版，第 23 页。

本书试图以国家、壮族民间社会和市场三者的互动关系为视角，分析转型期壮族民间文化变迁所经历的一般过程。转型期，壮族民间文化变迁总体上经历了两个阶段：国家引导下的恢复发展和国家、壮族民间、社会和市场三者博弈中变迁。

一 第一阶段(1978—1991)：国家引导下的恢复与发展

要理解转型期壮族民间文化变迁第一阶段的特点，需要我们追述新中国成立至改革开放以前（1949—1976）国家与壮族民间社会的互动关系。这一阶段的互动关系可以概括为高度政治化。高度政治化是我们理解转型期壮族民间文化变迁第一阶段的基本背景。

高度政治化有两层含义，一是指新中国成立初期国家意识形态对壮族民间文化内容或活动的高度控制；二是特指"文化大革命"期间林彪集团和"四人帮"对壮族民间文化的污蔑、禁止、破坏和打击。

新中国的成立，彻底消灭了存在于壮族社会的阶级压迫和剥削，建立了平等的民族关系，人民翻身做主，从根本上消除了壮族民间文化发展的障碍，为壮族民间文化的繁荣和发展创造了政治前提和制度保证。

但新中国成立之初，国家在政治上的主要任务是清除国民党反动派的残余势力，剿灭土匪和打击其他反动分子的破坏，解放全中国，巩固新生的人民民主政权，恢复和重建社会秩序；在经济上主要是没收官僚资本，改造资本主义工商业和实行土地改革，进行社会主义革命，建立社会主义制度。因此，阶级斗争和社会主义改造成为这一时期整个国家和社会生活的中心工作。在此情境下，抨击旧社会、歌颂新制度便成为包括民间文化在内的整个文化活动的主要甚至唯一内容。本书正是在这一特定语境下，讨论国家对壮族民间文化的高度控制。

新中国成立之初，国家对壮族民间文化的高度控制突出表现在三个方面。一是在话语上，国家意识形态将壮族民间自然崇拜、宗教信仰或某些节日习俗定义为"迷信"和"剥削"。如在20世纪50年代末和60年代初，主流话语对天峨县白定乡的有关日食、月食、风、雨、冰雹以及河水等自然现象的崇拜，对龙水乡有关雷王、社公、三界公爷、灶王等的崇拜以及对祖先的供奉等，都定性为"迷信"；① 对隆林县委乐乡沙梨区的巫教和道教、龙脊乡的佛教等，也均视为"宗教迷信"。巫公、仙婆（或巫婆）、道公等从事的民间宗教活动以及一般民众的信仰活动都被视为迷信活动，从事上述活动的民间宗教专职人员被划归为封建剥削阶级，他们在宗教活动中获取报酬的行为，被看作剥削阶级对人民群众的剥削。② 甚至宜山县洛东乡的节日抢花炮习俗，也被认为有迷信和阶级剥削的成分。③

二是某些民间文化的传统内容被禁止或被改造，民间文化在一定意义上成为政治宣传的工具。突出表现之一就是新中国成立初期政府对壮族山歌的改造。以田东县檀乐乡为例，檀乐乡山歌十分流行，几乎人人会唱山歌。新中国成立前，檀乐乡山歌的内容主要包括六大类：诉苦歌，主要是诉旧社会的苦；反抗歌，反抗阶级压迫和进行斗争的歌；历史歌，有关历史事件的歌；劳动生产歌；爱情歌和宣扬封建迷信和剥削的歌。新中国成立后，政府对传统山歌的内容进行了修改。旧山歌受到抵制，大量旧歌本被烧掉，仅那玩屯就烧掉了几十本，只剩两三本。新创作的山歌主要是围绕新中国成立初的土地改革等中心工作。如《土改歌》《走社会主义》《义务兵役制》《颂红军》等歌，即："过去唱山歌是想消愁，解闷、'诉苦'，今天唱歌是为宣传、鼓动。"④ 武鸣县清江乡的山歌也很流行，新中国成立初，清江乡山歌被"当作政治宣传的工具，使之服务于政治，服务于劳动生产"。"群众所唱的山歌都以配合宣传各项政治运动、歌颂新社会、歌唱解放后幸福生活的新内容代替了旧的内容……变成充满战斗精神的武器。"⑤

三是对道公、巫婆等人员进行改造，没收与民间信仰相关的器物或书籍。新中国成立初，由于道公、巫婆等神职人员从事的道教、巫教活动被视为迷信和剥削活动，因此这些人及其活动是被舆论谴责、政治改造或革

① 广西壮族自治区编辑组：《广西壮族社会历史调查（第一册）》，广西民族出版社1984年版，第24、282页。

② 同上书，第65—68、138—140页。

③ 广西壮族自治区编辑组：《广西壮族社会历史调查（第五册）》广西民族出版社1985年版，第65—66页。

④ 同上书，第115—116页。

⑤ 广西壮族自治区编辑组：《广西壮族社会历史调查（第六册）》，广西民族出版社1985年版，第65页。

除的对象。① 例如，1958 年 5 月，田东县就对道公和巫婆进行了改造。一是通过政府宣传，反对道公和巫婆的活动；二是要求道公和巫婆放弃宗教活动，参加生产。一年之内，檀乐乡有 1 位巫婆和 7 位道公通过登记放弃宗教活动，参加生产。思林区有 186 位道公、100 多位道童和 10 位巫婆登记退道，并交出锣鼓等道具 594 套，道书 4402 本。②

　　新中国成立初期国家意识形态对壮族民间文化的过度控制在很大程度上是当时特殊的政治经济环境所致，是特殊时期国家利用民间文化开展阶级斗争和进行社会主义革命宣传的特殊需要。而"文化大革命"期间壮族民间文化所遭遇的打击则是林彪集团和"四人帮"蓄意破坏中国传统文化而为之，是对壮族民间文化的歪曲、污蔑和破坏。在广西，从 1966年 8 月 18 日南宁红卫兵模仿北京红卫兵"破四旧"并串联到农村开始，"破四旧"席卷了广西全区，给传统文化造成了极大的破坏。据不完全统计，从 1966 年 8—10 月不足两个月的时间，南宁红卫兵就查抄了 15 万件所谓的"封、资、修"物品。防城县文物馆几千部书籍、文物、资料和档案全部被烧毁。③ 在这场浩劫中，壮族民间文化同样遭到批判和破坏。1966 年 9 月 20 日，广西艺术学院音乐系师生贴出《剥开"刘三姐"的画皮看伍晋南的修正主义面目》对壮族民间戏剧《刘三姐》和主管文教的广西区党委书记伍晋南进行批判。④ 在"破四旧"的名义下，来宾壮师剧表演队被迫解散。保存多年的服装、道具和唱本被收缴销毁。壮师老艺人被批斗折磨。⑤ 隆林各族自治县的民间文化也同样遭到摧残，壮族传统文化被说成"封资修的黑货"而遭到歧视排斥和批判，民族乐器被砸毁，对唱山歌被禁止，民间文化娱乐被取消。取而代之的是一统天下的"样

---

　　① 广西壮族自治区编辑组：《广西壮族社会历史调查（第二册）》，广西民族出版社 1985 年版，第 241 页。

　　② 广西壮族自治区编辑组：《广西壮族社会历史调查（第五册）》广西民族出版社 1985 年版，第 128—129 页。

　　③ 广西文化大革命大事年表编写小组：《广西文革大事年表》，广西人民出版社 1990 年版，第 7 页。

　　④ 同上书，第 9 页。

　　⑤ 广西壮族自治区编辑组：《广西壮族社会历史调查（第六册）》，广西民族出版社 1985 年版，第 81 页。

板戏"。① 甚至桂西南地区壮族姑娘出嫁时的"哭嫁"习俗，也被当作"四旧"遭到批判和禁止，使得这一习俗濒临灭绝。② 其间，云南壮剧也遭受极大破坏。富宁、广南、文山一带的一百多个民间壮剧班的演出被迫停止，大部分服装道具被当作"四旧"烧掉，老艺人被打成牛鬼蛇神，游街示众，剧本被当作"封资修"毒品销毁。③ 根据我们在广西那坡县坡荷乡果巴村的田野调查显示，"文化大革命"时期，在街上和路口等公共场合，禁止唱山歌，歌圩活动被禁止。唱山歌如果被发现或被人举报，就会"挨上台"（遭批斗）。据该村的被访者 LCC 介绍，他在读高中期间，一位姑娘喜欢他，就用山歌偷偷给他写情书，后来被人发现，被访者因此被剥夺了参加高考的机会。

文化有其内在根据，具有很强的稳定性和生命力。"文化大革命"时期林彪集团和"四人帮"对壮族民间文化的污蔑、禁止和破坏，尽管在一定程度上影响了壮族民间文化的发展，给壮族民间文化造成了极大的损失，民间文化活动大量减少，但壮族民间文化并没因此被禁绝。实际上，即使在"文化大革命"期间，壮族民间文化活动也并未停止，很多被禁止的文化活动依然存在。例如，在那坡县果巴村，尽管在"文化大革命"期间山歌被认为是风流歌而被禁止，歌圩活动被取消，在路口或街上等公共场合禁止唱歌，如果唱山歌被人发现或被人举报，还有遭批斗的危险，但民间的山歌活动并没因此而消失。民间很多年轻人依旧偷偷地传抄山歌，田野和山林中依然有人唱歌。根据那坡县果巴村访谈对象的讲述，"那时有人打破（即举报），都不敢唱。路口街上都没人唱，前头唱后头就让你上台（挨批斗）。但是我还唱，不过我不在街上和路口唱，我在村里唱，在山上唱，干活的时候唱……偷偷地唱……"④ 可见，即使在"文化大革命"期间，壮族民间文化依然能够按照民间的逻辑而存在。

---

① 隆林各族自治县概况编写组：《隆林各族自治县概况》，广西民族出版社 1984 年版，第 104 页。

② 胡纯艳：《桂南壮族姑娘的哭嫁》，转引自广西壮族自治区民族研究所《广西民族参考资料》（第六辑），广西壮自治区民族研究所 1986 年版，第 53 页。

③ 文山壮族苗族自治州文化局，文山壮族苗族民族事务委员会编：《云南壮剧志》，文化艺术出版社 1995 年版，第 15 页。

④ 吴德群：《壮族山歌与人的社会化——以认知和情感为视角》，人民出版社 2015 年版，第 70—71 页。

党的十一届三中全会以后，随着党的工作重心由阶级斗争转向经济建设，党和国家对"文化大革命"期间的文化政策进行了拨乱反正。在各级政府及其文化部门的组织和指导下，壮族民间文化逐步恢复并发展。这里的"恢复"有两层含义，一是指民间文化在一定程度上回归民间，政治色彩淡化；二是指"文化大革命"期间被禁止和破坏的文化活动重新恢复。"文化大革命"后壮族民间文化的恢复和发展主要表现在三个方面。一是地方政府成立了各种文化机构，加强了对壮族民间文化的引导和组织；二是"文化大革命"期间被迫解散的壮族民间文化组织得到重建，被迫停止的壮族民间文化活动得到恢复；三是壮族民间文化活动逐步发展，形式与内容有所创新。

（一）地方政府及其文化机构，加强了对壮族民间文化的引导和组织

改革开放以来，为促进民间文化的恢复、繁荣和健康发展，各级政府加强了对民间文化的支持、引导和组织。

第一，改革开放伊始，被"文化大革命"扰乱和中断的民间文化管理机构得以建立和完善。以广西为例，基本形成了一套从自治区到乡镇的完整的民间文化管理和组织机构，如广西壮族自治区群众艺术馆，地、市级群众艺术馆，县文化馆，乡、镇文化站和文化中心等等。这些组织机构是改革开放以来国家指导和组织壮族民间文化活动的重要力量。

以那坡县为例，改革开放以来，县文化馆举办文艺培训班多期，培训上百人次，指导多个农村业余文艺队，多次组织民间业余文艺队参加县级以上会演。其中 1982 年的民间文艺会演共有 8 个队 164 人参加，演出 76 个节目；1985 年举办全县民间舞蹈和民间器乐演出，共有 8 个队 175 人参加，演出 113 个节目；1990 年组织的农村业余文艺调演，有 19 个队 156 人参加，演出节目 45 个。[①] 除文化馆外，文化站也在民间文化活动的组织和指导中起了很大作用。例如，1979—1990 年，那坡县的 12 个乡镇先后建立了 11 个文化站。在文化站的组织和指导下，乡村民间文化逐渐活跃。1990 年，全县先后有 10 个乡镇和 25 个村拥有民间业余文艺队，

---

① 那坡县志编纂委员会：《那坡县志》，广西人民出版社 2002 年版，第 587 页。

队员超过 500 人。节日期间，部分乡镇以及全县还组织了诸如舞狮、抛绣球和山歌比赛等民间文化活动。①

再以靖西县为例，1978—1990 年，县文化局（馆）每年都会组织规模不等的山歌会、舞狮会、舞龙会等。1978—1990 年，"文化大革命"期间被禁演的《刘三姐》等影剧重新上演，文艺的双百方针得到恢复和贯彻。至 1990 年，城乡各地均有业余壮剧团，演出活动极为活跃。②

（二）"文化大革命"期间被迫解散的壮族民间文化组织得到重建，被迫停止的壮族民间文化活动逐渐恢复

"文化大革命"期间被迫解散的壮族民间文化组织主要包括民间戏班或剧团。如壮剧团、壮师剧团等；被迫停止的壮族民间文化活动较多，包括民间信仰、民间祭祀、民间娱乐活动等。党的十一届三中全会以后，"文化大革命"期间被迫禁止的壮族民间文化组织开始恢复重建，各种民间剧班开始恢复组织和演出。如广西田林县、那坡县、德保县、靖西县的民间剧团，云南文山、广南和富宁一带的民间壮剧团以及分布于壮族民间各地的壮师剧团都基本恢复活动。其中有仁和戏班、那桑庆华壮剧班、城厢业余壮剧团以及分布于广西和云南民间的其他壮剧团或壮师剧团等。仁和戏班于 1824 年在田林县平塘村成立，之后一直延续演出。"文化大革命"期间被改组为宣传队。1980 年该戏班恢复，有成员 30 余人。那桑庆华壮剧班于 1853 年在那坡县那桑村成立并代代相传，"文化大革命"期间被迫解散，1978 年恢复重建，1979 年改名为那桑业余壮剧团，经常演出。③城厢业余壮剧团于 1952 年由民间艺人农百灵组织成立，"文化大革命"期间剧团服装道具被收缴而停止演出，1978年重建，排演的壮剧《白蛇传》获那坡县农村业余文艺会演创作二等奖。1990 年该剧团排演的壮剧《鸡飞蛋破》代表那坡县赴云南富宁县演出，深受欢迎。④德保县的民间剧团在"文化大革命"后也得到恢

---

① 那坡县志编纂委员会：《那坡县志》，广西人民出版社 2002 年版，第 588 页。

② 靖西县县志编纂委员会：《靖西县志》，广西人民出版社 2000 年版，第 658 页。

③ 广西壮族自治区地方志编纂委员会：《广西通志·文化志》，广西人民出版社 1999 年版，第 55 页。

④ 那坡县志编纂委员会：《那坡县志》，广西人民出版社 2002 年版，第 588 页。

复重建，至 1989 年，全县有 50 个业余剧团，经常演出的有 16 个。① 1990
年，靖西民间业余壮剧团也较为活跃。② 1979—1986 年，云南文山、富宁
和广南一带的民间壮剧队也基本恢复，并整理和演出了一大批传统剧
目。③ 20 世纪 80 年代以后，在"文化大革命"中被迫停演的壮师剧团在
广大农村也普遍恢复，演出空前活跃。1982 年，贵县的 15 个乡镇就有业
余壮师剧队 139 个。④

　　在民间文化组织恢复重建的同时，各种民间文化活动在"文化大革
命"以后也得到恢复。在靖西县，木偶戏、山歌、抛绣球以及壮剧等传
统民间文化活动在"文化大革命"后都得到恢复。1990 年，靖西有 30 余
个业余木偶戏班；1988 年以后，县文化局每年都会在县城组织一次大规
模的山歌会；自 1980 年开始，抛绣球已发展为民间体育活动，1982 年以
来，县抛绣球运动队多次参加自治区和全国的比赛，且多次获奖。⑤ 在德
保，"文化大革命"期间被严令禁止的唱山歌和赶歌圩活动在 1978 年以
后也得到恢复（见表 5—1）。⑥ 据统计，党的十一届三中全会以后，壮族
地区 40 个县的 6000 多个歌圩得到恢复，歌圩活动规模少亦千人，多则
数万。⑦

表 5—1　　　　　　　　1978—1991 年德保歌圩的恢复与发展

歌圩	观察时间	规模（人）
逐钦歌圩	1990 年	5000
启立歌圩（1986 年移至龙光街）		10000
古寿歌圩	1986 年	5000—6000

① 德保县志编纂委员会：《德保县志》，广西人民出版社 1998 年版，第 570—571 页。
② 靖西县县志编纂委员会：《靖西县志》，广西人民出版社 2000 年版，第 659—663 页。
③ 文山壮族苗族自治州文化局，文山壮族苗族民族事务委员会编：《云南壮剧志》，文化艺
术出版社 1995 年版，第 16 页。
④ 广西壮族自治区地方志编纂委员会：《广西通志·文化志》，广西人民出版社 1999 年版，
第 27 页。
⑤ 靖西县县志编纂委员会：《靖西县志》，广西人民出版社 2000 年版，第 659—663 页。
⑥ 德保县志编纂委员会：《德保县志》，广西人民出版社 1998 年版，第 659 页。
⑦ 广西壮族自治区地方志编纂委员会：《广西通志·文化志》，广西人民出版社 1999 年版，
第 238 页。

续表

歌圩	观察时间	规模（人）
坡藤歌圩	1980 年年恢复	200（小孩）
渠岩歌圩	1980 年恢复	400—500
朴圩歌圩	1984 年年乡政府组织歌圩活动，场面更加热烈	
燕峒歌圩	1980 年增加篮球、山歌	10000
那槽歌圩	1980 年后增加演戏、电影	3000—4000
多敬歌圩	1980 年增加山歌、球赛	不详
中立歌圩	1980 年恢复	1000（儿童）
都安歌圩	1980 年增加篮球、棋类、电影等内容	10000
登贡歌圩	1980 年后，群众集资举办山歌、篮球比赛	1000
凌怀歌圩	1979 年恢复	1000
马隘歌圩	1982 年设立	6000—7000

注：本表数据根据《德保县志》中有关歌圩的相关内容整理。参见德保县志编纂委员会《德保县志》，广西人民出版社 1998 年版，第 658—662 页。

（三）壮族民间文化活动逐步发展，形式与内容有所创新

党的十一届三中全会以后，由于各级政府及其文化部门的组织和指导，壮族民间文化不仅得到恢复，而且民间文化活动逐步得到发展，其内容和形式也有所创新。

壮族民间文化活动发展的突出表现之一就是新歌圩的创立。在各级政府及其文化机构的指导下，不仅"文化大革命"期间被禁止的传统壮族歌圩活动逐步恢复，而且创立了很多新的歌圩。这些新创立的歌圩包括德保县的那甲歌圩（1985 年 5 月 4 日创立），扶绥县的茶柳歌圩（1979 年创立）、新安歌圩（1983 年开始）、东门歌圩（1983 年开始）、岜料歌圩（1984 年创立）、槽汪歌圩（1987 年开始），上林县的澄泰歌圩（1980 年创立）、塘仁歌圩（1986 年创立），上思县的在妙歌圩（20 世纪 80 年代新兴），东兰县的列宁岩歌圩、烈士陵园歌圩、王哄桥歌圩[①]以及百色市的森林公园歌圩，等等。

---

① 潘其旭：《壮族歌圩研究》，广西人民出版社 1991 年版，第 292—308 页。

民间文化内容的创新一方面表现为民间戏剧新剧目的创作，如韦国文于 1982 年根据民间传说创作的壮师剧《特推卖棍》、① 云南广南县底圩沙戏班汪凤蘩于 1982 年创作的《茶山史话》、广南县弄追沙戏班王学祥创作的《万年树》等。② 另一方面表现为传统文化形式的创新或传统形式被赋予了新的或时代的内容。20 世纪 80 年代后，壮师剧在唱腔上出现综合的趋势，以叙事为主的"师腔"和以抒情为主的"欢腔"逐渐相互结合。③ 在内容上，除创作了一批新的壮师剧或壮剧剧目之外，还赋予了传统文化形式新的内容。以德保山歌为例，20 世纪 80 年代以后，山歌成为党和政府的重要而有效的宣传形式，党的方针政策、法律法规以及新观念新风尚都成为山歌的重要内容。④

二　第二阶段(1992 年至今)：国家、社会、市场三者博弈中变迁

在壮族民间文化变迁的第一阶段，国家和壮族民间社会是影响壮族民间文化变迁的主要力量，其中，国家的影响至关重要，而市场（企业）的作用则很小。随着市场经济体制在壮族社会的建立和发展，市场机制逐渐影响甚至支配壮族社会生活的方方面面，尤其是随着市场与壮族民间文化相结合的文化产业的发展，市场对壮族民间文化的影响日渐深刻，并已成为壮族民间文化变迁过程中至关重要的影响力量。因此，在 1992 年以来的市场经济条件下，影响壮族民间文化变迁的主要力量除国家和壮族民间社会外，还有市场。

从国家层面看，1992 年以后，随着中国改革开放的深入及国内经济文化环境的变化，国家更加重视对壮族民间文化的引导、保护和开发。第

① 广西壮族自治区地方志编纂委员会：《广西通志·文化志》，广西人民出版社 1999 年版，第 28 页。
② 文山壮族苗族自治州文化局，文山壮族苗族民族事务委员会编：《云南壮剧志》，文化艺术出版社 1995 年版，第 101 页。
③ 广西壮族自治区地方志编纂委员会：《广西通志·文化志》，广西人民出版社 1999 年版，第 27 页。
④ 德保县志编纂委员会：《德保县志》，广西人民出版社 1998 年版，第 541 页。

一，经济的日益全球化，带来了文化的多元化，传统同质统一的民族文化和国家主流意识形态开始受到干扰；第二，市场经济改革初期，由于法制建设的滞后，包括文化市场在内的文化活动在一定时间内处于失范状态；第三，由于工业化、城市化及市场经济的发展，农村社会结构及价值观念迅速发生变化，民间传统文化或遭人为破坏，或自然衰落。因此，进一步加强对民族传统文化的价值引导、依法管理、保护、传承和促进民族传统文化的繁荣发展，便成为市场经济条件下，国家的重要责任或利益。具体而言，引导、保护和繁荣发展民族传统文化体现了国家两个层面的利益。一是政治利益，即民族传统文化不仅是社会主义先进文化建设的重要资源，其中包含着社会主义先进文化的丰富养分，如丰富多彩的文化形式和优秀传统；更是培育社会主义核心价值之树的根基和土壤。因为民族传统文化是一个民族的精神家园，是一个民族的心理认同和凝聚力所在。二是经济利益。在市场经济条件下，文化不仅是重要的政治资源，还是重要的经济资源。民族传统文化因此成为政府促进地方经济发展的着力点、突破点甚至竞争点。这既是在市场经济条件下，国家的经济责任和策略，也是在多元文化背景下，国家的文化发展战略。正是在此背景下，国家越来越重视对壮族民间文化的引导、保护和开发。

与前两个阶段相比，国家对壮族民间文化变迁的影响更加深刻。在新中国成立之初和"文化大革命"期间，即壮族民间文化变迁所经历的第一阶段，国家对壮族民间文化的过度控制，特别是"文化大革命"期间"四人帮"对壮族民间文化的打击和破坏，明显具有消极意义。党的十一届三中全会之后，即壮族民间文化变迁所经历的第二阶段，国家对"文化大革命"期间的文化政策进行拨乱反正，鼓励、支持和引导壮族民间文化的恢复，对壮族民间文化的恢复与发展具有重大意义。但在第二阶段，国家对壮族民间文化活动的参与还不够广泛和深入，对民间文化的某些领域，如民间宗教信仰、民间自然崇拜等活动还存在一定程度上的排斥，总体上，国家在民间文化活动中的影响不仅程度较低且具有明显的外在性。而在市场经济条件下，即壮族民间文化变迁的第三阶段，国家在壮族民间文化活动中扮演的角色则更加积极而灵活，突出表现在三点。一是地方政府在壮族民间文化活动中的主导角色凸显。在市场经济条件下，地方政府不仅是壮族民间文化发展的规划者、主要的宣传组织者、社会动员以及话语的主导者，还是民间文化活动形式与内容的主要变革者。以田阳敢壮山布洛陀宗教信仰的重建为例，田阳布洛陀信仰的重建，很大程度上是由百色市政府与田阳县政府组织领导，由新闻媒体、相关文化企业和壮学专家共同参与建构的壮族民间文化事项。① 这种建构的布洛陀信仰，无论活动的内容与形式，还是活动的过程，与传统民间自发的民间信仰都存在显著差异。民间自发的活动主要由民间自发组织，自愿参加，因袭着民间传统的形式和内容；而政府主导的布洛陀信仰活动，很大程度上是靠政府动员和组织，具有鲜明的政治倾向。国家对壮族民间文化活动的积极参与，使得国家在一定程度上代替了民间社会，扮演了形塑壮族民间文化的主要力量。二是国家保护壮族民间文化的力度日益加大。实行市场经济体制以来，国家和地方政府不仅颁布或修订了诸如《中华人民共和国文物保护法》（1982 年 11 月 19 日第五届全国人民代表大会常务委员会第二十五次会议通过，2013 年 6 月 29 日第十二届全国人民代表大会常务委员会第三次会议修改通过）、《中华人民共和国非物质文化遗产法》（2011 年 2 月 25 日第十一届全国人民代表大会常务委员会第十九次会议通过）以及《广西壮族自治区民族民间传统文化保护条例》（2005 年 4 月 1 日广西壮族自治区第十届人民代表大会常务委员会第十三次会议通过）等重要法律法规，使壮族民间文化保护有法可依，而且还积极采取措施，对壮族民间文化依法保护。仅以壮族民间非物质文化遗产为例，2006—2011 年已录入国家级非物质遗产名录的壮族民间文化项目有 12 项，2007—2012 年已被录入自治区级非物质文化名录的民间文化项目有 86 项，加上补充项目则有 100 项之多。三是国家和地方政府推动壮族民间文化产业化发展的力度加大。以广西为例，实行市场经济体制以来，尤其是近年来，在广西区和地方各级政府的大力推动下，与壮族民间文化相关的文化产业发展迅速，不仅形成了诸如桂林阳朔的印象·刘三姐、武鸣"三月三"歌圩、天峨蚂（虫另）节、河池铜鼓山歌艺术节、百色布洛陀民俗文化旅游节、田林北路壮剧艺术节、宜州刘三姐文化旅游节、南宁邕宁壮族八音文化节等一批享誉国内外的壮族民间文化产业品牌，还建立和培育了靖西旧州绣

---

① 时国轻：《壮族布洛陀信仰研究——以广西田阳县为个案》，宗教文化出版社 2008 年版，第 33—87 页。

球村和广西金壮锦文化艺术有限公司等壮族民间文化产业基地。

从民间社会的角度看，就壮族民间社会而言，随着工业化、城市化和市场经济的发展，无论是壮族民间文化在壮族民间社会生活中的地位，抑或是壮族民间社会对于壮族民间文化的意义，都发生了很大变化。对前者而言，一是传统文化实践活动显著减少，二是很多民间文化活动与社会生活过程相分离，传统社会中很多生活事件的文化仪式被省略。如传统社会，壮族社会个体生命历程中的出生、满月、结婚、建新房、乔迁新居等重要事件，几乎都与山歌相结合，以歌相祝。如今，这些活动已很少有人唱歌。三是很多反映在民间文化中的价值观被新的价值观所替代。如壮族传统社会崇尚山歌的价值观就被市场经济条件下崇尚物质利益的价值观所替代。对后者而言，壮族民间社会已基本丧失其在民间文化中的基础地位。表现有二，一是由于壮族农村人口大量向城市流动和市场经济带来的壮族民间社会价值观的变化，壮族民间文化的社会基础大量流失，民间文化实践者老龄化趋势明显，民间文化代际传承中断；[①] 二是如上文所述，国家和市场在很大程度上已代替壮族民间社会而成为壮族民间文化的主要实践者。

从利益的角度看，壮族民间文化表达民间社会的利益功能已下降，或基本丧失。文化，无论是从人类学所说的文化是人类社会适应环境的工具角度理解，还是从文化是为一定经济基础服务的上层建筑的角度来理解，都具有重要的利益表达功能。壮族民间文化亦然。例如，壮族民间信仰中的求神和娱神活动，在传统社会就具有重要的经济功能，反映了在较低的农耕生产力水平下壮族先民的利益诉求。先民们力图通过娱乐神灵的方式得到神灵保佑，以求风调雨顺，谷物丰收。壮族民间文化虽经历了漫长的历史更替，发生了或大或小的变迁，但在社会转型期壮族民间文化变迁的前一阶段，由于壮族民间社会的稻作生产方式依然延续，稻作生产力水平依然较低，很多民间文化仍旧具有求获丰收的利益功能，因而民间文化依旧被保持并得到传承。然而，在市场经济条件下，现代科学技术的发展，尤其是建立在现代科学技术基础之上的现代工业的发展，不仅使壮族农业

---

① 吴国阳、吴德群：《市场经济对壮族民间文化变迁的影响》，《广西民族研究》2013年第3期。

生产力空前提高，极大地改变了壮族社会的农耕方式，而且推动了城市化和市场经济的迅速发展，极大地改变了壮族农业社会的生活方式和社会结构。特别是城市化和市场经济的发展，壮族传统的以血缘和地缘关系为主的人际关系逐渐被以现代职业分工为主的业缘关系所替代。随着壮族民间社会生产方式、生活方式和人际关系的改变，壮族民间社会的传统观念也随之变化，传统社会的文化形态——民间文化也随着发生变化。换而言之，在市场经济背景下，由于生产方式的变化，传统社会的通过祈求神灵保佑以获丰收的壮族民间文化失去了其赖以存在的经济基础，民间文化服务农业生产的经济功能很大程度上因此丧失，壮族民间文化很大程度上已不再是壮族民间社会的利益表达。在民间社会看来，只有采用现代技术、选择城市生活和按照市场规律的要求处理人际关系，才符合其现实利益。从这个意义上说，疏离传统民间文化是壮族民间社会的理性选择。

但并不是说壮族民间文化因此对民间社会毫无利益而言，事实上，无论是国家对壮族民间文化的保护，还是市场对壮族民间文化的产业开发，都离不开壮族民间社会这一文化基础和主要载体，离不开民间社会的参与和支持。正是由于国家和市场在民间文化保护和开发过程中对民间社会的依赖，为民间社会创造了利益机会：如果在壮族民间文化保护与开发过程中，能够从国家和市场那里获得理想的收益，民间社会就有可能积极参与民间文化实践并积极传承，否则，民间社会就失去了文化实践和传承的动力。正因如此，才会出现在很多山歌比赛中，只有政府或企业支付报酬的时候，民间歌手才会上台演唱的现象。例如，2010年农历三月初七在田阳敢壮山歌圩举办的山歌比赛，部分参赛歌手就是由政府以上台唱几句给10块钱的条件在自由对歌的人群中招募而来。但在招募过程中，也曾有一位女歌手因感到报酬太低而拒绝上台演唱。也就是说，在市场经济条件下，壮族民间社会是否参与民间文化实践，很大程度上取决于其能否从国家和市场那里获得理想的收益。

最后从市场的角度看，在市场经济条件下，国家的文化产业政策为企业创造了广阔的文化市场。对壮族民间文化而言，国家和地方政府对文化产业开发的高度重视和大力支持，不仅为壮族民间文化的保护和转型提供了动力，也为企业投资发展文化产业创造了千载难逢的机会和条件。近年来，在国家和地方政府的引导、组织和支持下，壮族民间文化的产业开发风生水起,方兴未艾,壮族民间文化活动也因此空前活跃。但站在壮族民间文化的立场上看,我们认为,壮族民间文化产业的兴起以及民间文化活动的活跃,并不意味着壮族民间文化的复兴和得到传承。在产业繁荣和文化活跃的背后,是壮族民间文化体系的解体和壮族民间文化的衰落。民间文化衰落的原因很多,如农业生产方式的变化、壮族民间生活方式的城市化以及市场经济的影响等。此外,企业的经济行为与壮族民间文化价值要求之间的不一致,使得很多文化产业开发行为不仅没能保护传统文化,很大程度上还具有破坏文化的性质。这是因为,企业投资文化产业,其根本目的是获得最大利润,必须进行投入与产出的比较。对于投资方式,企业本应有两种选择,第一种是投资培养专业的民间文化人才和传承人,通过实现民间文化保护和传承来获得稳定的产业收益。但这种选择面临两个困难,一是因人才培养的周期太长,成本过高;二是存在人才流失和文化市场不稳的风险。第二种投资方式是将文化作为一个平台、媒介或形式,利用这种媒介或形式,临时雇佣民间文化精英或具有民间文化活动能力的人提供应时文化服务。这种投资因避免了人才培养的成本,缩短了建设周期,降低了经营风险而增加了盈利的机会。两相比较,更多的企业选择了后者,即"文化搭台,经济唱戏"。在这种状况下,壮族民间文化在很大程度上成为一种纯粹的用于观赏的形式,丧失了文化的本质意义,甚至在很多时候,壮族民间文化不仅被裁减、杜撰,甚至被歪曲。正是产业发展的这种短期行为,在一定程度上加速了壮族民间文化的衰落。

以上分析表明,一方面,在市场经济条件下,国家、市场和壮族民间社会在壮族民间文化保护或开发过程中处于不同的地位,扮演着不同的角色,有着各自的利益要求。其中,国家处于主导地位,扮演着组织和动员者的角色,民间文化保护和开发对国家具有重要的政治和经济意义;市场是文化产业的投资者、经营者和受益者,因此,民间文化是企业投资获利的重要领域;而民间社会在民间文化活动中,越来越丧失其基础地位,民间文化很大程度上已不再是民间利益的反映;另一方面,在民间文化的保护和开发中,国家、市场和民间社会三者又存在重要联系:国家对文化的保护和开发,既离不开市场的参与,又离不开民间社会的参与和支持;同样,市场的产业开发,既离不开国家的支持,也离不开民间社会的参与;与国家和市场对民间社会的依赖程度相比,民间社会在民间文化方面对国家和市场的依赖较小，民间社会参与民间文化与否以及参与程度的高低，主要取决于其能否从国家和市场获得理想的利益。因此，民间文化保护与开发的状况，最终取决于国家、市场及社会三者的利益博弈，或者说，三者的博弈结果，将决定壮族民间文化的变迁方向。

社会转型期，国家、壮族民间社会和市场三者间的互动特点，在一定程度上影响着壮族民间文化的变迁过程，三者的互动关系不同，壮族民间文化的实践方式和特点亦不同。总体上，当民间社会的积极性得到较好的发挥时，壮族民间文化活动就显得活跃和富有生机。反之，当民间社会的积极性受到限制时，民间文化就呈现出衰落的景象。在市场经济条件下，在壮族民间文化保护与开发过程中，在国家和市场扮演着越来越重要的角色的同时，回归壮族民间社会在壮族民间文化中的基础和载体地位，意义重大。

第 六 章

壮族民间文化变迁的趋势

社会转型期，壮族民间文化变迁呈现三大趋势：民间文化基础和文化功能渐趋弱化；壮族文化精英和壮族民间社会成员的文化自觉意识日益增强；壮族民间文化的现代化步伐逐渐加快。

一 壮族民间文化基础和文化功能渐趋弱化[①]

民间文化指"广大农民所创造和传承的文化"[②]。民间文化的"民间"属性体现在三个方面：以农业为经济基础、以农民为社会基础和功能服务对象。壮族民间文化的民间性也同样由三个要素构成：以稻作农业为经济基础、以壮族农民为文化载体和服务壮族农民的文化功能。

社会转型期，壮族民间文化基础和文化功能渐趋弱化。壮族民间文化基础的弱化既包括其经济基础的弱化，也包括其社会基础的弱化。经济基础的弱化指的是以现代科学技术为基础的工业化提高了壮族社会的生产力水平，改变了壮族传统的稻作生产方式，壮族民间文化赖以存在的经济基础发生了改变。社会基础的弱化指的是在城市化过程中，农村大量中青年农民向城市流动，导致壮族民间文化主体或社会载体流失；同时，市场经济改变了壮族民间社会的文化态度；国家和市场逐渐成为壮族民间文化的

---

① 本部分内容根据发表在《广西社会科学》2015 年第 5 期的阶段性研究成果《"去民间"：社会转型期壮族民间文化变迁的基本趋势》修改。参见吴德群《"去民间"：社会转型期壮族民间文化变迁的基本趋势》,《广西社会科学》2015 年第 5 期。

② 高丙中：《精英文化、大众文化、民间文化：中国文化的群体差异及其变迁》,《社会科学战线》1996 年第 2 期。

主要实践者。民间文化功能的弱化，指的是随着壮族民间社会生活方式和社会关系的改变，壮族民间文化活动逐渐与现代民间社会生活过程分离，其服务民间社会的文化功能逐渐减弱。民间文化逐渐遗产化和商品化。

（一）壮族民间文化的经济基础弱化

壮族传统社会，是以稻作生产为主的农业社会。稻作生产构成了壮族民间文化的经济基础。

这种基础性作用首先表现为以稻作生产为主的农耕经济为壮族民间文化的生产、实践和传承创造了条件。以壮族山歌为例，壮族山歌延续千年并不断创新。山歌之所以能够代代传承和创新，就是因为延续千年的稻作生产为壮族山歌的创作、实践和传承提供了稳定的社会条件。第一，长期的农耕生产实践，积累了丰富的山歌素材和山歌传统，为山歌的创作和生产创造了文化条件。第二，传统的稻作生产对土地的高度依赖，导致壮族民间社会的高度稳定，为壮族山歌实践和传承创造了稳定的社会条件。第三，长期的稻作生产培育形成了壮族社会崇尚山歌的价值传统。农耕社会是重视传统的社会。[①] 由于教育和文化的落后，山歌在很大程度上不仅是壮族文化的传承形式，更主要的是山歌中蕴藏着丰富的稻作生产知识与社会传统。农耕社会对传统的重视，在壮族便突出表现为对山歌的推崇。

稻作农业的基础作用还表现在，壮族民间文化本质上是壮族稻作农业的反映，具有鲜明的稻作文化特点。[②] 以壮族山歌为例，山歌作为壮族民间文化的典型，指的就是农夫在山野田间劳作或休息时所唱的歌。[③] 与农耕要求相适应，山歌的形式自由，可独唱，可对唱，无须伴奏。其内容丰富多彩，其中很多内容与农业生产的过程、方法和场景相关，表达的多是农耕者的情感和希望，反映的多是民间社会关系和价值追求。

转型期，壮族社会生产的工业化进程加快，传统的稻作农业生产力大大提高。现代科学技术及现代化机器在稻作生产中普遍使用。面向市场的

---

① 费孝通：《费孝通选集》，天津人民出版社1988年版，第111页。
② 梁庭望：《水稻人工栽培的发明与稻作文化》，《广西民族研究》2004年第4期。
③ 这里综合了冯梦龙、陈力群和覃九宏等学者关于山歌的定义。详细内容可参见吴德群《壮族山歌文化研究综述》，《广西社会科学》2011年第11期。

规模化农业逐渐替代传统自给自足的分散农业；传统以家庭和邻里合作为主要形式的生产组织逐渐式微，大批农业类生产经营企业开始涌现。总之，工业化在很大程度上改变了壮族社会的农耕性质。壮族民间社会生产由传统农业向现代工业的转变，意味着壮族民间文化赖以存在的经济基础逐渐弱化，民间文化生产、实践和传承的社会条件随之改变。这些改变表现在以下三个方面。一是直接以传统农耕内容为题材的民间文化因失去了现实价值而逐渐淡出。例如那些反映传统稻作生产知识和技能的山歌，就因脱离现代生产过程而逐渐被淡忘。二是反映在农耕生产力水平较低条件下的民间信仰失去存在的条件。例如，由于工业技术的普及，民间娱神乐神以求风调雨顺的各种自然崇拜和信仰逐渐减少。三是工业化生产，使很多民间文化活动的开展直接受到限制。例如，工厂或企业的生产特点就限制了其员工参加那些按照传统农耕周期举行的文化活动，如很多在企业工作的山歌爱好者就难以参加壮族歌圩的对歌活动。

　　壮族民间文化属于稻作文化，在稻作生产基础上形成并反映稻作生产。正是这一以稻作生产为主的农业经济决定了壮族民间文化的民间性质。壮族社会生产的工业化，意味着壮族农耕生产方式的改变，也意味着壮族民间文化经济基础的改变，意味着壮族民间文化农耕性这一特点的弱化。

（二）壮族民间文化社会基础的弱化：民间社会结构的松弛和民间社会态度的改变

　　转型期，壮族民间社会关系的松弛表现在四个方面。一是壮族民间社会分工的发展导致民间社会分化加快，传统统一同质的民间社会结构多元化。二是民间社会大规模流动。大批壮族中青年农民从农村流向城市，老年人和少年儿童成为壮族民间社会的实际成员，民间社会的完整代际结构断裂。老年人成为壮族民间文化的实践主体，壮族民间文化向青少年儿童的代际传承中断。三是壮族民间社会对于壮族民间文化的态度已发生改变。崇尚传统的价值观在很大程度上被追求市场利益的价值观所替代。四是国家和市场在很大程度上已代替壮族民间社会，成为壮族民间文化的主要实践者。上述四个方面包含了两个基本过程，第一个过程是壮族民间文化社会基础——民间社会结构的松弛和民间文化主体地位下降，第二个过程是壮族民间文化新的实践者——国家和市场的作用日益增强。

三种主要力量导致壮族民间文化社会结构的松弛。第一种力量是工业化。工业化不仅作为一种新的生产方式和经济力量，改变和替代了壮族传统的稻作农业生产，导致壮族民间文化经济基础的弱化；而且，工业化还作为一种社会力量，改变了壮族民间文化的社会基础。与传统自给自足的农业生产方式不同，现代工业是以机器为动力的社会化大生产。工业生产的复杂性要求生产过程的分工。工业化对分工的要求，引起了过去以稻作农业为共同职业的民间社会结构分化，民间社会的职业与地位多样化。职业分工是引起壮族民间社会分化并最终导致壮族民间社会结构松弛的最根本原因。第二种力量是市场经济。如果说工业化引起了壮族民间社会的分化，那么市场经济则加剧了这种分化，成为壮族民间社会结构松弛的催化力量。工业生产强调的是分工与合作，而市场经济则强调的是竞争。市场经济作为一种资源配给方式，优胜劣汰的资源竞争，导致职业与职业之间、地位与地位之间资源占有的不平衡，民间社会分化加剧。不仅如此，市场竞争还鼓励人们寻找和创造新的机会，从事新的职业，因此，市场经济还加速了工业化引起的社会分化。从壮族民间文化的角度看，壮族民间社会的分化过程，相对传统同质的民间社会而言，实质就是民间社会结构的松弛过程。第三种力量是城市化。城市化是导致壮族民间社会结构松弛的直接动因。工业化和市场经济所引致的壮族民间社会的分化，是就社会地位而言的垂直分化；就地理空间或地缘关系而言，不同职业和不同地位的人还可能生活在同一社区，共享传统文化，即在形式上，壮族民间社会的地缘联系还依然存在。而在城市化过程中，同一村落甚至同一家庭的成员相互向着不同方向、不同城市和不同职业流出，散落并生活在异地他乡，民间社会的地缘和血缘关系网络被撕裂，民间社会结构因此松弛。

民间文化的社会基础的弱化，不仅表现为作为民间文化载体的民间社会结构的解体，还表现为民间社会对民间文化态度的改变。例如，由于科学种植技术和农耕机械的普及，民间社会已改变了传统的耕作观念；壮族民间社会普遍崇尚山歌的传统价值观已不复存在，取而代之的是强调市场利益的价值观；自然科学知识的普及，逐渐淡化了壮族民间社会对鬼神的崇拜等。这些态度的改变，仍要归因于工业化、市场经济和城市化三大主要过程。第一，工业化培育了民间社会的工具理性。工业生产是高度理性化的生产：工业生产手段机械化、信息化；组织管理科层化；生产过程标准化。生产过程的理性化必然要求生产者观念和行为的理性化。因此，对壮族民间社会成员而言，工业化过程在某种意义上也是工具理性的生长过程。"技术手段与计算使人脱魔，这是理智化本身的主要意义。"① 工业化过程培育形成的工具理性行为必然对传统农业时代产生的价值理性行为、情感行为和习惯行为产生否定性影响。第二，市场经济鼓励了民间社会对物质利益的追求。市场经济作为一种资源配置方式，主要机制是竞争。竞争的对象是资源，竞争的结果是资源的有无与多寡。当市场机制在壮族民间社会生活中普遍形成，获取资源便不可避免地成为人们社会生活的主要目标，追求物质利益便成为社会的主要价值观。第三，城市化不仅强化了壮族民间社会的工具理性和追求物质利益的观念，多元化的都市文化还最终导致同质的壮族民间文化体系解体。"文化存在不存在，变迁不变迁，全视社会上人们对它的态度而定……二者互为影响，互为变迁，互为存亡。"② 壮族民间社会对传统的淡化，在一定程度上意味着壮族民间文化社会基础的进一步弱化。

当壮族民间社会逐渐从壮族民间文化的基础和载体地位退出时，由于多元文化的竞争和文化工业的发展，国家和市场便成为转型期替代壮族民间社会的主要力量和壮族民间文化的主要实践者。在文化多元化和市场经济条件下，壮族民间文化作为一种文化，不仅是一个政治利益的竞争场域，也是一个经济利益的竞争场域。作为一个政治利益的场域，民间文化很大程度上成为意识形态的竞争对象。多元文化的竞争，使国家成为壮族民间文化活动的主要实践者、动员者、话语的控制者和内容及形式的创新者。作为一个经济场域，市场（企业）则成为民间文化产业化的主要投资者经营者和收益人。

文化的特性之一是社会性，或曰团体性，指的是文化总是由某一特定团体的成员生产、共享、保存和传承。③ 转型期，壮族民间社会结构的松

---

① ［德］马克斯·韦伯：《入世修行：马克斯·韦伯脱魔世界理性集》，王容芬等译，陕西师范大学出版社2003年版，第23页。

② 孙本文：《文化与社会》，上海东南书店1930年版，第11页。

③ 同上。

弛和国家、市场对壮族民间社会角色的接替，在实践主体意义上表明，壮族民间文化的民间性正变得模糊。

（三）壮族民间文化功能弱化

从民俗学的角度理解，民间文化有四种主要社会功能：教化功能、规范功能、维系功能和调节功能。其中教化功能指的是民间文化对个体的教育和模塑作用，即对个体的社会化影响。规范功能指的是民间文化对生活在其中的社会成员行为的约束。维系功能指的是民间文化具有维系社会生活的一致性、连续性和社会成员对文化的心理认同的功能。调节功能则指的是民间文化所具有的宣泄和补偿功能。① 社会转型期，壮族民间文化的传统功能弱化。

第一，壮族民间文化的社会化功能减弱。仍以壮族山歌为例，壮族是一个崇尚歌唱的民族，并享有歌海的美誉。传统社会，歌唱在很大程度上成为壮族最为主要的价值观，能否歌唱以及唱歌水平的高低，一度成为衡量个体是否聪明、是否通情达理，甚至道德是否高尚的标准。在整个社会普遍崇尚唱歌的背景下，学习并唱好山歌便成为壮族个体追求的主要目标。因此，山歌曾成为影响壮族个体社会化的主要力量。童年期，个体在山歌中长大，在山歌活动中体验、学习和模仿山歌。通过山歌，儿童获得了关于山歌形式、内容及其所表达的社会知识、价值与规范的初步认识，体验了通过山歌表达的各种社会情感。青年期，个体基本适应了学歌与对唱山歌的生活方式。在对歌过程中，个体体验了爱情，掌握了对唱山歌的技能，理解了山歌的社会内涵，认识了对唱情歌的道德规范，懂得了性别交往的规则和技能，体悟了青春的意义与价值，形成了群体期望的行为模式。中年期，通过山歌，个体习得了壮族社会交往的常人方法，理解了婚姻家庭观念，了解了各种家庭角色和社会角色及其情感内涵，习得了有关劳动或职业的知识、技能，培养了合作敬业精神。老年期，通过山歌，个体认识到了生命的价值和意义，了解了健康长寿和新的社会知识，重温了青春的美好记忆，排解了苦闷与孤独，体验了老年生活的快乐，接受了与

---

① 钟敬文：《民俗学概论》，上海文艺出版社 2009 年版，第 27—32 页。

社会的分离。①

　　社会转型期，受工业化、市场经济和城市化的影响，壮族崇尚唱歌的价值观已被追求经济利益的价值观所替代。由于农村中青年人口向城市的大量流失，老年人和少年儿童成为壮族民间社会的主要成员。由于老年人的体质逐渐下降，家务负担加重，唱歌和对歌实践明显减少。加之适学儿童普遍进入学校读书学习，山歌的代际传承中断。因此，与传统社会相比，山歌对儿童期个体社会化的影响极度减小。根据笔者 2013 年春节在广西农村的问卷调查显示，在 547 名会唱山歌的壮族被访者中，18 岁以下的少年儿童只有 1 名，占样本总量的 0.18%。同一样本中，却有71.54% 的中老年（30 岁以上）个体是在 18 岁以前学会唱歌的。

　　第二，壮族民间文化的规范功能也趋于弱化。壮族民间文化本质上是农业文化，体现在民间文化中的行为规范，反映的是传统农业社会对个体行为的期望和要求。尽管很多规范在当前仍具有重要意义，例如壮族民间信仰中所蕴含的敬畏和保护自然的环境伦理，进新房等诸多仪式中蕴含的尊老爱幼、和睦友善等家庭和社会伦理等，对当前的生态环境建设和和谐社会建设，都具有重要意义。但由于转型期壮族民间文化的经济基础和社会基础的弱化，上述规范的作用也随之减弱。原因在于，民间文化中所蕴含的环境伦理很大程度上是在社会生产力较低条件下人们对自然无知和神化的结果。随着科学知识在壮族民间的普及，民间社会对自然的敬畏和崇拜消减，取而代之的是对自然的过度采掘和肆意破坏。同样，民间文化中所蕴含的社会伦理和家庭伦理很大程度上也是传统农耕社会关系和家庭关系的反映，具有明显的私人性。② 随着工业化、城市化和市场经济的发展，传统的地缘纽带松弛，业缘关系普遍形成。契约关系普遍代替传统的情感关系而逐渐成为调节社会关系的主要形式。家庭规模的小型化和民间社会的大量流动，导致传统的家庭纽带松弛，传统的尊老爱幼规范实际上难以发挥作用。民间社会的家庭养老事实上已成为突出的社会问题。

　　第三，由于民间社会成员的分化加剧，传统统一的生产方式、生活方式、行为习惯和思想观念都随着社会的分化而分化，同质的民间文化被多

---

① 吴德群：《壮族山歌与人的社会化——以认知和情感为视角》，人民出版社 2015 年版。

② 费孝通：《费孝通选集》，天津人民出版社 1988 年版，第 100 页。

元文化所替代。同时，由于民间文化的社会化功能减弱，代际传承中断，民间文化的连续性也随之中断。民间文化的多元化和连续性的中断，必然弱化民间成员对民间文化的认同。例如，一个已不会说壮话甚至听不懂壮话的壮族青少年，很难对壮族山歌或壮剧产生文化上的认同。

第四，尽管部分壮族民间文化活动还依然存在，还发挥着一定的调节作用，但总体上，随着民间文化载体的大量流失，老年人逐渐成为民间文化实践主体和代际传承的中断，民间文化活动大大减少，民间文化的调节功能也将大幅降低。在民间，很多民间文化活动已淡出社会生活过程。如过去常有山歌相伴的祝生贺寿、婚丧嫁娶、起房乔迁等各种生活事件，现在已鲜有山歌的参与。在城市，封闭的生活环境和个体化的社会关系，使得很多具有宣泄和补偿方式的民间文化活动受到限制。例如，在城市中陌生的成员之间，对唱山歌就受到限制。而卡拉 OK 式的劲歌劲舞和各种健身运动，逐渐成为生活在城市的壮族民间成员用以宣泄和补偿的主要方式。

随着壮族民间文化传统社会功能的弱化或丧失，壮族民间文化已成为国家抢救和保护的对象，或进入文化遗产领域，履行文化遗产的功能；或成为市场开发的对象，获得了经济功能。

民俗学认为，民间文化因其功能变迁而变迁，因其功能的消亡而消亡。① 随着壮族民间文化传统功能的弱化，壮族民间文化的民间属性也将逐渐弱化。

二　壮族文化精英和壮族民间社会成员的文化自觉意识将日益增强

文化自觉，用费孝通先生的话说，"指生活在一定文化中的人对其文化的'自知之明'，明白它的来历，形成过程，在生活各方面所起的作用，也就是它的意义和所受其他文化的影响及发展的方向"②。显然，文化自觉的实质就是全面深刻地认识自己民族的文化，在认识的基础上保持

① 钟敬文：《民俗学概论》，上海文艺出版社 2009 年版，第 27—32 页。
② 费孝通：《文化与文化自觉》，群言出版社 2010 年版，第 178 页。

对本民族优秀文化传统的认同，并自觉促进本民族文化的发展和创新。

社会转型期，壮族文化自觉在壮族民间文化层面有两大体现，一是壮学专家对壮族民间文化的研究不断拓展和深化；二是壮族民间社会对壮族民间文化的认识和认同水平不断提高。

（一）壮学专家的文化自觉

壮学专家的文化自觉突出体现在壮族民间文化的研究方面。转型期的壮族民间文化研究不仅范围广泛，而且不断深化。本书在壮族民间文化研究综述部分基本上较全面地呈现了转型期壮学专家的研究成果。这些研究具有两个显著特点：一是研究领域不断拓展，二是研究层次不断深化。在研究领域方面，壮族民间文化研究几乎覆盖了壮族民间文化所有层面的重要特质，包括壮族民间物质文化、民间社会文化、民间精神文化和民间语言文化。民间物质文化研究涉及壮族稻作生产、商品交换、交通、医药、吃、穿、住等众多方面；民间社会文化研究涉及壮族家族和家庭组织、社会制度、节令习俗；民间精神文化研究涉及壮族民间信仰、民间禁忌、民间戏剧；民间语言文化研究涉及壮语的使用、神话、传说以及壮族山歌文化等。从壮学专家的研究层次上看，转型期的壮族民间文化研究经历了壮族民族文化的认知—认同—保护两个递进过程。改革开放以后到市场经济体制改革之初，壮族民间文化研究大概可以认为是对壮族民间文化的认知阶段。回答壮族民间文化从哪里来；壮族民间文化的意义是什么；壮族民间文化发展经历了哪些过程，有什么特点；与汉族和其他相邻或相近民族文化的关系如何；市场经济建立之后，受全球多元文化竞争的影响，如何坚持民族文化自信；如何正确认识壮族民间文化的时代价值；如何在多元文化中保持自己的存在并做出自己的贡献，便成为壮学专家们关注和回答的问题以及这一阶段研究的主要任务。这一阶段壮学专家们的学术重点转向了对壮族民间文化价值的挖掘和阐释。学者们结合时代特点，多角度地挖掘和阐释壮族民间文化所蕴含的和谐社会意蕴、生态伦理意蕴、经济伦理意蕴，分析其所具有的社会价值、经济价值、文化价值、伦理价值、审美价值、生态价值、学术价值等。随着工业化、城市化以及市场经济的深入发展，壮族民间文化出现衰落或消亡的危险，因此，保护壮族民间文化，实现壮族民间文化的创新和现代化，成为壮学专家的学术焦点。在此背景下，壮学专家们需要回答的问题是，在市场经济、工业化和城市化背景下，在壮族民间文化面临衰落和消亡的情况下，国家、市场、壮族民间社会以及每一个壮族个体成员，应该怎样保护壮族民间文化；怎样实现壮族民间文化的创新；怎样在继承壮族民间文化的基础上，实现壮族民间文化的现代化发展。

社会转型期是壮族民间文化面临急剧变迁的时期，也是壮族民间文化面临生死存亡的关键时期，社会转型给壮族民间文化的保护和发展提出了严峻挑战，围绕这些挑战，壮学专家们一直在坚持研究和思考，并一一回答了时代给壮族民间文化发展提出的一系列问题。可以说，壮学专家的前期研究就是壮学专家认识壮族文化的过程，是壮学专家对壮族民间文化的"自知"和"自明"过程，是壮学专家文化自觉的过程。然而，当下，如何实现壮族民间文化的现代化正是壮学专家亟须回答而尚未回答的问题，因此，在后续的研究中，壮学专家必然会进一步强化自己的文化自觉意识，继续探索壮族民间文化的现代化规律和出路。

（二）壮族民间社会成员的文化自觉意识将日益增强

相对于壮学专家而言，壮族民间社会普通成员的文化自觉还有待培育。不可否认，社会转型初期及以前，壮族民间社会的大部分普通成员，对其生活于其中的文化通常具有本真的认识，并保持一种天然的认同和毋庸置疑的态度。他们不仅熟悉自己的文化内容和意义，而且在心理上与之认同，并在实践中付诸实施。笔者在田野调查过程中发现，对于壮族大多数中老年个体来说，他们对自己生活于其中的文化相当熟悉。例如，多数访谈对象对壮族传统的耕作技术的每一个细节都非常清楚；对自己的风俗习惯的内容不仅非常熟悉，而且对其意义也有深刻的理解；他们不仅知道怎样敬神，还知道为什么要敬神；他们在自己的生活和交往过程中，懂得避开各种禁忌或忌讳；他们懂得自己民族的神话、故事与传说，能够深刻理解和灵活运用壮话；他们深谙壮族山歌的规则并能随机歌唱；等等。壮族民间社会成员对其文化的熟悉感可以概括为一种"从心所欲而不逾规矩的自由"，之所以会如此，是因为他们与自己文化长期接触并不断学习和实践自己文化。"是从时间里、多方面、经常的接触中所发生的……是无数次的小摩擦里陶炼出来的结果。"费孝通认为，这种对自己文化的熟悉，是中国乡土社会在文化上的突出特征。①

　　然而，从文化自觉的角度看，壮族民间社会成员对其生活于其中的文化熟悉和理解在一定程度上还不能说是完全自觉的。这是因为，在某种程度上，他们对自己的文化是非反思的。文化自觉，实际上就是文化的自我觉悟，是生活于文化之中的人对自己文化的反观，要求对自己文化与他文化进行比较、批判和选择。壮族民间社会成员尽管熟悉自己文化的内容，但是，在某种程度上，还不具备站在自己的文化之外来反观自己文化的能力。换句话说，民间社会成员更多的是知道怎么使用自己的文化，懂得为什么要这样使用文化，但较少思考如下这些问题：自己文化与其他文化相比，自己文化有哪些优点，有哪些价值；与其他民族文化的关系怎样；自己文化发展的境况和前途怎样；对自己生活其中的文化发展应该有何作为。这里笔者可以举一个例子进行说明，为了更好地了解壮族文化，笔者通常会利用买菜的机会学习壮话。买菜的时候，笔者通常会建议卖主告诉笔者相关菜名的壮话表达，如豆角（豆刚：壮话音译，下同）、丝瓜（桂）、萝卜（白萝卜：萝卜豪；胡萝卜：萝卜楞）、杀鸡（嘎给）、杀鸭（嘎别）、多少钱一斤（给来色根）等。当笔者这么提出建议的时候，卖菜的人有时会感到奇怪，经常会有卖主不解地问：你学这干什么？当笔者说想学说壮话时，曾有卖主问道："我们自己都不讲了，你还学它干什么？"或者问笔者："学这个有什么用？"卖主的话或许是玩笑或谦卑，而且是个案，但至少在多元文化背景下，在壮语使用受到极大冲击的情况下，他们没有认识到壮话的意义和价值，没有充分表现出对自己民族语言的自觉认同和足够自信。

　　壮族民间社会表现出的文化自觉的不足，主要是由壮族传统社会较低的经济发展水平造成的。马克思主义的基本观点是经济基础决定上层建筑。用马克思主义的这一观点来理解壮族民间文化，就是民间物质文化决定民间社会文化、民间精神文化和民间语言文化。壮族地区深处中国内陆山区，在传统社会，稻作农耕方式构成壮族社会的主要经济基础，经济发展比较缓慢。与稻作生产方式相适应的是具有乡土社会特征的壮族社会文化、精神文化和语言文化。乡土社会是稳定的社会，是"生于斯、长于

---

　　①　费孝通：《费孝通选集》，天津人民出版社1988年版，第90页。

斯、死于斯的社会，不但是人口流动很小，而且人们所取给资源的土地也很少变动"①。这种稳定的社会生产与生活，造就了人们崇尚传统、不重反思的文化态度。"在这种不分秦汉，代代如是的环境里，个人不但可以信任自己的经验，而且同样可以信任若祖若父的经验。一个在乡土社会里种田的老农所遇着的只是四季的转换，而不是时代变更，一年一度，周而复始。前人所用来解决生活问题的方案，尽可抄袭来做自己生活的指南。愈是经过前代生活中证明有效的，也愈值得保守。于是'言必尧舜'，好古是生活的保障了。""只要环境不变，……这套不必讲学理的应付方法，总是有效的。既有效也就不必问理由了。"于是，就形成了一种"不必知之，只要照办"的敬畏传统的价值观。② 此外，相对闭塞的交通和滞后的教育，也是造成壮族民间社会文化自觉程度不高的重要因素。

转型期，随着工业化在壮族社会的发展，传统落后单一的农业生产方式逐渐被现代工业化生产方式所替代，生产力水平大大提高。与工业化相适应的市场经济的发展和城市化进程的日益加快，改变了壮族传统同质单一稳定的社会结构，社会分化和社会流动加快。受此影响，壮族同质单一的民间文化因逐渐分化而衰落。在壮族民间文化分化与衰落的过程中，有三种力量强化了壮族民间社会成员的文化自觉意识。其一，壮族民间文化分化过程本身强化了壮族民间社会成员的文化自觉。因为壮族民间文化的分化过程，也是在文化多元化背景下壮族民间社会的文化选择过程，这一过程激发了壮族民间社会成员的文化反思、比较和选择，因此强化了其文化自觉。其二，国家、大众传媒和壮学专家的宣传、教育，培育了壮族民间社会成员的文化自觉，特别是壮学专家的研究成果和相关的宣传，提高了壮族民间社会成员对自己文化的认知，提高了壮族民间社会成员进行文化比较和文化批判的能力。其三，大众文化旅游业在壮族民间社会的发展，增强了壮族民间社会的文化意识和对本民族民间文化的自豪感和自信心，激发了壮族民间社会成员认识本民族文化的积极性，并为其进行文化反思和文化比较，创造了机会。

---

① 费孝通：《费孝通选集》，天津人民出版社 1988 年版，第 111 页。
② 同上书，第 111—112 页。

三　壮族民间文化的现代化步伐将逐渐加快

"传统文化代表文化的民族性、现代化代表文化的时代性。"① 壮族民间文化的现代化，概括地说，指的是根据时代发展的要求和特点，对作为传统文化的壮族民间文化所进行的批判继承和吸收创新。"现代化或者时代化一个最重要的内容就是进行文化交流，大力吸收外来文化，加以批判接受，对于传统文化，也要批判继承。"②

从文化交流的角度看，转型期，壮族民间文化交流可以概括为"拿来"和"送去"两个方面。"拿来"指的是壮族民间文化大量吸收了现代文化要素。壮族民间文化现代化进程明显地体现在壮族民间物质文化层面，集中表现为民间物质生产的工业化和生活方式的现代化。如前所述，在农业生产方面，现代化机器很大程度上已代替了传统的人力和畜力，成为农业生产的主要工具；生活资料的供给绝大部分已实现了工业化生产；摩托车、电动车、汽车、火车已成为民间社会的重要交通工具；手机等现代通信工具在壮族民间社会早已普及；高速公路和高铁已在壮族民间社会出现并迅速发展；现代西医西药已成为壮族民间社会医疗的主要技术；饮食、穿着、居住、交往等民间生活习俗城市化趋势明显。在精神文化和语言文化领域，壮族民间文化的生产与传播开始与现代工业化技术和大众传媒相结合。例如，关于壮族民间文化的电影早已出现；现代声、光、电一体的舞台技术在壮族民间文化舞台上大量使用；现代刻录技术大量用于壮族民间文化的记录和保存；电视和国际互联网实际上已成为宣传壮族民间文化的主要媒介；壮族民间文化生产的商业化、市场化程度日益提高，模式日益成熟；汉语普通话甚至英语，已在壮族民间大量使用；等等。"送去"指的是壮族民间文化在大量吸收现代文化要素的同时，还积极主动地走向其他民族，开展对外宣传。壮族民间文化的对外宣传主要表现为三个方面，一是利用电视、网络、书籍等大众传媒，传播壮族民间文化；二是通过开展各种文化活动，与其他民族进行直接的文化接触；三是积极将

---

① 季羡林：《三十年河东三十年河西》，当代中国出版社 2006 年版，第 184 页。
② 同上。

壮族民间文化典籍翻译成其他民族语言进行传播。在利用现代大众传媒进行传播方面，转型期，在地方政府的大力支持下，由壮学专家组成的壮学研究机构整理和出版了系列与壮族民间文化相关的著作，发表了大量有关壮族民间文化的论文。其中，具有典型意义的成果是 20 世纪 90 年代末启动、21 世纪初出版的《壮学丛书》。《壮学丛书》既涉及壮族民间文化的传统研究，又明确提出了壮族民间文化的现代化研究。《壮学丛书》系列著作的出版，对建立包括壮族民间文化在内的壮学文化体系，对宣传和传播壮族民间文化具有里程碑意义。[①] 在通过出版著作整理和宣传壮族民间文化的同时，壮族各地政府还积极开展各种文化交流活动，向其他民族或地区宣传和推荐壮族民间文化。以柳州市为例，为了提高柳州市"刘三姐"歌谣文化和"鱼峰歌圩"的知名度和影响力，为了促进柳州壮族民间音乐的创作和发展，柳州市于 2014 年 3 月，举办了首届三月三"鱼峰歌圩"全国山歌邀请赛。此次山歌比赛活动邀请了内蒙古、云南、四川、湖南、海南、重庆、广东、江西、湖北、贵州、宁夏、陕西、广西 13 个省区的多个民族山歌代表队。这种全国性的山歌比赛活动，对促进各民族的文化交流，增强壮族民歌的影响力，具有重要意义。不仅如此，在壮族地区地方政府和壮学专家的努力下，壮族民间文化还以各种形式大胆走出国门，扩大对外影响。近年来，壮族传统文化典籍《布洛陀》《平果壮族嘹歌》等已被翻译成英语推介到国外；2007 年，平果嘹歌艺术团已漂洋过海，将平果壮族嘹歌唱到了悉尼歌剧院；2013 年，云南坡芽歌书山歌队也将坡芽壮族山歌带到美国，在美国演唱。

随着壮学专家和壮族民间社会成员文化自觉意识的增强，随着中国对外开放水平和能力的进一步提高，壮族民间文化的对外交流将更加频繁，壮族民间文化的现代化步伐也将逐渐加快。

四 对壮族民间文化变迁过程与趋势的理论解读

如前所述，关于文化变迁的方向，理论上存在争论。宿命论和建构论

---

① 梁庭望、罗宾：《壮族伦理道德长诗传扬歌译注》，广西民族出版社 2005 年版，第 32—34 页。

站在种族中心主义的立场，主张线性论：认为各种文化都要沿着既定的路线进化，直线发展，变迁过程相同，变迁目标一致，最终与当今西方发达国家的文化相同。调适论和偶发论认为文化变迁是文化与其所在环境和其自身结构相适应的结果。由于不同民族的文化，其外部环境和内在结构都不同，因此，文化变迁的路径和目标亦存在差异。虽然偶发论认为文化的变迁具有方向性，但却坚持这种方向只是通过无数偶然事件体现出来的，具有不可计划性。第三种观点是马克思主义的历史唯物论。历史唯物论认为，总体上，作为人类智慧和实践的结晶，文化是不断进步和发展的，但由于生产力发展水平不同、交往方式不同，因而各民族文化发展的形式又具有各自的特点。

站在宿命论和建构论的立场来观察，不可否认的是，壮族民间文化变迁确实具有明确的方向性，表现出明显的现代化趋势，如物质生产工具的现代化、社会关系的契约化、宗教的祛魅和多元语言的出现等。但该立场并没有看到壮族民间文化变迁过程中始终保持的民族个性。实际上，在转型期，壮族民间文化尽管发生了广泛而深刻的变化，但壮族民间文化的民族属性并没有改变，依然保持着鲜明的壮族本色。文化的核心是价值观。在壮族民间文化变迁过程中，蕴含在壮族民间文化特质中的体现壮族民族个性的自强不息、勤劳简朴、尊老敬老、正直诚信、包容和谐、团结互助、保护环境等传统价值观丝毫没有改变，而且在变迁过程中不断吸收时代内涵。不仅如此，随着壮族文化自觉的培育和形成，壮族民间文化的民族特色将会得到更多强调和保护。我们可以断言，壮族民间文化的现代化水平越高，其民族特性将越鲜明。因为，只有民族的，才能是世界的。

从调适论和偶发论的角度来看，这一视角下，我们首先看到了在宿命论和建构论视角下没有看到的内容，即壮族民间文化变迁过程中所保持的上述民族特性。同时，我们还看到，壮族民间文化变迁的过程，具有自身的特点。壮族民间文化变迁并非一个自然过程，而是受到国家、社会和市场三者互动特点的影响。三者的互动关系不同，壮族民间文化表现出的内容和形式亦不同。如前所述，在壮族民间文化变迁的第一阶段，国家参与壮族民间文化活动的程度不高，对壮族民间文化活动更多的是引导，因此，民间社会的主体性和积极性得到发挥，壮族民间文化迅速恢复，且空前活跃。但在壮族民间文化变迁的第二阶段，国家几乎代替了壮族民间社会，成为壮族民间文化活动的实际主体。加之市场的广泛参与，壮族民间文化的内容和形式都发生了变化，其政治功能和经济功能得到强调。但我们也发现，壮族民间文化变迁并非偶发论所说的那样，文化变迁虽有方向但不可计划。事实上，壮族民间文化变迁过程，既表现出明确的方向性，也表现出鲜明的计划性。转型期壮族民间文化变迁的方向性集中表现为壮族民间文化变迁的三大趋势：一是壮族民间文化的经济基础、社会基础和社会功能弱化，这是壮族民间文化与其经济社会环境变化和其内在结构变化相适应的过程；二是壮族文化自觉正在形成，壮族精英和壮族民间社会成员越来越自觉地认识壮族民间文化，壮族民间文化的凝聚力越来越强；三是壮族民间文化现代化步伐加快。壮族民间文化变迁的计划性则突出表现在转型期国家和地方各级政府为保护壮族民间文化和引导壮族民间文化变迁所采取的各种有计划的实践措施（见第八章），以及个体在壮族民间文化变迁过程中所进行的有目的的创造性实践。

　　上述分析表明，只有站在历史唯物主义立场，才能科学地理解壮族民间文化变迁的过程和趋势。第一，我们清晰地看到，壮族民间文化变迁具有明确的方向或趋势，构建符合壮族历史传统和现实特点的现代壮族民间文化，是壮族民间文化变迁的重要目标。这一目标要求，壮族民间文化变迁既要大胆借鉴和吸纳现代文明成果，建构壮族民间文化的现代性，又要保持壮族民族文化自信，坚持壮族民间文化的壮族特性。第二，在实现壮族民间文化现代转型的方式和路径选择上，应该具有多样性并符合壮族实际。在引导壮族民间文化变迁的实践过程中，国家应该相信壮族民间社会和市场的创造能力，并充分调动和发挥民间社会和市场的积极性和主动性，确保壮族民间文化以自己的方式实现现代化。

第七章

壮族民间文化变迁背景下的
文化震荡与文化适应

一 概念、问题与研究方法

文化人类学或社会心理学有一个基本观点，就是文化影响生活于其中的个体人格。正如林顿（R. Linton）所说，"就个人人格形成来说，文化是一系列的因素之一"，而且"文化必须视为社会建立人格类型及社会特有的各种身份人格系列的支配因素"①。"文化变迁是人类文化的本质属性之一"②，文化变迁对人的社会心理和社会行为产生毋庸置疑的影响，急速的文化变迁必然引起文化震荡。③

文化震荡，指的是"由于内在的文化积累或外在的文化移入引起的急剧的变迁对人的心理生活的冲击与震动"④。文化适应，在既有文献中常常指的是来自不同文化背景的社会成员，在相互接触过程中，为了与对方相协调，一方或双方改变自己原有文化模式的现象。⑤ 文化适应研究通常关注的是因跨文化而产生的各种问题，重点是个体适应异文化的过程。

---

① ［美］林顿：《人格的文化背景》，于敏梅等译，广西师范大学出版社2006年版，第117页。

② ［美］克莱德·M. 伍兹：《文化变迁》，何瑞福译，河北人民出版社1989年版，第1页。

③ 周晓虹：《现代社会心理学——多维视角中的社会行为研究》，上海人民出版社1997年版，第526—527页。

④ 同上书，第527页。

⑤ 孙进：《文化适应问题研究：西方的理论与模型》，《北京师范大学学报》（社会科学版）2010年第5期。

这一概念很难用来分析转型期因文化变迁导致的文化适应问题。一方面因为转型期的文化变迁与跨文化在情景上有着本质的不同；另一方面因为既有的文化适应理论排除了将其用于分析文化变迁的可能。例如，现有的文化适应概念认为，"适应"只有三种，第一种是幼儿出生后对其家庭成员的适应；第二种是个体对家庭以外但属于其本文化内其他社会群体的适应；第三种适应指的是对陌生文化的适应。① 在上述文化适应概念中，显然缺少文化变迁的内涵。

要在文化变迁背景下使用文化适应概念，我们必须赋予文化适应概念以文化变迁的内涵。实际上，在文化适应的理论框架中，都具有文化震荡的内涵，文化震荡常常被视为文化适应的一部分，是个体经历文化适应过程的一个必然阶段。例如，在既有的文化适应理论中，对适应者的心理适应过程，有三阶段说、四阶段说，还有五阶段说。但不管是几阶段说，都包含了"文化震荡"阶段。例如，三阶段说认为个体的文化适应包括调整阶段、危机阶段和再调整阶段；四阶段说则认为上述过程包括蜜月期、危机期、恢复期和适应期四个阶段；而五阶段说则将之划分为接触阶段、崩溃阶段、重新整合阶段、自治阶段和独立阶段。② 实际上，上述三阶段说中的"危机阶段"，四阶段说中的"危机期"和五阶段说中的"崩溃阶段"，就指的是文化震荡阶段。另外，在有关第二语言的文化适应理论中，也直接将适应过程概括为"接触新文化时的兴奋感和幸福感""文化震惊""舒缓的文化紧张""同化"或"适应"四个基本阶段。③ 从既有的文化适应概念来看，文化适应与文化震荡具有密切联系。由于文化震荡与文化变迁密不可分，若用文化震荡来定义文化适应，就能很好地赋予文化适应以文化变迁的内涵。鉴于此，本书将文化适应定义为在文化变迁背景下，个体对文化震荡的缓解和调节方式。

社会转型期，壮族民间文化发生了广泛而深刻的变迁。那么，壮族民间文化变迁给壮族民间社会成员带来了怎样的文化震荡？壮族民间社会成

---

① 孙进：《文化适应问题研究：西方的理论与模型》，《北京师范大学学报》（社会科学版）2010年第5期。
② 同上。
③ 许菊：《文化适应模式理论述评》，《外语研究》2000年第3期。

员又是如何调整或适应这种震荡的？或者说，他们是如何适应文化变迁的？

尽管理论告诉我们，急剧的文化变迁会引起文化震荡，但文化变迁与文化震荡之间的具体关系并不确定，即何种文化变迁引起何种性质和何种程度的文化震荡，并没有统一的结论。因此，文化变迁与文化震荡的关系很大程度上还有待具体问题具体分析。以壮族民间文化变迁为例，从宏观层面上看，转型期，壮族民间文化的四个主要层面——民间物质文化、民间社会文化、民间精神文化和民间语言文化——都发生了变迁，这四个层面文化的变迁都会对社会成员心理产生不同程度的冲击，引起文化震荡，因此，在对文化震荡进行理论分析时，应该全面。而当我们试图这么分析时却发现，并不是所有的变迁都产生了文化震荡，例如，各种物质文化特质的急剧变化，并没有产生直接的文化震荡，现代农业机械、现代交通、通信工具以及现代医疗技术不仅没有对民间社会心理产生负面冲击，相反，普遍得到了民间社会的正面肯定。民间社会对壮族物质文化的现代化发展表现出积极的接受、认同和期待。这一点可以通过民间社会对转型期壮族民间物质文化变迁的态度得到反映。根据我们2015年10月所做的转型期壮族民间文化变迁问卷调查显示，在734名壮族民间被访者中，有97%的被访者认为现在的农业生产工具比改革开放以前更加先进；有98.63%的被访者认为现在的商品市场比改革开放以前更加繁荣；有97.55%的被访者认为现在的交通比改革开放以前更加便利；有97.13%的被访者认为现在的饮食条件比改革开放以前有了很大改善；有94.54%的被访者认为现在的衣服消费水平比改革开放以前提高了很多；有96.73%的被访者认为现在的住房条件比改革开放以前有了很大改善。上述数据实际上反映的是壮族民间社会对转型期壮族民间物质文化变迁的积极评价，如"更加先进""更加繁荣""更加便利""很大提高""很大改善"等。绝大多数被访者对壮族民间物质文化变迁的积极评价，说明转型期的壮族民间社会对壮族民间物质文化变迁，普遍持有一种肯定和认同态度。换一句话说，壮族民间物质文化的现代化变迁，并没有引起直接的文化震荡。

与民间物质文化变迁所得到的积极评价不同，壮族民间社会文化、民间精神文化和民间语言文化的变迁，则引起了壮族民间社会不同程度的担心、忧虑、无助甚至迷茫。也就是说，壮族民间社会文化、民间精神文化和民间语言文化的变迁，都引起了不同程度的文化震荡。其中，由民间社会文化变迁引起的文化震荡最为明显、最为剧烈。这是因为，从社会学的角度看，社会文化变迁直接关涉传统社会结构和社会关系的变化，关涉每个成员之间现实社会联系的改变，因此，在四个层面的文化变迁中，民间社会文化变迁对社会成员心理和行为的影响要更加直接和更具有实质性。正是考虑到这一点，本书将重点理解壮族民间社会文化变迁引起的文化震荡，集中考察在城市化过程中，因人口流动导致的壮族民间社会成员的心理和行为反应。

本书主要采用质性研究的方法。2015 年 10 月，我们组织了题为"转型期壮族民间文化变迁与文化震荡"的专题访谈。此次共访谈 65 人，访谈对象分布在壮族 9 个文化区，主要是壮族民间社会成员。访谈对象包括两部分，一部分是改革开放以来一直生活在农村的人，我们关注的问题是农村人口向城市流动造成的农村地缘关系和血缘关系变化给这部分个体带来了哪些心理上的冲击，他们是如何适应这种冲击的。另一部分是由农村进入城市生活或有城市生活经历的农村个体，我们关注这部分个体的问题是他们在初次接触城市文化过程中，产生了哪些心理上的震荡，他们是如何适应城市文化的。为尊重被访者隐私，我们在呈现被访者姓名时，均采用化名，如，YCX。

二　壮族民间文化变迁引起的文化震荡

转型期的壮族人口流动在两个社会群体中引起了文化震荡，一个群体是改革开放以来一直生活在农村的留守老人；另一个群体是由农村进入城市的壮族农村中青年。本书将分别描述这两个群体所经受的文化震荡。

（一）留守老人经受的文化震荡

对留守老人来说，他们所经受的文化震荡主要表现在两个方面：一是由于年老体弱，遇到困难时感到无助；二是想念儿女时的孤独或难过。

1. 困难与无助

由于中青年人口大量流向城市，老年人和儿童成为壮族农村的主要成员，当老年个体遇到困难时，通常会感到无助。老人们平时会遇到各种困难，归结起来有三类。第一类困难是因年老体弱，对一些重体力活或危险的劳动难以胜任。这些劳动多与耕种、收割或修缮房屋等有关。如："耕种或收割时体力不够。"（YCX）"雨季瓦房漏水，自己年老不能上房补瓦换梁；想种些农作物，但没有牛犁地，种得一些农作物也收不回来。"（LXM）"身子老了出行不方便，买东西都是托邻居帮忙买得多。"（YST）"走远房亲戚时因为身体不好而去不成。"（NBH）"越来越老了，身体肯定不舒服了，体力也不行，做一点重活就会很累的，有时候也没有胃口，吃也吃不下东西，就是盼望他们在身边帮做点事。"（HDW）"想要卖点农作物也很难找到人帮忙拿去，村里很少有车进来，要走出去搭车。"（LLM）

第二类困难主要是老人或小孩生病时无人照顾或无人帮忙。如："腿疼起不了床，想喝水都觉得困难。"（ZHH）"生病没有人照顾，不管丧事、喜事都得自己做了。"（PJH）"身子突然不舒服，没个人可以在身边照顾。"（CCX）"有时突然晚上不舒服，孩子们都不在身边。"（LAY）"生病的时候，如果是大病，衣服没人帮忙洗。"（LLM）"孙子孙女生病很急的时候，我们老人又不会打电话，不识字，所以不能很好地照顾孙子们，我们老人有时不小心摔倒之类的，又没有人在家，这时真的很麻烦。"（WSH）

第三类困难是因缺乏某些日常知识和技术，生活不便。如："孙子孙女开学的时候带去学校报到不会讲普通话。"（NCM）"有时候，遇到村干部下队或者一些国家政策，需要我们填表、办业务的时候，我们不认得字，不太了解这些政策，拿不定主意。"（HH）"有时候家里的电器烂了，自己又不会修，又不懂修电器人的（电话）号码。"（LAY）"有时候灯泡坏了，家具坏了自己不会修，上次家里的电线坏了，家里停电好久，自己不懂修，好久都没有电视看。"（LMX）"平时家里煤气灶或者热水器坏了都不懂怎么办，我们老人只是会用而已，哪里会修这种东西，邻居会修还好，可以帮忙，如果不会，只能第二天拿上街给别人修。"（WTR）

2. 想念与孤独

老人们普遍表示平时会想念外出打工的子女。尤其是过节的时候，如果子女不能回家，很多老人会因牵挂子女，感到"难受"或"孤独"。

访谈中，我们询问了这样两个问题：一是"儿女外出打工，平时会想儿女吗？"另一个是"子女在城里打工，有时不能回家过年或者过中秋节、三月三、七月十四等节日，孩子不能回家过节时，心里是什么感受？"对第一个问题，被访者普遍表示平时会想念子女，只是表达想念的程度有所不同。如有的被访者回答"想""会想"，有的被访者回答"肯定会想""当然会想"，还有的被访者回答"哪能不想？"对第二个问题，被访者则用了不同的表达来表示自己的感受，其中使用频次最高的就是"难受"或"难过"，此外，还有使用"很心疼""担心""冷清""伤心"，或者"寂寞""孤独"等。如："过节日的时候，自己在家有养的鸡鸭过节，而儿女却在广东，不在身边一起过节，心里特别难受。"（NBH）"过节时最想念孩子、孙子们，他们过节在外面工作回不来，就觉得很难过，想想眼泪就掉下来了。"（ZHH）"（孩子）过节不得回家，我心里面很难受，难过。"（PJH）"（子女不能回家过节时），心里面很想，很心疼，担心他们在外过得不好。"（YCX）"我守寡多年，子女都在外，多年来都是一个人过的。逢年过节见到人家的孩子都回来团圆，但自己只是眼巴巴看着，说不羡慕是假的，谁都希望自己的孩子能回来跟自己过节，但他们不能回来，心里也伤心难过。"（LXM）"我现在有一儿一女，儿子还没讨到老婆，女儿已经出嫁了，说不想肯定说不过去，逢年过节的时候就有点想，毕竟他们回家的时候家里人热闹，他们不在，家中很冷清。"（MBY）"子女在城里打工，孩子不能回家过节时，家中的爸妈会感到寂寞和孤独，过来人都有同感，看到别人家那么热闹，自己家里只有两个老人，吃也吃不香，没有过节的氛围，孩子在才是过节，孩子不在的时候跟平时没有什么区别。"（ZZY）"他们不能回家，自己过节吃饭没有味。"（HCF）"过节的时候孩子不能回家就会挂念，盼望他们打电话过来，家里有鸡鸭，也不知道孩子在广东有没有鸡鸭过节。"（NCM）

（二）中青年经受的文化震荡

对于进城生活或有城市生活经历的壮族民间个体而言，他们所经受的文化震荡则是职业流动过程本身带来的。这些文化震荡也可以归结为两个大的层面：融入城市过程中，因各种困难导致的苦恼和对家乡的思念。

1. 融入城市生活过程中的苦恼

与留守老人不同，在融入城市的过程中，年轻人遇到的困难往往不是体力上的不足或生病时的无助，而是"没有工作""没有收入""没有熟人""环境不熟悉"等。正是这些困难让初入城市的年轻人感到苦恼。

根据我们的访谈，初入城市者面临的最大困难和苦恼是"没有工作"。如："刚到广州的时候，因为我不懂什么技术，文化又不高，找工作很困难。人家厂都要有工作经验的人，我们开始去，哪里有什么工作经验，没有经验人家就不要，很难的。"（WZD）"我去深圳打工，开始好长时间没有找到工作，后来就回家了。年后听别人讲有很多厂招工，我又去了深圳，才进了一家电子厂。那时候，工作很难找的。"（HZC）"我找了好长时间的工作，差不多两三个月。中间还跑去深圳人才市场找工作，要坐车去，还要买门票才得进，进去才知道人家要求有大学毕业证，有的还要懂英语。"（LY）

对于这些进城务工的中青年个体来说，有了工作，才有收入，才能解决住宿和吃饭等基本问题。如果没有工作，没有收入，就会面临吃住等方面的困难。如："刚到广州，住在同学（打工所在）厂里的职工宿舍，一天两天没事，住的时间长了宿舍保安会催我同学，说住的时间长了不好。我同学就久不久跟人家解释。时间长了，自己带的钱也用完了，还要从同学借钱，觉得很麻烦同学，但是又没有办法。"（WFJ）"我到过惠州、东莞，后来又去佛山，到处找工作，钱花完了，吃饭都成问题，好算有认识的老乡，还有个地方落脚。有好多人都在桥洞下边住。也有的生存不下去就回家了。"（LWG）

20世纪90年代，是农民工进城的高峰时期，也是城乡矛盾较为突出，城市排斥农村较为严重的时期。为了阻止农民进城，很多城市采取查证和遣送等措施，排斥和歧视进城务工的农民。在这期间，进城的农村人除了遇到工作、吃住等生活困难，很多被访者还遇到过城市对他们的歧视和排斥。如："九几年（20世纪90年代）的时候，刚到深圳，白天不敢随便在街上走，保安或者派出所的人会查你的身份证、通行证、暂住证之类的，没有这些证就把你当作三无人员关起来，罚你钱，然后把你遣送回家。"（HJB）"我在珠海的时候，晚上经常会有人来查户口，就是查你的身份证、暂住证、工作证，没有这些证就把你赶回老家去。我们刚去那里，连工作都没有，哪里有什么工作证。查的时候我们就往街上跑，有时候就跑到房东家里躲起来，他们不查房东，如果查的话，房东会说我们是

他家的亲戚。"（WFJ）

2. 对家乡的思念

除了城市生活中的各种困难及其带来的苦恼，进城的壮族民间成员还承受着对家人和家乡的思念和牵挂，想念家乡的亲人、同学和朋友。如："外出到城里也会想家，通常会想家里的老母亲、妻儿。"（NSZ）"外出到城里打工都会想家，想念家里的父母、叔叔和健在的奶奶，担心他们的身体状况，在家舍不得拿寄回去的钱改善伙食。"（NX）"离开村里之后，觉得挺想念家庭的，以前家里人还在农村，我自己出外面来工作，那时候也比较辛苦，就很想老婆和孩子。"（LRH）"会想家，那时候十来岁就出来打工，平时都会想父母、兄弟姐妹。"（XJC）"开始到城市那段时间，谁也不认识，没有朋友，所以感到很孤独，特别想家，想我的同学和好朋友，想（以前）跟他们在一起聊天、吹牛、跑着玩的事情。"（HXQ）"肯定想家，（想）父母兄弟姐妹、同学朋友。"（WZD）若是逢年过节又不能回家，这种对家乡的思念则会更加强烈。"过节不能回家，心里会很失落，有时候觉得自己很没用，打工将近一年也没有时间，也没有钱回家，心里也会挂念家人怎么过节。"（NSZ）"因为是在百色上班，平常过中秋节、三月三等都会回家过，除非有特殊情况，如果因为事情冲突而不能回家，心里会感到失落，但一想到工作的压力也感到无奈。"（NX）"每逢佳节倍思亲，有时过节不能回家，不能和家人一起过节就会很难过，一直在想老婆和孩子们在家有没有吃好，有没有买年货。"（LRH）"不能回家过节日，心里面蛮难过的，在外面回趟家很不容易，看到人家回去我心里面挺心酸的。"（XJC）

在融入城市的过程中，除了遇到工作、吃住和歧视等困难和苦恼，进城的壮族民间成员还遇到其他一些生活上的不便和烦恼。例如，因为对城市的环境不熟悉，有的被访者常常遇到不认识路、出行不便等困难；或者语言不通，交流困难；或者不认识人，熟人少，没有朋友，没人交往，感到孤独；等等。

三　壮族民间个体的文化适应

现代社会心理学将个体对文化震荡的心理和行为反应归纳为三种类

型：进取型、守旧型和反社会型。进取型个体所具有的人格特征是能随着环境的变化而变化，能不断进行自我调整，能接受新观念、新事物，具有积极的生活态度，不畏惧困难，敢于接受新的挑战；守旧型个体的人格特征是保守、守旧，不接受变化乃至固执偏执；反社会型个体的人格特征是对现状无知或不满，以至越轨或犯罪。[1] 根据我们对文化适应的理解，上述对文化震荡的三种心理反应，实际上可以理解为文化适应的三种模式。

就壮族民间个体而言，在面对城市化过程带给他们的文化震荡时，总体上表现出了进取型的人格特点。

（一）就留守老年个体而言，他们对子女进城务工表示理解和支持

在访谈中，我们询问了这样一个问题："您是希望孩子留在身边为您养老，还是希望孩子留在城市？"就被访者的回答情况看，也有极少被访者反对子女外出打工或在城市生活。如："我肯定希望孩子留在身边养老了。我觉得城市也没有什么好的，我受不了那里的空气，也受不了那里的人，所以我觉得乡下好点，至少花钱没有城里那么多。再说，如果发生什么变故，没钱怎么办？至少在乡下还可以借点，在城里没亲没故的简直是没有办法了。"（ZGL）尽管如此，但大多数老人在回答时即使隐隐流露出对孩子留在自己身边帮忙和养老的希望，但考虑到城市较多的挣钱机会、便利的交通和医疗等条件，仍然理解和支持子女们在城市工作和生活。如："孩子不在家，对老人来说生活上是有诸多的不便，但从长远的方面来说，我是希望我的孩子能在城市中立足创业。如果孩子只能留在家像我这辈人一样耕种为数不多的田地，怎么能脱贫致富？只有留在城市创业，才能过上好日子。毕竟城市里门路多多，机会多多，这是大家心里都明白的。"（HJX）"当然是希望他们留在城市了，农村有什么好住的，吃喝都不方便，买个菜都难。要是有客人来，都要到县城去买菜。现在年轻人都出去了，圩会都没有什么人去，也没有什么卖的，每次都到县城里买，多麻烦啊。要是乡下人懒的话，连菜都不种，吃什么？什么都没有，还不得（到）城里去买。住在城里多好，吃喝方便，头痛生病去医院也方便。"（RXY）"孩子都有自

---

① 周晓虹：《现代社会心理学——多维视角中的社会行为研究》，上海人民出版社1997年版，第529页。

己的选择，当然希望老了能和孩子住在一起，跟着孩子享福。如果孩子在城市发展得好，也就不强求他们回来，我们在村里还可以种田吃，可以养活自己。先让孩子在外边的城市闯闯吧。"（CCX）"当然是希望孩子留在城里啊，孩子应该有更好的生活。我只希望他们能在过节的时候回来看看我就好，我不想拖累孩子，上次二妹（被访谈者的二女儿）说要接我去跟她住，我没有过去，我这么老了，应该待在农村，去城里我不适应，那里太吵了，车太多，女儿她也有自己的家庭，不应该去打扰她。"（LMX）"（希望孩子）留在城市，村里没钱，等下结婚没钱怎么办？在外面发展肯定好一些，买房子，以后小孩上学容易点，回不回农村都一样，能偶尔回来就得了，反正也没几年了，等以后我死了，他们在外面也活得好一点，不忘老本就得咯。"（HDJ）"孩子留在城市比较好，城市比较容易挣钱，回家去种地，一年到头也挣不到什么钱，口袋空空，吃苦不说，还没有钱。在城市打一份工，每个月固定得一份钱，花一些，就把剩下的存起来，一年下来应该也有两万吧，比在家好多了。"（SZC）"盼望他们留在城市，像南宁那样，在那里好好工作，生活过得好一点。不要像我一样一辈子在农村，没什么出息，也没给他们一份好的生活。希望他们不要靠这些地就过一辈子，找到份好工作，在城市扎好根，在那里生活，我也可以安心了。我也苦了一辈子，也希望他们能过得好一点。过节的时候能回来大家一起吃团圆饭，清明时能回来扫扫墓，祭拜一下祖宗，平常能打电话，看（我们）过得好不好就足了。"（HDW）

（二）无论是留守农村的老年个体还是进城务工的农村中青年个体，他们都能够正视和积极解决自己遇到的各种困难

无论是留守农村的老年个体还是进城务工的农村中青年个体，他们普遍认为，困难不可避免，并相信困难总会解决。如："困难总是会有的，生活哪能都是一帆风顺呢，人要往前看，要想想每个人都会遇到困难，当遇到困难时大家互帮互助就过去了。"（ZZY）"现在科技这么发达，还有什么不能解决的困难啊，现在不像以前，耕田还用牛马，现在基本都是用金牛（农用拖拉机）啊，上街也是开摩托车去，很方便的啊，基本上也没有什么困难。"（MBY）"刚到城市，人生地不熟，困难是意料之中的，但有困难躲也没用，不为自己着想，也要为父母着想。咬咬牙困难就过去

了。"（LMJ）

　　遇到实际困难的时候，被访者都会积极寻求帮助，积极应对和解决。对留守老人而言，他们主要是寻求邻里或亲戚的帮助。如："要是家里有事的话，去叫邻居或亲戚，一般他们都会帮。不过平时家里也没什么事，只有在农忙时，到了砍甘蔗的时节，就叫人帮忙，要付工钱。"（ZA）"现在家中有事，无非就是红白两事的多，虽然说现在年轻人都出去打工了，很多中年人也都去外地做建筑了，但是还是有一些人在家，比如一些孩子正在上初中、高中的那些家庭，现在在外面也挣不到几个钱，很多人都回家种桑树养蚕了，家中有事的话，按照风俗习惯，村里每户都要有代表来帮忙，礼尚往来，亲戚也会过来，所以肯定会有人，如果是春节或七月份，过来帮忙的（人）也会多一点，平时的话就会少一点。"（MBY）"平时自己家里的事我跟孩子他妈还是能够自己解决的，家里田地也不多，我们还有能力做好家里的事；家里有（大）事只能靠邻居、亲戚、中老年人互相帮忙。一般需要大家帮忙的事就是白酒、红酒，需要人手多，如果是白酒，我们邦定屯（指平果县四塘镇安邦村邦定屯）的人都会互相帮忙，红酒的话主要是邻居、亲戚来帮忙。"（ZZY）"远亲不如近邻，平时要是有个什么事情的，都会叫邻居家过来帮忙的，像平时小孩子生个病或老人身体不舒服需要刮个痧什么的，都是看邻居家哪个有空就叫他帮一下咯，这些都没什么的，像我们住村上的，平时谁没个麻烦事啊，你帮我完我帮你，关系自然而然就好了。"（LAY）"村里还是有几户人家是在家务农，送孩子读书，照顾老人不出去打工的，有什么需要人帮助的事会去找他们帮助，但也要看时间，在农村，农忙的时候别人家也很忙，也不好去叫他们帮什么，等到他们忙完他们地里的活了，会去请他们帮忙，他们也热心帮，有时候不用叫他们自己也来帮。"（LXM）

　　对于进城的中青年人来说，开始进城的时候多是投靠熟人，如家人、亲戚、邻居或同学等。他们在遇到困难的时候，通常都会由家人或其他熟人帮助。如："刚到城市的时候，没有钱，找工作难，语言不通，后来由在当地打工的老乡亲戚的帮助，支援解决困难。"（NSZ）"刚到城市生活的时候，没找到工作，钱不够，不认识人，不识路，后来是姐姐帮助我解决困难。"（NX）"开始到广州，吃的、住的，都是靠同学帮忙，没钱的时候也是向同学借。"（WFJ）除了积极寻求家人或其他熟人的帮助，有的被访者还特别强调自我调整，强调"主动"和"习惯"。"刚到城市工作，很多不顺利，我主动与别人交往，认识人多了，困难的时候就会有人帮你，不能内向。"（WZD）"时间一长慢慢就适应了，入乡随俗，习惯就好了。"（LLY）

（三）无论留守老人抑或进城的年轻人，在想念亲人或心情不愉快的时候，多数个体都能采取各自的方式调节自己的心情

对留守老人而言，想念亲人的时候，有的被访者会感到无奈："想，也没能怎么办，就慢慢地想着。""肯定想，像他们这次八月十五都没回，想怎么办？不回就不回咧，想他们就回了吗？"（WJH）"当然会想了，但想又有什么用呢，在家务农只能填饱肚子，没钱开支，日子过得更苦。"（LXM）有的被访者会通过"默默地做家事来消除"。而更多的被访者在想念亲人时会给亲人打电话或发信息。"平时大部分都会想念孩子，想孩子的时候又因为怕影响到孩子打工挣钱，所以有时会请村里会打电话的人帮打电话给孩子讲讲话。"（NBH）"平时也想孩子，都是自己的孩子，哪会不想？想孩子也没有办法，孩子在外打工也辛苦，电话我又不会打，最多有事情的时候让孙女帮忙打过去讲讲话。"（NCM）"想孩子时会打电话给他，但是又怕他们上班影响他们。"（ZHH）"会想，想孩子就打电话给他们，家里面鸡长大了或者有东西（吃的时候）都会想孩子不在，都不得吃，就想留给孩子，他们回家就可以吃了。"（PJH）"儿女外出打工，平时也会很想儿女，想孩子的时候只能打电话叮咛儿女要注意安全，吃好穿好，照顾好自己，爸妈在家里一切都好，在外面就要好好工作，爸妈只盼望儿女在外平安健康。跟小女交流的，渐渐地学会发短信，现在自己也学会了，也算是跟上时代了吧，有的话语电话里也不好说，通过短信也能更好交流。"（ZZY）"会想啊，孩子不在身边，哪个父母不想念啊。现在社会好很多了，有了电话，想孩子的时候就打个电话问问，听听声音也好啊，不像以前，孩子出去了，想他们的时候都不懂他们在哪个角落。"（LAY）

留守老人们用于调节心情的方法很多：有借助忙碌忘记的，有靠找人聊天或喝酒减轻的，有向别人倾诉或通过哭泣释放的，有通过跟老伴吵架或靠骂牲畜发泄的，也有默默忍受的。无论采用哪种方式来调节心情，这些个体都能释放不快并迅速恢复正常的生活。"（心情不好的时候）看电视咧，不然咧，和其他老人坐下子。"（WJH）"心烦的时候会静下心来，少想那些烦恼的事。"（YCX）"（心情）不好也那样过而已。"（HCF）"心情不好是会去跟村里的老人谈心。"（NBH）"心情不好有时候跟村里老人讲话，有时候跟老伴讲话，有时候就是喝点酒就睡觉。"（NCM）"心情不好就出去找人聊聊天，或者打电话给女儿。"（ZHH）"心情不好能怎么办？就难过，去找牌友打牌，下象棋。"（PJH）"心情不好的时候可以出门看风景，听音乐……儿子有买 DVD 和碟片，那些歌曲都是我们那个年代的，很适合我们这个年代的人听。"（ZZY）"有什么想不开的啊，怎么过不是一样，心情有时候会有点烦，但是生活还是得过啊，喝喝酒，跟大家一起吃吃饭，回家睡一觉醒来也就不觉得有什么了，干活那么忙碌，哪里还有时间心情不好啊？"（MBY）"心情不好的时候会骂骂牲畜发泄，有时也会找人哭诉。"（LXM）

对于外出务工的年轻人来说，早些年代，由于没有手机，想家的时候主要是通过写信与家人联系，给家人问候。随着手机的普及和交通的改善，多数人在想家的时候都会给父母家人打电话，离家近的还会回家看看。"想家的时候会在下班的时候抽空打电话回家跟母亲、妻儿聊天，了解情况。"（NSZ）"想家的时候大部分会打电话回家询问情况，有时也会抽空回家看看，在百色打工离家也比较近。"（NX）"想他们时打电话啊，但是那时还没有手机，很难联系，有时靠写信，但是很久才送到。"（LRH）"想家就打电话或写信给他们问好。"（XJC）"（想家的时候）打电话，（或者）静静地想。"（WZD）

逢年过节想家的时候，这些年轻人除了给家人写信或打电话，通常还会通过老乡、亲戚或同事聚会，来缓解因想念家人而感到的不快和孤独。"在城里过节会去跟在一个地方的老乡、亲戚一起杀鸡鸭喝酒。"（NSZ）"在城里过节的话，因为都不认识什么人，最多就是去跟老乡或者同事喝酒聊天。"（NX）"自己在城里过节，经常是和单位里同事一起去他们家吃饭，或者出外面吃，有时单位也发点东西。"（LRH）"在城里过节，放假的话就和工友在一起炒菜、煮饭、去玩、逛街。"（XJC）

四 减轻文化震荡,保持传统与现代间
连续性的可能与路径

如前所述,转型期,壮族民间社会文化的变迁,给壮族民间社会带来了一定的文化震荡。一方面,年轻人向城市大量流动,改变了壮族民间社会的人口结构,老年人和儿童成为民间社会的留守者。壮族民间社会的邻里关系和家庭关系松弛。年轻子女外出,留守老人在生产生活中遇到各种不便和困难,同时在心理和情感上也增加了对子女的牵挂和思念;另一方面,进入城市谋生的年轻子女们,也经历了在融入城市过程中的各种困难和排斥,承受着对家人和家乡生活的思念。然而,面对文化震荡,无论是壮族民间留守老人,抑或是进入城市的年轻人,都能以一种积极进取的心态乐观应对,并通过各种方式努力适应。因此,急剧的社会转型和广泛深刻的文化变迁,尽管给壮族民间社会个体带来了困难和阵痛,但并没有造成社会心理的破坏,没有造成个体人格的分裂。相反,在经受文化震荡和适应文化变迁的过程中,留守老人们却更多地表现出了对城市化的肯定、乐观与期望;进城年轻人则用自己的实际行动表达了他们对变迁的无畏和热情投入。

尽管转型期壮族民间文化变迁产生的文化震荡并没有造成传统与现代之间的断裂,尽管面对文化震荡,壮族民间社会表现出了乐观坚强和积极适应,但国家和社会仍应该且可以积极采取措施,以减轻因文化变迁引起的文化震荡,更好地保持传统与现代间的连续性。

减轻文化震荡,保持传统与现代的连续性是可能的。这种可能取决于传统与现代之间的密切关系。美国社会学家爱德华·希尔斯认为,传统与现代相互依存。一方面,现代社会离不开传统,传统具有塑造现代社会的能力。"生活于任何特定时期的人们很少与同时生活的任何亲族成员相差三代以上。他们与过去所创造的事物、作品、词语和行为模式的直接接触,无论是物质的还是象征的,其范围则要广泛得多,在时间上可追溯到很远的过去。他们生活在来自过去的事物之中。他们的所作所为、所思所想,除去其个体特性差异之外,都是对他们出生前人们就一直在做、一直在想的事情的近似重复。"正是从这个意义上,希尔斯认为,任何现代的

人们都是生活"在过去的掌心中"①。现代之所以离不开传统，希尔斯给出了四个理由。一是过去总是既定的，过去总是现代的起点；二是传统为现代提供了很多便利；三是传统有其合理性，是前代人合理反思经验的积累；四是人们对过去存在固有的依恋之情。② 另一方面，传统总要发生变迁、解体和消亡，理性化或现代化不仅已成为成功的历史现实，在很大程度上也已成为历史趋势。希尔斯认为，"传统是不可或缺的；同时它们也很少是完美的，传统的存在本身就决定了人们要改变它们。继承一项传统并依赖于它的人，同时也被迫去修正它"③。希尔斯认为，传统的变迁动力既可以来源于传统内部，也可能来源于其外部。④ 希尔斯关于传统与现代关系的观点启发我们，壮族民间文化变迁有其历史必然性，是壮族社会转型和壮族民间文化内部要素变化的结果，建构壮族文化现代性是时代赋予我们的任务。同时，在现代化实践中，壮族民间文化依然是形塑现代社会的重要力量，值得我们珍惜和利用。

在构建壮族文化现代性的过程中，不仅离不开壮族民间文化，而且需要壮族民间文化。概括起来，壮族民间文化在构建壮族文化现代性过程中至少具有三个方面的作用：一是壮族民间文化中蕴含的理性内容，对促进壮族现代科技发展具有重要价值；二是壮族民间文化蕴含的丰富伦理思想，是建设社会主义先进文化的宝贵资源；三是壮族民间文化是壮族民间社会永远依恋的精神家园。

第一，壮族民间文化中蕴含的理性内容，对促进壮族现代科技发展具有重要价值。关于传统，希尔斯表达了一个重要观点，那就是传统具有理性的一面，或者说理性具有传统性。意思是说，尽管传统不是以科学或理性的形式存在，但它之所以能够被选择和保留下来，就是因为传统具有理性的成分，发挥了与科学和理性一样的功能。⑤ 实际上，在壮族民间文化中，也蕴含了丰富的理性内容。这些内容包括壮族精耕细作的农耕思想和农耕方式，特殊自然条件下的饮食习惯，敬畏自然的生态观念和行为，壮

---

① ［美］E. 希尔斯：《论传统》，傅铿等译，上海人民出版社 1991 年版，第 45—85 页。

② 同上书，第 260—275 页。

③ 同上书，第 285 页。

④ 同上书，第 286—345 页。

⑤ 同上书，第 27—31 页。

族医药，等等。尤其是壮族医药，如针灸、刮痧等治疗方法，之所以具有疗效，必然具有合理性或科学依据。研究和发现这些依据，更好地传承和利用壮族医药文化正是壮族民间文化可以形塑现代社会的重要方面。

第二，壮族民间文化中丰富的伦理思想，是建设社会主义先进文化的宝贵资源。壮族民间文化蕴含着丰富的伦理思想，包括政治伦理、经济伦理、生态伦理、家庭伦理等多个方面的内容。这些伦理思想不仅是建设社会主义先进文化的重要文化资源，也是发展壮族市场经济的软实力。因此，这些传统伦理思想，也是现代化过程中值得我们挖掘利用的宝贵财富。

第三，壮族民间文化是壮族民间社会永远依恋的精神家园。民族文化是一个民族的根基和精神家园，是民族凝聚力的核心所在。壮族民间文化不仅表现为壮族社会的生产方式、生活方式、社会交往方式，不仅蕴含着壮族社会的思想观念、态度、情感和价值观，而且是壮族民族自强、智慧、创造和贡献的见证，是壮族社会每一个个体的精神食粮和精神家园。因此，在社会急剧转型和多元文化竞争的当下，壮族民间文化对树立壮族社会的文化自信，激发壮族社会的民族自豪感，增强壮族个体的归属感和壮族社会的凝聚力，都具有重要意义。

转型期，减轻文化震荡，保持传统与现代间的连续性，应该从以下三个方面着手。

一是加强对壮族民间文化的整理、研究挖掘，将壮族传统文化精华融入现代经济、文化、生态和社会建设之中。例如，可以加强对壮族传统医药文化的科学研究，将壮族传统医药的科学成分融入现代医药科学之中；加强对壮族生态行为的理论研究，以完善现代生态科学和环境科学；加强对壮族传统伦理思想研究，为社会主义先进文化建设和和谐社会建设提供文化资源；等等。

二是在新型城市化进程中，加强对壮族民间文化的保护，留住民间，保护壮族民间文化的社会基础。要留住壮族民间社会，具体措施可概括为"四个留人"。一是发展农村经济，依靠富裕留人；二是发展农村社会事业，依靠服务和保障留人；三是保护民间传统文化，依靠乡愁留人；四是保护农村生态环境，依靠美丽留人。

依靠富裕留人，就是按照走中国特色新型城镇化道路的要求，加快农村经济发展、通过提高农民收入，降低人口流动水平。民间社会之所以离开农村流向城市，根源就在于中国长期实行的城乡二元体制导致城乡差距拉大，资源和机会大量集中在城市，农村极度落后。因此，要留住民间，避免农民大量流向城市，必须在加快壮族农业转移人口市民化进程的同时，大力发展壮族农村经济。特别是结合壮族农村实际，大力发展民族特色产业，加快产业的规模化和现代化发展，不断提高农民收入。依靠服务和保障留人，指的是在农村经济发展，农民收入提高的基础上，加快农村基础设施和服务网络建设，大力发展农村交通、通信、教育和医疗卫生事业，逐步实现社会公共服务城乡公平共享，与此同时，建立和完善城乡一体的社会保障体制。依靠乡愁留人，指的是在加快农村经济与社会发展的同时，还要通过保护壮族民间传统文化，增强民间社会的凝聚力。简单地理解，乡愁实际上就是有关家乡的美好记忆在个体心中唤起的对家乡较为强烈的想念和回归感。情感社会学认为，情感在个体的社会化过程中形成，情感的内容和形式由个体生活其中的社会文化所塑造。作为一种情感的乡愁，则主要是个体在长期的家乡生活中养成的，其内容往往就是个体家乡生活的片段。而民间文化实际上就是这些家乡生活的方式和内容，是这些家乡生活本身。因此，乡愁实际上是民间文化的功能，为个体营建了向往和回归的精神家园，是民间文化的社会凝聚力所在。正是从这个意义上，保护民间传统文化的目的，就是要通过乡愁留住民间社会成员。依靠美丽留人，主要指环境保护和建设，即通过保护和建设乡村生态环境，营造拥有青山碧水蓝天的绿色家园，增加生态环境的吸引力。文化是否变迁，取决于群体的态度。① 而群体的态度，又取决于群体的生存条件。以上"四个留人"，就是力图通过改变壮族民间社会的生存条件，改变他们的流动意愿，从而稳定和巩固他们对于民间文化的态度，以减缓民间文化的过快衰落。

三是加强对壮族青少年的民族传统教育和民间文化社会化，保证壮族民间文化后继有人。这一点我们将在第九章详细论述。

---

① 孙本文：《文化与社会》，上海东南书店 1930 年版，第 10 页。

第八章

转型期国家及地方政府引导壮族民间
文化变迁的实践与壮族民间社会态度

社会转型期，随着壮族民间文化社会基础的减弱，国家不仅实际上已代替壮族民间社会，成为壮族民间文化实践的主要力量，而且是引导壮族民间文化变迁的主导力量。在引导壮族民间文化变迁过程中，各级政府进行了积极的探索和实践。本章将主要根据课题组于 2015 年 7—8 月专程赴壮族各地政府文化部门及典型村镇所做的调研数据，系统总结各级政府在引导壮族民间文化变迁过程中所进行的实践探索，同时，呈现壮族民间社会对这些实践的态度。

一 《中华人民共和国非物质文化遗产法》框架下的
壮族民间文化保护实践

为了继承和弘扬中华民族的优秀传统文化，有效保存和保护非物质文化遗产，中华人民共和国第十一届全国人民代表大会常务委员会第十九次会议于 2011 年 2 月 25 日通过了《中华人民共和国非物质文化遗产法》（以下简称《非遗法》），并于同年 6 月 1 日起施行。《非遗法》不仅规定了国务院文化主管部门及县级以上地方人民政府文化主管部门在非物质文化遗产保护过程中的职责范围，要求县级以上政府将非遗保护纳入国民经济和社会发展规划，将非遗保护经费列入财政预算，还规定了县级以上政府及其文化部门应进行非遗调查，建立国家和地方非物质文化遗产代表性项目名录和开展非物质文化遗产代表性项目名录的传承和传播，认定代表性传承人等重要内容。

《非遗法》为壮族民间文化保护提供了法律框架，也为地方政府引导壮族民间文化变迁，提供了指南。概括起来，各地政府依法开展壮族民间文化保护，引导壮族民间文化变迁的主要实践有以下七个方面：一是突出顶层设计，重视壮族民间文化保护的制度建设和规划实施；二是成立专门的组织机构，配备专职人员，开展包括壮族民间文化在内的非物质文化遗产保护；三是开展壮族民间文化资源调查；四是开展各级非物质文化代表性项目名录的申报；五是建立壮族非物质文化遗产保护和传承基地，进行文化传承人的认定和管理；六是进行文化遗产资源的产业开发；七是引导和支持壮族民间文化的相关研究。

（一）突出顶层设计，重视壮族民间文化保护的制度建设和规划实施

突出顶层设计，注重制度建设，是壮族地区各级地方政府较为典型的做法。突出顶层设计，这里指的是在工作过程中，地方政府十分明确其在壮族民间文化保护中的主要角色和职责，积极将壮族民间文化保护作为重要工作内容纳入其全局工作之中，并对文化保护进行总体计划和布局。在进行顶层设计过程中，地方政府一方面是进行制度建设，为壮族民间文化保护制定法规和政策；另一方面是对重点文化项目的保护和发展制定规划。

制度建设主要体现在省、市两级政府层面。以广西为例，在自治区层面，2004 年以来，广西壮族自治区政府先后制定和颁布了《广西壮族自治区文物保护管理条例》（2004 年）、《广西壮族自治区民族民间传统文化保护条例》（2005 年）、《广西壮族自治区人民政府关于加强我区非物质文化遗产保护工作的意见》（桂政发〔2005〕第 47 号）、《广西壮族自治区左江岩画保护办法》（2013 年）和《广西壮族自治区传统工艺美术保护办法》（2014 年广西壮族自治区人民政府令第 100 号）等地方性法规或政府文件。地市层面，不同地市关于壮族民间文化保护的制度建设状况不尽相同，有的地市相对滞后，有的地市较为完善。以制度建设较完善的百色市为例，2005 年以来，百色市委市政府转发或制定了一系列与壮族民间文化保护间接或直接相关的规定或文件方案，转发了《国务院办公厅关于加强我国非物质文化遗产保护工作的意见》和《广西壮族自治区

人民政府关于加强我区非物质文化遗产保护工作的意见》，制定了《百色市人民政府关于加强我市非物质文化遗产保护工作的意见》《百色市非物质文化遗产保护工作实施方案》《百色市市级非物质文化遗产代表作申报评定暂行办法》《百色市非物质文化遗产保护工作局际联席会议制度》《百色壮族文化生态保护区管理暂行办法》《百色壮族文化生态保护区非物质文化遗产代表性项目传承人管理办法》《百色壮族文化生态保护区示范点管理办法》《百色壮族文化生态保护区专项资金管理办法》以及《关于加快文化发展繁荣推动魅力百色建设的实施意见》（百发〔2012〕1号）等文件。

在对壮族民间文化保护进行法制化、规范化的同时，地方各级政府还根据实际，将壮族民间文化保护和发展传承纳入政府工作规划，通过政府的力量，有计划地推动壮族民间文化保护工作的实施。例如，"十二五"期间，广西壮族自治区制定了《广西壮族自治区文化发展"十二五"规划》；百色市制定了《百色市十二五经济社会发展规划》《百色壮族文化生态保护区建设规划纲要》；那坡县制定了《国家级非物质文化遗产名录——那坡壮族民歌十年保护计划》和《传承黑衣壮民歌艺术，构建和谐校园——那坡县实验小学民歌课堂传承基地三年发展规划》；田阳县制定了《布洛陀文化品牌建设工作方案》《田阳县壮族舞狮文化品牌建设工作方案》。平果县制定了壮族嘹歌保护工作战略部署，采取"静态保护"与"动态保护"相结合的措施开展保护。靖西县制定了《壮族织锦技艺五年保护规划》；[①] 云南省富宁县制定了《"十二五"富宁坡芽文化品牌建设项目规划》；等等。

国家及地方政府制定的有关壮族民间文化保护的法规政策，从制度上明确规定了壮族民间文化的责任主体、责任内容、保护原则、保护措施等基本事项，为壮族民间文化保护提供了法律保证和实践框架。而各级地方政府制定的有关壮族民间文化保护的工作规划或方案，则保证了壮族民间文化保护工作的落实。以云南省富宁县《"十二五"富宁坡芽文化品牌建设项目规划》为例，该规划不仅详细制定了"十二五"期间富宁坡芽文

---

① 相关资料由百色市文化和新闻出版广电局提供，参见百色市文化和新闻出版广电局《百色民族民间文化遗产保护传承情况汇报》及相关附件，2015年5月6日。

化品牌建设的年度建设项目名称，而且对项目建设地点、建设期限、建设规模及内容、资金预算、责任单位等都做了明确规定。① 由于建设规划属于县政府工作规划，并且规划内容具体明确，所以保证了坡芽文化各项保护工作的落实和顺利开展（见表8—1）。

表8—1   "十二五"期间富宁县坡芽文化保护和开发项目任务规划

序号	项目名称	工作要求	实施时间	资金预算	责任单位
1	通信塔安装	通信信号覆盖坡芽村	2011年	10万元	移动公司
2	多渠道播放坡芽情歌	通过电视台、电台等媒体以及会议室、广场、公园等地点实时播放坡芽情歌	2011年	10万元	宣传部
3	剥隘至坡芽村道路建设	双向车道柏油路	2011年	800万元	交通局
4	专家策划	邀请专家实地考察、策划	2011年	50万元	宣传部
5	深化坡芽文化进校园活动	继续深化坡芽文化进校园活动，拓展学校范围	2011年	10万元	文化局
6	编撰坡芽山歌教材	编撰适宜青少年传唱的坡芽山歌，融入中小学音乐教学中	2011年	10万元	宣传部 教育局 文化局
7	成立坡芽文化研究所	整合优秀人才，成立坡芽文化研究所，依托知名专家、保护、传承和研究坡芽文化	2011年	50万元	宣传部 文化局 人事局
8	组建坡芽山歌队（业余）	组建一支应对日常接待山歌演唱队和在宾馆、酒店、学校等单位组建山歌演唱队和合唱团传唱坡芽山歌	2011年	10万元	文化局
9	利用网络平台	上传音视资料、开展网络论坛、开通新浪微博、制作坡芽文化宣传户外大型广告牌和岩刻	2011年	10万元	文化局
10	户外广告	在高速公路富宁与广西和广南交界处以及富宁城出入口和剥隘至坡芽路口制作文化墙	2011年	90万元	文化局

① 相关资料由富宁县委宣传部提供，见《"十二五"富宁坡芽文化品牌建设项目规划表》。

续表

序号	项目名称	工 作 要 求	实施时间	资金预算	责任单位
11	坡芽会所建设	在县城建设集会堂、传习馆、剧院等功能为一体的会所	2012 年	1000 万元	文化局
12	寨门、文化长廊、歌书符号展示	维修寨门、设计制作文化长廊和歌书符号展示，使歌书文化融入村寨建设中	2012 年	50 万元	文化局 建设局
13	农家休闲乐园	集娱乐、休闲、饮食、购物于一体	2012 年	30 万元	剥隘镇政府
14	创作影视作品	以坡芽文化为元素创作影视作品	2012 年	160 万元	文产办 旅游局
15	开发文化产品	开发壮族旅游文化产品	2012 年	60 万元	旅游局
16	开发旅游娱乐项目	开发旅游者能参与的旅游娱乐项目	2012 年	100 万元	旅游局
17	组建坡芽山歌队	组建一支精品山歌队，参加2012第十五届央视青歌赛和各种赛事，努力在 5 年内走进国家大剧院和维也纳金色大厅展示	2012 年	100 万元	宣传部 文化局
18	举办珑端节	以各乡镇申报的形式轮办，把珑端节办成独具特色的民族传统节日，长期坚持，世代传承	2013 年	50 万元	文化局
19	城区坡芽文化展示	在休闲广场、步行街、公园等公共场所制作坡芽文化墙、石碑、石刻、岩雕、歌书符号展示	2013 年	10 万元	文化局
20	开展学术论坛	开展坡芽文化专题论坛	2014 年	50 万元	宣传部
21	举办中国壮剧节	充分挖掘、恢复县境内的 100 多个戏班，邀请国内壮戏班参与	2014 年	50 万元	文化局
22	民房改造	保留壮族元素、统一规划、整体改造	2014 年	1000 万元	移民局

注：本表资料由富宁县委宣传部提供。

（二）成立专门的组织机构，配备专职人员，开展包括壮族民间文化在内的非物质文化遗产保护

由于非物质文化遗产保护已成为县级以上地方政府的重要责任和职能，为了适应非物质文化遗产保护，市级以上政府的文化部门，都先后建立了专门的组织机构，配备专门的工作人员开展非遗保护工作。壮族民间文化保护工作正是在此组织框架中开展的。《非遗法》颁布后，壮族地区的各地市政府文化部门如桂林市文新广局、柳州市文新广局、河池市文化广播影视管理局、百色市文新广局都设立了非物质文化遗产科，建立了市非物质文化遗产保护中心。河池市还成立了以市委常委、宣传部部长、副市长为组长的河池市文化遗产保护工作领导小组，成立了河池市非物质文化遗产代表作评审委员会；① 百色市成立了非物质文化遗产保护工作局际联系会议，成立了市非物质文化遗产普查工作领导小组。② 县级的非遗保护的责任机构主要是县文化馆。为了适应非遗工作的开展，有的县文化局还增设了相应的职能部门。例如武鸣县设立了壮文化传承保护中心，内设了民族文化传承保护部；平果县设立了民俗文化传承展示中心；等等。

（三）开展壮族民间文化资源调查

在壮族民间文化保护过程中，全面细致地掌握壮族民间文化的样态和分布是基础。为此，各级政府都开展了有组织的壮族民间文化资源普查工作。例如，河池市自 2000 年以来，在全区 11 个县（市、区）开展了非物质文化遗产资源普查工作，共抽调人员 175 人，资源普查项目 8000 多个，涵盖了壮族民间文化的各个方面。③ 武鸣县收集掌握了全县非物质文化遗产共 16 类 1523 条项目信息，编印出版了《武鸣县非物质文化遗产普

---

① 参见河池市文化广播影视管理局《河池市非物质文化遗产保护工作总结》（2013 年 2 月），河池市文化广电新闻出版体育局提供。

② 参见百色市文化和新闻出版广电局《百色民族民间文化遗产保护传承情况汇报》（2015 年 5 月 6 日）。

③ 参见河池市文化广播影视管理局《河池市非物质文化遗产保护工作总结》（2013 年 2 月），河池市文化广电新闻出版体育局提供。

查资料汇编》三卷共 500 多本;① 百色市也开展了大量的壮族民间文化普查工作。平果县在普查过程中，收集到原始歌书 200 多本 10 万多首 40 多万行；那坡县搜集到新发现的民间音乐 12 首；田阳县收集到了《朝圣大典仪式歌》《十释歌》《十传歌》《唱祖公》及其他传说、故事、祭祀等；田林县搜集出版了《广西北路壮剧教程》《中国壮剧传统剧作集成》;② 2006—2013 年，乐业县在全县 80 个行政村、180 个村（屯）完成非物质文化遗产田野普查工作，通过文化普查，乐业县建立了文化信息资源子名录 1010 条。③ 文化调查为掌握壮族民间文化现状，开展壮族民间文化保护打下了基础，提供了依据。

（四）积极申报壮族非物质文化遗产代表性项目名录

将壮族民间文化项目申报为各级非物质文化遗产名录，在很大程度上是转型期地方各级政府进行壮族民间文化保护，引导壮族民间文化变迁最普遍的做法和最主要的工作内容。在文化资源普查的基础上，地方政府还积极申报各级壮族非物质文化遗产名录。2006—2011 年，已录入国家级非物质文化遗产名录的壮族民间文化项目已有 12 项，其中民间文学 3 项，民间音乐 2 项，民间舞蹈 1 项，传统戏剧 1 项，传统手工艺 1 项，传统民俗 3 项和传统医药 1 项（见表 8—2）。

表 8—2 国家非物质文化遗产名录中的壮族民间文化项目（2006—2011）

序号	编号	遗产名称	申报单位
1	Ⅰ—2	布洛陀	广西田阳县
2	Ⅰ—23	刘三姐歌谣	广西宜州市
3	Ⅰ—82	壮族嘹歌	广西平果县
4	Ⅱ—30	壮族三声部民歌	广西富川县、马山县
5	Ⅱ—32	那坡壮族民歌	广西那坡县

---

① 参见武鸣县人民政府《武鸣县少数民族文化保护与开发利用情况汇报》（2015 年 3 月 12 日），武鸣县民族局提供。

② 参见百色市文化和新闻出版广电局《百色民族民间文化遗产保护传承情况汇报》（2015 年 5 月 6 日）。

③ 相关数据由乐业县文化馆提供。

续表

序号	编号	遗产名称	申报单位
6	Ⅲ—26	云南文山壮族铜鼓舞	云南文山
7	Ⅳ—82	壮剧	广西区、云南文山
8	Ⅷ—20	壮族织锦技艺	广西靖西县
9	Ⅸ—15	壮族蚂（虫另）节	广西河池市
10	Ⅸ—46	壮族歌圩	南宁市
11	Ⅸ—61	壮族铜鼓习俗	广西河池市
12	Ⅸ—18	壮医药	广西中医学院

注：布洛陀、刘三姐歌谣、那坡壮族民歌、云南文山壮族铜鼓舞、壮剧、壮族织锦技艺、壮族蚂（虫另）节、壮族歌圩和壮族铜鼓习俗摘自《国务院关于公布第一批国家级非物质文化遗产名录的通知》（国发〔2006〕18号）；壮族嘹歌和壮族三声部民歌摘自《国务院关于公布第二批国家级非物质文化遗产名录和第一批国家级非物质文化遗产扩展项目名录的通知》（国发〔2008〕19号）。

在将壮族民间文化项目录入国家级非物质文化遗产名录进行依法保护的同时，更多的文化项目还被录入省级或自治区级非物质文化遗产名录。以广西为例，2007—2012年，被录入自治区级非物质文化名录的民间文化项目有86项，加上补充项目则有100项之多（见表8—3）。

表8—3　　　　广西壮族自治区级壮族非物质文化遗产名录

序号	名称	申报单位	序号	名称	申报单位
1	布洛陀	田阳县	7—1	田阳敢壮山壮族歌圩	田阳县
2	刘三姐歌谣	宜州市	7—2	凌云县朝里壮族吼喊歌圩	凌云县
3	那坡壮族民歌	那坡县	8	壮族铜鼓习俗	河池市
4	壮剧	广西壮族自治区	9	壮族嘹歌	平果县
4—1	南路壮剧	靖西、德保	10	壮族民间故事"百鸟衣"	横县
5	壮族织锦技艺	靖西县	11	壮族三声部民歌	马山县
5—1	忻城壮族织锦技艺	忻城县	11—1	壮族嘹啰山歌	南宁邕宁区
5—2	宾阳织锦技艺	宾阳县	11—2	田阳古美山歌	田阳县
6	壮族蚂（虫另）节	河池市	11—3	德保壮族山歌	德保县
7	壮族歌圩	南宁市	12	凌云壮族72调音乐	凌云县

续表

序号	名称	申报单位	序号	名称	申报单位
13	壮族天琴艺术	龙州市、凭祥市	35	壮族舞火猫	贺州八步区
14	壮族春牛舞	西林县	36	壮族翡翠鸟舞	武宣县
15	壮族蚂虫另舞	天峨县	37	平果壮族踩花灯	平果县
16	壮族春榔舞	东兰县	38	壮族九莲灯	隆安县
17	壮族师公戏	来宾市	39	南宁壮族春牛舞	南宁江南区
17—1	贵港师公戏	贵港覃塘区	40	壮族提线木偶戏	靖西县
17—2	宾阳师公戏	宾阳县	41	壮族铜鼓制造技艺	环江县
18	壮族靖西端午药市	靖西县	42	壮族五色糯米饭制作技艺	武鸣县
19	壮族盘古庙会	来宾市	43	壮族霜降节	天等县
20	壮族抢花炮	南宁邕宁区	44	隆林壮族歌会习俗	隆林县
20—1	左州金山花炮节	崇左江州区	45	右江壮族岑王庙会	百色右江区
20—2	龙合花炮节	那坡县	46	壮族祭瑶娘	田林县
20—3	田阳抢花炮	田阳县	47	壮族亥日	隆安县
21	壮族伏波庙会	横县	48	上林壮族灯酒节	上林县
22	壮族哭嫁歌	贵港贵北区	49	壮族芒那节	隆安县
23	壮族悲歌	忻城县	50	壮族拜囊海	天等县
24	壮族民歌上思（左江壮族民歌）	崇左县、上思县	51	壮族末伦	靖西县
25	壮族蜂鼓音乐	来宾市	52	壮族斗竹马	南宁青秀区
26	壮族会鼓	马山县	53	壮族采茶戏	邕宁区、横县
27	壮族打扁担	都安县	54	右江壮族排歌	百色右江区
27—1	壮族打扁担	马山县	55	平果壮族丧歌	平果县
28	壮族师公舞	象山县	56	隆安壮族排歌	隆安县
28—1	壮族骆垌舞	柳江县、武鸣县	57	乐业壮族古歌	乐业县
29	壮族香火球	南宁良庆区	58	上林壮族八音	上林县
30	"三月三"歌圩	武鸣县	59	武鸣壮族山歌	武鸣县
31	田东壮族排歌	田东县	60	南宁壮族哭嫁歌	南宁兴宁区
32	壮族马骨胡艺术	德保县	61	靖西壮族山歌（靖西上下甲山歌）	靖西县
33	大新壮族高腔山歌	大新县	62	田州壮族山歌	田阳县
34	壮族打砻（榔）舞	天等县、马山县、平果县	63	隆林壮族山歌（隆林哥侬呵山歌）	隆林县

续表

序号	名称	申报单位	序号	名称	申报单位
64	天峨壮族八仙	天峨县	76	靖西绣球制作技艺	靖西县
65	上林壮族师公舞	上林县	77	靖西壮族夹砂陶制做技艺	靖西县
66	壮族麒麟舞	南宁青秀区	78	右江壮族麽乜制作工艺	百色右江区
67	马山壮族踩花灯	马山县	79	靖西壮医驳骨疗法	靖西县
68	靖西壮族舞蹈	靖西县	80	横县云表壮族歌圩	横县
69	壮族铜鼓舞	东兰县	81	上林壮族万寿节	上林县
70	壮族板鞋舞	南丹县	82	德保壮族歌墟	德保县
71	乐业壮族龙灯舞	乐业县	83	凌云壮族泗城夜婚姻习俗	凌云县
72	北路壮剧	田林县	84	西林壮族欧贵婚俗	西林县
73	上林壮族师公戏	上林县	85	平果壮族歌圩	平果县
74	德保壮族末伦	德保县	86	壮族绣球习俗	靖西县
75	龙胜北壮服饰制作技艺	龙胜县			

注：第1—21号名录摘自《广西壮族自治区人民政府关于公布第一批自治区级非物质文化遗产名录的通知》，桂政发〔2007〕1号；第22—30号名录及第11—1号名录摘自《广西壮族自治区人民政府关于公布第二批自治区级非物质文化遗产名录和第一批自治区级非物质文化遗产扩展项目名录的通知》，桂政发〔2008〕46号；第31—53号名录及第4—1、5—1、5—2、7—1、7—2、11—2、11—3、17—1、17—2、20—1、20—2、20—3、27—1、28—1号摘自《广西壮族自治区人民政府关于公布第三批自治区级非物质文化遗产名录和第一批第二批自治区级非物质文化遗产扩展项目名录的通知》桂政发〔2010〕25号；第54—86号名录摘自《广西壮族自治区人民政府关于公布第四批自治区级非物质文化遗产代表性项目名录的通知》桂政发〔2012〕48号。

除国家级、自治区级壮族非物质文化名录外，还有市级和县级壮族非物质文化代表性名录。例如，截止到2014年7月，百色市及其下辖各县，进入市级非物质文化遗产名录的壮族民间文化项目有68项；县级项目更多，有90余项。

表8—4　　百色市市级壮族非物质文化遗产名录（至2014年7月）

序号	名称	保护单位	类别	列入时间
1	布洛陀圣乐	田阳县	传统音乐	第二批 2010 年 1 月 8 日
2	颠罗颠罗那（壮族歌会习俗）	隆林县	民俗	第二批 2010 年 1 月 8 日

续表

序号	名称	保护单位	类别	列入时间
3	那坡壮族请仙同习俗	那坡县	民俗	第三批 2012 年 3 月 31 日
4	田阳壮话快板	田阳县	传统戏曲	第三批 2012 年 3 月 31 日
5	壮族土俗字习俗	平果县	民俗	第四批 2014 年 3 月 31 日
6	靖西壮族抢花炮	靖西县	民俗	第四批 2014 年 3 月 31 日
7	靖西壮族航诞	靖西县	民俗	第四批 2014 年 3 月 31 日
8	壮族祭瑶王	田林县	民俗	第四批 2014 年 3 月 31 日
9	句町祭祀神坛	西林县	民俗	第四批 2014 年 3 月 31 日
10	靖西壮医夹（刮）痧疗法	靖西县	传统医药	第四批 2014 年 3 月 31 日
11	靖西壮族八音	靖西县	传统音乐	第四批 2014 年 3 月 31 日
12	靖西壮族传统小调	靖西县	传统音乐	第四批 2014 年 3 月 31 日
13	壮族破狱舞	平果县	传统舞蹈	第四批 2014 年 3 月 31 日
14	壮族跳高台	平果县	传统舞蹈	第四批 2014 年 3 月 31 日
15	隆林北路壮剧	隆林县	传统戏剧	第四批 2014 年 3 月 31 日

注：本表根据百色市文化和新闻出版广电局提供的数据整理，整理的依据是文化项目名录中有"壮族"。

表 8—5 　　百色市县级非物质文化遗产名录项目（至 2014 年）

名称	项目个数
右江区	6
田阳县	7
田东县	3
平果县	4
德保县	7
靖西县	15
那坡县	1
凌云县	10
乐业县	7

续表

名称	项目个数
田林县	8
隆林县	17
西林县	8
合　计	93

注：本表根据百色市文化和新闻出版广电局提供的百色市县级非物质文化遗产名录整理，整理的依据是文化项目名录中有"壮族"。

（五）采取各种措施，推动壮族民间文化的传承

在通过挖掘、整理和申报各级非物质文化遗产名录进行壮族民间文化保护的同时，各级政府还采取各种措施，推动壮族民间文化的代际传承。促进壮族民间文化传承的措施主要有三种：一是建立壮族非物质文化遗产传承基地，鼓励和支持非物质文化遗产传承人进行文化传承；二是探索和尝试壮族民间文化进校园，将民间文化传承与现代学校教育相结合；三是鼓励壮族民间文化的家庭传承。

（1）利用壮族民间文化传承基地或传习所，规范和支持民间文化传承人开展文化传承活动。近年来，为了推动壮族民间文化传承，为壮族民间文化传承提供场所，壮族各地各级政府在民间文化基础较好的村镇，建设了文化传承基地或传习所。例如，河池市建立了铜鼓习俗传习基地和东兰县铜鼓文化传习基地；宜州市建立了刘三姐歌谣传习馆；武鸣县建立了市、县级传习、传承基地12个，还建立了1个自治区级传承基地：骆垌舞传承基地；百色市靖西县建立了壮族非物质文化遗产展示中心；那坡县建立了壮族民歌传习所；德保县建立了南路壮剧传习基地；平果县建立了耶圩壮族嘹歌传承基地和壮族师公文化馆；乐业县建立了古壮歌传承基地和乐业壮族龙灯舞传承基地；云南省富宁县建立了坡芽村坡芽文化传习馆；等等。

传承非物质文化遗产，培养非物质文化遗产继承人，是《非遗法》规定的非物质文化遗产代表性项目传承人的主要职责，也是壮族民间文化传承的重要方式。为了保证壮族民间文化传承活动有效开展，各地方政府还对壮族文化传承基地和传承人的传承活动进行了制度规范。以百色市为例，为了有效发挥传承基地和传承人在文化传承中的作用，保证文化传承活动的有序和规范，百色市制定了《百色市非物质文化遗产传承基地建设标准（试行）》和《百色壮族文化生态保护区壮族文化遗产代表性项目传承人管理办法》，对传承基地和传承人的传承活动做了明确规定和要求。上述两个文件规定，各传承基地和传承人"应当以集中交流、培训、师徒传承、嫡系传承等方式开展传承活动。要求有活动计划，每年开展传承活动不少于 4 次；接受传承的学员在 6 人及以上"。上述规定一定程度上保证了壮族民间文化传承活动的正常开展。[①]

在对壮族民间文化传承进行制度规范的同时，各地政府还积极创造条件，对壮族民间文化的传承活动给予各种形式的鼓励和支持。例如，为了扩大壮族民间文化传承人的影响，平果县积极推荐传承人参加歌圩、学校和社区举办的文化活动，组织举办歌圩歌手选拔赛和十大嘹歌歌王选拔赛等活动；靖西县文化馆多次协助壮族刺绣老艺人招收徒弟；田林县坚持落实传承人的报酬待遇，支持北路壮剧传承人开展壮剧传承活动；田阳县拨出专款资助国家级传承人出版《布洛陀民间故事集》等壮族民间文化作品，资助壮族舞狮传承工作；那坡县通过落实传承人待遇，举办山歌大赛，邀请传承人给壮族山歌手培训班授课，资助传承人下乡收集壮族山歌歌词等方式，支持和鼓励壮族山歌文化传承。[②]

在政府的鼓励和支持下，各地壮族非物质文化代表性项目传承人也积极开展传承活动，例如靖西县壮族织锦技艺传承人 CY 每年都多次到县壮锦厂指导和传授织锦技艺，开设培训班，帮助县壮锦厂培养织锦人才；那坡县壮族民歌传承人 LJC 在通过开设培训班传承民歌的同时，还积极深入乡村收集壮族山歌，并译成壮、汉两种文字；田阳县布洛陀口传史诗传人HDJ 近十年来培养了 9 名传承人，他积极发放麽经资料，传授经书唱法，到乡村收集布洛陀诗经唱调，还整理制作了 400 盒《布洛陀古歌》光盘；

---

① 参见《百色市非物质文化遗产传承基地建设标准（试行）》，由百色市文化和新闻出版广电局提供。
② 参见百色市文化和新闻出版广电局《百色民族民间文化遗产保护传承情况汇报》（2015年 5 月 6 日）。

乐业县壮族龙灯舞传承人 HXS 积极传授龙的制作技艺和龙灯舞表演技艺；云南省坡芽山歌传承人 NFM 坚持在村里的坡芽文化传习所和村文化广场向青少年传唱坡芽歌书；等等。

表 8—6　　　　乐业县甘田镇龙灯舞的主要传承活动（2014 年）

时间	传承内容	传承人
腊月 （2014 年 1 月 1—28 日）	腊月开始筹备春节民间舞龙节。1. 龙的制作。由壮族龙灯舞代表性传承人开展扎龙的培训活动，主要是传承人向传承队伍传授扎龙的技艺，包括龙头、龙身、龙尾以及龙珠、龙宫的制作。2. 舞龙技艺训练。待龙灯舞的龙灯制作完成后，传承人将组织各舞龙队伍进行舞龙技艺的训练，包括蛟龙漫游、龙头钻档子、头尾齐钻、龙摆尾和蛇蜕皮等各种动作的训练	HYJ HXS
春节期间 （正月初一至正月十五）	参加民间舞龙节，主要是乐业县各乡镇舞龙比赛，同时邀请邻县舞龙爱好者参赛；龙灯舞拜年由乐业壮族龙灯舞代表性传承人率龙灯舞队伍至县直各单位和乡镇政府拜年	HYJ HXS
2014 年 4 月 21—29 日	参加中国·百色乐业国际际户外运动挑战赛开、闭幕式演出	HYJ HXS
国庆节 （2014 年 10 月 1—7 日）	参加国庆文艺演出。由代表性传承人率数支龙灯舞队伍同台表演	HYJ HXS

注：本表数据由乐业县文化馆提供。

（2）探索壮族民间文化进校园，将壮族民间文化融入现代学校教育。壮族传统社会，人口流动少，学校教育较为落后，学龄儿童和青少年很少能够入校学习，家庭和村落不仅是儿童和青少年的主要生活空间，而且成为儿童和青少年学习传统文化、实现壮族民间文化社会化的主要场所。而父母及家里的老人、村里的同龄人和老人，则成为影响儿童和青少年民间文化社会化的重要主体或机制。转型期，现代学校教育在壮族社会迅速发展普及，由于适龄儿童和青少年普遍入校学习，学校在很大程度上代替了家庭和村落而成为影响壮族儿童和青少年社会化的主要机制。但是，作为理性化的教育组织，现代学校教育的核心内容是具有普适意义的现代科学知识，有关少数民族传统文化的内容则极少。随着适龄儿童和青少年生活空间由家庭和乡村转向学校，壮族传统文化的传递机制便发生了中断。因此，如何将现代教育和壮族民间文化传承相结合，赋予现代学校教育以传承民族传统文化的功能，就成为壮族民间文化传承的重要理论问题和实践问题。

基于上述认识，各级政府在建设壮族非物质文化传承基地，积极鼓励壮族非物质文化代表性项目传承人传承壮族民间文化的同时，还想方设法促进壮族民间文化进校园，尝试在现代学校进行壮族民间文化传承。主要做法包括在基础较好的中小学校建立壮族民间文化保护和传承基地，通过展示和宣传，或采取壮族民间文化传承人入校教学的方式，传播和传授壮族民间文化知识和技能，对学生进行壮族民间文化传统教育；编写壮族民间文化特色教材，补充学校教学中壮族民间文化的内容；组织学生参加各种与壮族民间文化有关的比赛和展演活动，增进学生与壮族民间文化的接触。例如，百色市各县区组织的非遗进校园活动已深入 46 所学校的 128 个班级；① 宜州市有 14 所小学被命名为刘三姐文化艺术传承培训基地；② 云南富宁县在全县 19 所学校建立了坡芽歌书传承班管理组。③ 河池市编写了民族文化进校园特色教材丛书《最美河池》（低、中、高年级版）；富宁县编写了《富宁县乡土教材》（音乐）；武鸣县编写出版了《魅力武鸣》及《武鸣骆越风俗》《武鸣骆越流韵》等中小学本土教材。富宁县在县民族中学和县第二小学还组建了坡芽合唱团。广西武鸣县在仙湖镇中桥小学组建了"尼仙湖"壮族山歌队；在城镇第三小学组建了"尼达妮合唱团"；在太平镇庆乐小学组建了"勒庆乐"壮族山歌队。这些传承基地、乡土教材和学生社团，为壮族青少年儿童接触和学习壮族民间文化创造了条件，是壮族民间文化传承方式的积极尝试。

（3）积极探索，鼓励家庭传承。家庭是民族民间文化存在的最主要空间，是民族民间文化实践和传承的天然场所，是民族民间文化的根基和

① 参见百色市文化和新闻出版广电局《百色民族民间文化遗产保护传承情况汇报》（2015 年 5 月 6 日）。

② 参见河池市人民政府《河池铜鼓文化生态保护区建设情况汇报》（2012 年 9 月），河池市文化广电新闻出版体育局提供。

③ 参见富宁县坡芽文化研究所《富宁县坡芽文化进校园实施方案》（2012 年 4 月 18 日），富宁县委宣传部提供。

土壤，因为，存在于家庭的民间文化具有真实性和整体性特点。传统社会，家庭是壮族民间文化存在的重要领域之一。民间文化通常通过家庭成员的观念和生产生活实践表现出来，并通过家庭成员的互动，一代代传递、延续和发展。转型期，随着电视等现代传媒的普及、现代学校教育的发展，尤其是由于家庭人口的大量流动外出，壮族家庭在文化生产、实践和传承中的功能逐渐弱化。因此，重视家庭在文化中的地位，保护和恢复其文化生产和传承的传统功能，保护壮族民间文化的真实性和整体性，便成为转型期地方政府进行壮族民间文化保护的重要尝试。在探索家庭传承方面，云南富宁县坡芽村的做法较有启发意义。

坡芽村，地处云南省富宁县剥隘镇东南，距剥隘镇约8千米。东与广西百色阳圩镇相接，北与广西西林相邻。全村63户，人口326人。村子人口多为农姓，另有韦姓和黄姓3户。人口绝大多数为壮族。坡芽村是典型的农业村，甘蔗是其主要经济作物。坡芽村群山环抱，交通闭塞。改革开放以后，年轻人外出广东务工增多。2006年，富宁县委宣传部组织开展壮族民间文化调查，在坡芽村发现了用各种符号记录的壮族歌书，于是将之定名为《坡芽歌书》。坡芽村因此闻名。

为了宣传、保护坡芽山歌，打造坡芽山歌品牌，"十二五"期间，云南省和富宁县采取了各种措施。在利用家庭传承坡芽歌书方面，富宁县采取的措施可以概括为"一户一首歌"。具体做法是以随机抽签的方式，将81首坡芽山歌分配到户，每户至少一首；将抽签抽到的歌名和图案以标牌的形式固定到对应户的门口墙上，并要求该户的每个成员都学习、会唱。根据笔者的访谈，村里几乎所有被访的孩子都表示自己"会唱我家里的那首歌"，还有个别孩子表示会唱3首。这种情况表明，坡芽山歌的家庭传承方式很有新意，也有较好的传承效果。

坡芽山歌的家庭传承之所以有效，或许是因为有与之相关的其他条件作为保证。这些条件至少包括坡芽村交通通信条件的改善，村容村貌的美化，住房条件的改善，村落旅游开发的努力。如前所述，为了打造坡芽山歌品牌，云南省和富宁县在改善坡芽村的基础设施方面进行了很大的投入。例如，2011年，富宁县投入800万元，修建了剥隘镇至坡芽村的柏油路，改善了坡芽村的交通条件；投入10万元，安装了通信信号塔，改善了坡芽村的交通和通信条件；2007年后，云南省和富宁县及其他单位先后投入约 200 万元用于坡芽村村寨大门建设和修缮、道路硬化、饮水设施建设、文化传习馆和公共卫生设施建设以及文化长廊建设、歌书符号展示等，对村容、村貌进行了美化；2014 年，国家和云南各级政府又投资 1000 多万元，对坡芽村民的住房进行统一规划和整体改造，大大改善了村民的居住条件。① 此外，云南省和富宁县政府还积极探索坡芽村的经济发展新路，想尽各种办法促进坡芽村旅游发展，包括发展乡村休闲旅游、开发坡芽文化产品等。上述各种措施和努力，体现了国家及云南各级政府对保护坡芽山歌的重视，彰显了壮族传统民间文化的价值，给村民带来了实惠，因而鼓励了农户传承民间文化的积极性。如果没有这些提高和改善村民生活条件的措施和发展村落经济的努力，村民传承坡芽山歌的积极性和自觉性或许就难以调动。

（六）挖掘壮族民间文化资源，发展文化旅游，开发文化产业

各地政府在抢救、保护、传承壮族民间文化的同时，还积极探索壮族民间文化的产业化利用和开发，以激发民间文化的保护和创新活力，促进地方经济发展。壮族民间文化的产业化开发模式主要有三种，一是将部分壮族民间歌圩节发展为由政府举办的主题文化旅游节；二是打造大型文化实景演出项目；三是进行壮族特色文化商品开发。

（1）将部分壮族民间歌圩节发展为由政府举办的主题文化旅游节。将壮族民间歌圩节发展为由政府举办的文化旅游节，是壮族民间文化产业化开发的最典型模式。这一模式的基本做法是地方政府在壮族民间传统歌圩节的基础上，挖掘和整合壮族传统文化特质，通过动员、组织，将传统民间歌圩节发展成为集民间文化展演、文化宣传、文化研究和商品贸易展销为一体的主题节日文化—经贸—旅游活动。此种开发模式旨在扩大壮族民间文化的影响，促进地方旅游经济发展。在壮族地区，这种文化旅游节日活动较为活跃，并形成了较多影响较大的文化品牌。以广西为例，规模较大、影响较广的壮族民间文化旅游节主要有中国壮乡·武鸣"三月三"

---

① 相关数据根据《"十二五"富宁坡芽文化品牌建设项目规划表》《坡芽文化保护和开发项目任务规划表》和《2012 年坡芽文化品牌建设项目任务表》等资料归纳整理，上述资料由富宁县委宣传部提供。

歌圩暨骆越文化旅游节和田阳敢壮山布洛陀民俗文化旅游节。

武鸣，即广西武鸣县，位于广西中南部，属南宁市，距南宁市约 30 千米，面积 3378 平方千米。全县 68 万人口中，壮族人口约占 87%。武鸣县下辖 13 个乡（镇）、218 个行政村。

武鸣县是典型的壮族聚居县，歌圩文化历史悠久，氛围浓厚。改革开放以来，武鸣县政府和广西区政府，一直重视对壮族民间"三月三"歌节的引导、保护和开发。1980 年，县政府就开始引导和组织举办"三月三"歌节；1985 年，命名为武鸣壮族"三月三"歌节；2003 年更名为武鸣壮族"三月三"歌圩；2005 年"三月三"歌圩被命名为中国壮乡·武鸣"三月三"歌圩；2011 年更名为中国壮乡·武鸣"三月三"歌圩暨骆越文化旅游节；2014 年武鸣"壮族三月三"被申报为国家级非物质文化遗产名录。经过 30 多年的积累和创新，武鸣县传统的壮族民间"三月三"歌圩，已发展成为由武鸣县政府举办的壮族文化旅游节。武鸣"壮族三月三"歌圩暨骆越文化旅游节，已成为广西重要的壮族民间文化品牌和壮族民间文化产业品牌之一。[1]

根据武鸣县委、县政府印发的 2015 年中国壮乡·武鸣"壮族三月三"歌圩暨骆越文化旅游节活动方案，[2] 我们基本可以了解武鸣"壮族三月三"旅游节活动的基本框架或基本模式。

①县委县政府统一领导和组织。为了统一领导和组织，武鸣县成立了 2015 年中国壮乡·武鸣"壮族三月三"歌圩暨骆越文化旅游节活动领导小组。领导小组组长分别由县委书记、县长、县人大主任和县政协主席四大班子主要领导担任；副组长 23 人，分别由县委副书记、副县长、县纪委书记、县组织部长、县宣传部长、县政法委书记、县人大副主任、县公安局长、县政协副主席等领导担任。领导小组下设文体、旅游、经贸、协调、广告赞助、宣传、接待等 15 个工作组，均由县直局、委、主要社会团体和国有企业主要领导组成，负责组织实施文化旅游节的各项具体

① 参见武鸣县人民政府《武鸣县少数民族文化保护与开发利用情况汇报》（2015 年 3 月 12 日），由武鸣县民族局提供。
② 参见《中共武鸣县委办公室、武鸣县人民政府办公室关于印发 2015 年中国壮乡·武鸣"壮族三月三"歌圩暨骆越文化旅游节活动方案的通知》，由武鸣县文化广播影视和体育局提供。

工作。

②壮族民间传统文化活动、现代流行文化活动、旅游与经贸活动被整体融入文化旅游节。壮族民间传统文化活动、现代流行文化活动、旅游与经贸活动是武鸣"壮族三月三"歌圩暨骆越文化旅游节活动的主要内容。这些活动被举办方分为四类：文化活动、体育活动、旅游活动和经贸活动。从武鸣"壮族三月三"歌圩暨骆越文化旅游节的活动安排表可以看出，其中的文化活动、体育活动和旅游活动，实际上可以分为两大部分，一部分是壮族传统民间文化习俗，如对歌、竹竿舞、抢花炮、舞狮、武术、三人板鞋、滚铁环、打陀螺、顶竹杠、掰手腕、抛绣球、骆越始祖王祭祀、壮族相亲与婚俗、壮族民俗斗鸡、斗鸟、斗牛等；另一部分是现代流行文化或精英文化，主要包括文艺演出、广场舞、街舞、文学笔会、书画摄影赛展等。经贸活动包括重大项目开工或竣工仪式、投资环境说明会暨项目签约仪式、"壮乡美食·武鸣特产"展销推介会等。

③将文化宣传与市场营销融为一体。文化旅游节注重发挥现代大众传媒的作用，积极利用现代传媒宣传武鸣，营销武鸣。2015年武鸣"壮族三月三"节日筹备期间，武鸣县委要求县委宣传部，要组织县属新闻媒体统筹做好宣传发动工作，认真制定宣传方案，要对歌圩活动的内容、意义进行多角度、深层次的宣传报道，让区内外游客及全县群众，全面了解并广泛参与2015年中国壮乡·武鸣"壮族三月三"歌圩暨骆越文化旅游节的各项活动。为了扩大宣传，文化旅游节前夕，武鸣县委宣传部组织召开了中国壮乡·武鸣"壮族三月三"歌圩暨骆越文化旅游节新闻发布会，邀请了中央电视台、广西壮族自治区和南宁市的多家新闻媒体出席，对节日活动进行宣传报道。节日期间，还开展了名为CCTV发现之旅·发现GO的"壮乡美食·武鸣特产"展销推介会。

（2）打造山水实景演出项目：《印象·刘三姐》。《印象·刘三姐》是由桂林广维文华旅游文化产业有限公司投资开发，由ZYM团队策划导演的大型山水实景文化演出项目。剧场位于桂林漓江下游阳朔县城段约2平方千米的水域，并以漓江及其两岸山峰等自然景观为舞台背景。壮族歌仙刘三姐传说及阳朔地方文化特质是剧场演出的主要内容。在创作手法上，《印象·刘三姐》运用现代灯光、音响等舞台技术，成功地将刘三姐文化及阳朔地方民族文化融入秀丽的漓江山水，剧场美丽壮观，演出场面宏大震撼。从项目性质上看，《印象·刘三姐》是按市场模式运作的旅游项目，通过演出，获得门票收入；从文化保护和发展的角度来看，《印象·刘三姐》也是壮族民间文化产业化的典型形式。作为壮族民间文化产业化的典型，《印象·刘三姐》是一次成功的商业化演出尝试，获得了很好的经济效益。据阳朔文联 MGY 估算，《印象·刘三姐》每场演出的门票收入至少 50 万元，按每晚演出 3 场计算，每晚门票收入 150 万元。一年收入超过 5 亿元。正因如此，2004 年《印象·刘三姐》被文化部认定为国家文化产业基地，2014 年又被文化部评为国家文化产业示范基地。

需要指出的是，作为山水实景演出，《印象·刘三姐》的意义不可任意放大，《印象·刘三姐》的运作模式也不宜生硬照搬。这是因为，《印象·刘三姐》的成功取决于其独一无二的条件。这些条件有四个方面。一是优美的自然景观，尤其是闻名世界的漓江山水，为《印象·刘三姐》提供了无与伦比的自然条件。二是桂林这一国际旅游名城，为《印象·刘三姐》提供了庞大而不断增长的观众来源。阳朔与桂林之间既有闻名的漓江相连，又有秀丽多姿的卡斯特地貌分布，无论水路乘船还是陆路乘车，都仅有 2 个多小时行程。其独特的自然景观和有利的地理位置，吸引了稳定和大量的游客，因而也为《印象·刘三姐》吸引了大量观众。从 2012 年开始，桂林年接待游客已突破 3000 万人，而阳朔则突破了 1000 万人（见表 8—7）。稳定和大规模的游客市场，是《印象·刘三姐》得以成功的保证。三是 ZYM 的名人效应。四是 ZYM 艺术团队的精心创作，使得《印象·刘三姐》在艺术上具有震撼力和吸引力。

表 8—7　　　　　　近 10 年来桂林与阳朔每年接待游客状况

年份	桂林接待游客（万人）	增长率（%）	阳朔接待游客（万人）	增长率（%）
2015	4470.00	12.5	1304.9	
2014	3871.20	8.0	1230.9	5.1
2013	3584.00	8.9	1170.8	11.5
2012	3292.65	18.1	1050.3	12.3
2011	2788.17	24.1	935.6	15.3
2009	1860.08	14.3	720	28.8
2008	1626.90	6.3	559	8.3

年份	桂林接待游客（万人）	增长率（%）	阳朔接待游客（万人）	增长率（%）
2007	1530.64	14.4	516	24.4
2005	1337.95	11.0	415	17.4

注：本表根据桂林市和阳朔县相应年份政府工作报告相关数据整理。

（3）壮族特色文化商品开发。壮族特色文化商品开发有两种基本做法，一是直接生产各种物质或非物质形式的壮族民间文化特质商品，如壮乡大米、靖西香糯、靖西香粽、壮族米酒、壮族山歌水饺、绣球、壮锦及与壮锦相关的各种饰品、壮族麽乜、壮族传统服饰等；二是以某种壮族特色文化为品牌，开发商品。这种文化产业形式很大程度上还处于探索和尝试阶段。如富宁县在"十二五"期间就努力在打造坡芽山歌和坡芽文化品牌的基础上，建设坡芽清香米加工厂，开发坡芽大米产品。此外，富宁县还积极探索将坡芽歌书符号与纺织、包装、工艺品、旅游纪念品生产相结合，利用破芽品牌开发新的商品。阳朔县也积极建议广维文华公司利用《印象·刘三姐》这一优秀品牌开发新的产品。例如，生产《印象·刘三姐》矿泉水、纯净水、旅游纪念品等。

（七）学术研究

在壮族民间文化保护实践中，为了解决与壮族民间文化保护相关的理论或实践问题，国家及地方政府还积极引导和大力支持壮族民间文化的相关研究。其中，通过国家和省、自治区级社科基金资助与壮族民间文化及其保护和开发相关的项目研究，是国家引导和支持壮族民间文化研究的重要机制。据笔者初步统计，1993—2013年，仅广西就有30项壮族民间文化研究获得国家社科基金项目立项（见表8—8）。此外，还有很多支持壮族民间文化研究的省（区）级或市、厅级基金项目。

按照研究的问题性质，各类社科基金项目大致包含三大类。一类是基础性研究，一类是应用性研究，还有一类是综合研究。但无论是哪类研究，都关乎壮族民间文化发展的重要理论和现实问题，其中很多问题直接与壮族民间文化的保护、传承和创新相关，对引导壮族民间文化变迁具有重要意义。因此，引导和支持壮族民间文化研究，是国家保护壮族民间文化、引导壮族民间文化变迁实践的重要内容。

表8—8 壮族民间文化国家社科基金项目（广西部分）（1993—2013 年）

序号	项目名称	立项时间	研究领域	项目类别
1	语言接触视野下的南部壮语语法研究	2013	语言学	一般项目
2	壮语与泰语谚语比较研究	2013	语言学	西部项目
3	壮族传统文化信息资源与文化创意产业融合发展研究	2013	图书馆、情报	西部项目
4	壮族麽教典籍整理与德译研究	2013	宗教学	西部项目
5	壮族民间传说与族群记忆	2013	中国文学	一般项目
6	勾漏粤语与壮语语法的比较研究	2012	语言学	西部项目
7	壮族传统节日的文化创新研究	2012	民族问题研究	一般项目
8	类型学视野的上林壮语情态研究	2012	语言学	青年项目
9	广西壮学研究资料英译汇编研究	2011	语言学	一般项目
10	基于开放式数据库的古壮字字符与文献的搜集整理	2011	语言学	一般项目
11	壮语语法化研究	2011	语言学	一般项目
12	广西壮族语言生活与壮族地区和谐社会关系研究	2011	语言学	西部项目
13	布傣布侬古壮字文献搜集整理研究	2011	语言学	西部项目
14	《壮族麽经布洛陀影印译注》词汇文字研究	2010	宗教学	西部项目
15	华南壮侗民族体育文化的保护与传承	2010	体育学	西部项目
16	城市化背景下的壮族乡村文化保护研究	2010	民族问题研究	西部项目
17	社会转型期壮族民间文化变迁研究	2010	社会学	青年项目
18	壮族伦理思想研究	2009	哲学	西部项目
19	壮族典籍英译研究——以布洛陀史诗为例	2008	语言学	西部项目
20	广西壮语、汉语方言语法语料库	2008	语言学	一般项目
21	壮族聚居区农村体育现状、问题与对策研究	2007	体育学	西部项目

续表

序号	项目名称	立项时间	研究领域	项目类别
22	民众口头创作与族群文化品性——壮族民间文学的文化透视研究	2006	中国文学	西部项目
23	壮族社会生活史研究	2006	民族问题研究	一般项目
24	壮族习惯法研究	2006	民族问题研究	西部项目
25	壮族地区壮汉双语双文教学研究	2006	语言学	西部项目
26	从山野到都市——黑衣壮民歌的审美人类学研究	2005	中国文学	青年项目
27	非物质文化遗产保护与壮族民歌习俗传承现状的跨学科调查和研究	2005	民族问题研究	西部项目
28	壮族文学现代化的历程	2002	中国文学	一般自选
29	壮族经济发展史的人类学考察	2002	民族问题研究	一般自选
30	壮族文化史	1996	民族问题研究	重点项目
31	壮族哲学思想史	1993	哲学	一般项目

注：本表依据全国哲学社会科学历年资助项目查询整理 http：//www.npopss-cn.gov.cn/GB/221422/index.html，项目名称的检索词为"壮"或"壮族"，所在省区市为"广西"。

二　民间社会的态度

文化保护需要全社会的努力。归根结底，文化只有回归其社会载体或社会主体，得到其社会载体或主体的重视，并被其付诸实践，才能得到有效保护。同样，壮族民间文化只有最终回归壮族民间社会，得到壮族民间社会的普遍重视，并成为壮族民间社会生活实践密不可分的内容，壮族民间文化才能得到有效保护。如前所述，社会转型期，为了保护壮族民间文化，国家和地方各级政府投入了大量人力、物力和财力，尝试了多种办法，采取了多种措施。那么，对国家和地方政府的上述努力，壮族民间社会的态度如何？

为了回答上述问题，我们于2016年4月，分别在武鸣"三月三"歌圩暨骆越始祖王祭祀大典所在地——武鸣县罗波镇及武鸣县城、布洛陀民俗文化旅游节活动举办地——百色市田阳县百育镇敢壮山下的那贯屯及田阳县城和坡芽山歌保护与传承基地——云南省富宁县剥隘镇坡芽村三个壮族民间文化较为典型的区域进行了抽样问卷调查。其中,在罗波镇和武鸣县城共发放问卷 100 份,回收问卷 100 份,有效问卷 95 份,问卷有效率 95%;那贯屯和田阳县城共发放问卷 100 份,回收问卷 98 份,有效问卷 97 份,问卷有效率为 97%;坡芽村发放问卷 58 份,回收问卷 58 份,有效问卷 58 份,问卷有效率 100%。

(一)绝大多数调查对象认为,政府举办的活动或采取的措施,对壮族民间文化保护起到了促进作用

在问卷调查中,我们在三个调查点从总体上分别询问了以下问题:武鸣县每年举办中国壮乡·武鸣"壮族三月三"歌圩暨骆越文化旅游节,您认为这一活动是否促进了壮族传统文化的保护;敢壮山每年举办布洛陀民俗文化旅游节,您认为这一节日活动是否促进了布洛陀民俗文化的保护;您认为,(坡芽村)山歌传习所在传习山歌方面是否起到了作用?对上述三个问题,绝大多数调查对象都给出了肯定的回答。三个调查点给出肯定回答的比例依次为 90.53%、93.68% 和 100%。

表 8—9　　　　不同性别对武鸣"壮族三月三"歌圩暨骆越文化旅游节文化保护功能的评价

是否促进文化保护		性别		总计
		男	女	
是	频次	40	46	86
	占性别的百分比(%)	90.91	90.20	90.53
否	频次	4	5	9
	占性别的百分比(%)	9.09	9.80	9.47
总计	频次	44	51	95
	占性别的百分比(%)	100.0	100.0	100.0

表8—10　不同性别对敢壮山布洛陀民俗文化旅游节文化保护功能的评价

是否促进文化保护		性别		总计
		男	女	
是	频次	46	43	89
	占性别的百分比（%）	93.88	93.48	93.68
否	频次	3	3	6
	占性别的百分比（%）	6.12	6.52	6.32
总计	频次	49	46	95
	占性别的百分比（%）	100.0	100.0	100.0

表8—11　　　不同性别对坡芽山歌传习所在传习山歌中的作用评价

是否促进文化保护		性别		总计
		男	女	
是	频次	28	30	58
	占性别的百分比（%）	100.0	100.0	100.0
总计	频次	28	30	58
	占性别的百分比（%）	100.0	100.0	100.0

　　从性别角度看，在罗波镇和武鸣县，分别有90.91%的男性调查对象和90.20%的女性调查对象给出了肯定回答（见表8—9）；在田阳和坡芽，给出肯定回答的男性比例和女性比例分别为93.88%、93.48%和100%、100%。性别差异很小（见表8—10和表8—11）。

　　从年龄角度看，我们将调查对象按年龄从低到高依次分为四组：少年儿童（0—18岁）、青年（19—30岁）、中年（31—60岁）和老年（60岁以上）。在罗波镇和武鸣县，在回答上述问题时，少年儿童和老年人全部给出了肯定答案；有85%的青年人和90.91%的中年人给出了肯定答案（见表8—12）；在田阳，青年和少年儿童都做出了肯定回答，有88.89%的中年人和93.33%的老年人做出了肯定回答（见表8—13）；而在坡芽村，各个年龄组做出肯定回答的均为100%（见表8—14）。问卷调查结果表明，各地文化活动对壮族传统文化的保护作用，不同年龄群体都一致表示了肯定。

表8—12　　　不同年龄群体对武鸣"壮族三月三"歌圩暨
骆越文化旅游节文化保护功能的评价

是否促进文化保护		年龄组				总计
		少年儿童	青年	中年	老年	
是	频次	2	17	60	7	86
	年龄组内百分比（%）	100.0	85.0	90.91	100.0	90.53
否	频次	0	3	6	0	9
	年龄组内百分比（%）	.0	15.0	9.09	.0	9.47
总计	频次	2	20	66	7	95
	年龄组内百分比（%）	100.0	100.0	100.0	100.0	100.0

表8—13　　　不同年龄群体对敢壮山布洛陀民俗文化
旅游节文化保护功能的评价

是否促进文化保护		年龄组				总计
		少年儿童	青年	中年	老年	
是	频次	4	31	40	14	89
	年龄组内百分比（%）	100.0	100.0	88.89	93.33	93.68
否	频次	0	0	5	1	6
	年龄组内百分比（%）	.0	.0	11.11	6.67	6.32
总计	频次	4	31	45	15	95
	年龄组内百分比（%）	100.0	100.0	100.0	100.0	100.0

表8—14　不同年龄组对坡芽山歌传习所在传习山歌中的作用评价

是否发挥作用		年龄组				总计
		少年儿童	青年	中年	老年	
是	频次	7	9	30	12	58
	年龄组内百分比（%）	100.0	100.0	100.0	100.0	100.0
总计	频次	7	9	30	12	58
	年龄组内百分比（%）	100.0	100.0	100.0	100.0	100.0

从职业角度看，我们借鉴了陆学艺教授关于转型期中国社会分层研究中的职业分类。陆教授将中国社会划分为十大阶层，分别用十大职业来表示。本书根据壮族农村社会变迁的实际，主要选择了其中的七类职业，从高到低依次是私营企业主、企业经理、专业技术人员、个体户、商业服务业人员、工厂工人或农民工、农民。从调查的样本构成来看，罗波镇和武鸣县的职业分化较为明显，农民的比重较低，约为18%。而田阳和坡芽村的职业分化程度较低，农民仍占大多数。

在武鸣县调查对象中，专业技术人员和商业服务业人员对上述问题做出肯定回答的比例稍低，分别为75%和78.6%，其他职业群体做出肯定回答的比例均在80%以上。在田阳，除了经理人员做出肯定回答的比例为50%，其他职业群体做出肯定回答的比例均在90%以上。而在坡芽村，各职业群体做出的肯定回答均为100%。从调查结果来看，各地政府开展的文化活动对壮族传统文化的保护作用，不同职业群体也都较一致的表示肯定。

（二）多数调查对象对国家和地方政府的保护措施感到满意，对地方政府开展的旅游开发活动表示赞成

针对国家和地方各级政府所采取的各项保护壮族民间文化的措施，我们在武鸣和坡芽村，分别向调查对象询问了如下问题：总体上，对武鸣县采取的保护壮族传统文化的各种措施，您感到满意吗？对坡芽山歌的各项保护工作，总体上您满意吗？

从回答的情况看，多数调查对象对国家和地方政府的保护措施表示满意。在武鸣，有68.4%的调查对象对国家和地方政府的保护措施表示满意，其中男性占30.5%，女性占37.9%。在男性调查对象中，表示满意的占65.9%；在女性调查对象中，表示满意的占70.6%。可见，无论是在总体结构中，还是在男女性别的内部结构中，对国家和地方政府所采取的壮族民间文化保护措施表示满意的均占多数，且女性比例均稍高于男性比例。从年龄角度上看，100%的少年儿童表示满意，74.2%的中年人和71.4%的老年人表示满意；青年人中，表示满意的比例较低，仅有45%。从职业角度看，除了商业服务业人员中仅有42.9%的调查对象表示满意，在其他职业的调查对象中，表示满意的比例均超过50%。青年人表示满

意的比例较低，在一定程度上是因为这一群体多数进入城市生活，受流行文化影响较大，对壮族民间文化不太熟悉，对壮族民间文化和国家及地方政府采取的各项保护措施缺乏关注和了解所致。商业服务业人员表示满意的比例较低，可能是因为其中的多数是青年人，因此其原因应与对青年人的解释一致。而在坡芽村，所有调查对象都表示满意。

在田阳那贯屯和坡芽村，针对地方政府的各项旅游开发活动，我们各询问了一个问题：每年在这里举行布洛陀民俗文化旅游节，作为附近的居民，您是否赞成？如果把坡芽村作为旅游景点，您赞成吗？

在田阳，95.9%的调查对象表示赞成，其中，男性占48.5%，女性占47.4%。性别、年龄和职业间差异都较小。而在坡芽村调查对象中，表示赞成的比例为100%。可见，在田阳和坡芽，调查者对当地政府开展的旅游开发活动，绝大多数表示赞成。

（三）民间社会希望国家和地方政府在壮族民间文化保护活动中发挥作用，能够组织民间文化活动的开展；但在民间文化活动的具体形式上，又希望国家和地方政府将之回归民间社会

尽管调查结果显示，壮族民间社会对国家和地方政府所开展的壮族民间文化保护工作表示肯定、满意和赞成。但对于在保护实践中，国家和地方政府在处理其与壮族民间文化和壮族民间社会的关系上，调查对象并不认为完全合理，希望国家和政府能将壮族民间文化活动回归壮族民间社会。在武鸣县罗波镇，我们询问了这样的问题：在祭祀骆越始祖庙的时候，您认为是以代表的方式祭祀好，还是由个人自发祭祀的方式好？有52.13%的调查对象回答"个人自发祭祀好"，有47.87%的调查对象回答"以代表的方式祭祀好"（见表8—15）。在田阳那贯屯调查时，我们询问了类似的问题：就祭拜布洛陀而言，您觉得是以政府统一组织的公祭方式好，还是自愿自发的祭拜方式好？回答"政府组织的祭拜方式好"的调查对象占调查对象总数的44.33%，而回答"自愿自发的祭拜好"的占55.67%（见表8—16）。自2011年开始，百色市和田阳县就开始将敢壮山歌圩中传统自发自由的对歌方式向在固定地点和有组织的对歌方式引导。例如，举办方为歌手指定对歌地点，摆放几张桌子，歌手穿着民族服装坐在桌子旁，拿着麦克风对歌。对这一变化，我们询问了这样的问题：

歌圩节的时候，您是喜欢自由对歌，还是喜欢按照政府指定的地点和形式对歌？有74.74%的调查对象选择了"喜欢自由对歌"，仅有25.26%的调查对象选择了"喜欢按照指定的地方和形式对歌"（见表8—17）。最后，在那贯屯，针对敢壮山歌圩活动，我们还询问了调查对象是希望由政府组织，还是希望由民间社会自发组织。而多数调查对象回答"希望政府组织"，占调查对象总数的57.29%，少数调查对象回答"希望民间自发组织"，占调查总数的42.71%（见表8—18）。从上述调查结果可以看出，壮族民间社会一方面希望国家和地方政府在壮族民间文化活动中发挥作用，能够组织民间文化活动的开展；另一方面，在民间文化活动的具体形式上，又希望国家和地方政府不要控制太多，应该将之回归壮族民间社会。

表8—15　　　　　　在祭祀骆越祖庙时，您认为是以代表的
方式祭祀好，还是个人自发祭祀好？

哪种祭祀方式好	频次	有效百分比（%）
以代表的方式祭祀好	45	47.87
个人自发祭祀好	49	52.13
小计	94	100.0
缺失	1	
总计	95	

表8—16　　　　祭拜布洛陀时，您觉得是以政府统一组织公祭
方式好还是自愿自发的祭拜好？

哪种祭拜方式好	频次	有效百分比（%）
政府组织的祭拜方式好	43	44.33
自愿自发的祭拜好	54	55.67
总计	97	100.0

表8—17　　　　歌圩节的时候，您是喜欢自由对歌，还是喜欢
按照指定的地方和形式对歌？

哪种对歌方式好	频次	有效百分比（%）
喜欢自由对歌	71	74.74
喜欢按照指定的地方和形式对歌	24	25.26
小计	95	100.0
缺失值	2	
总计	97	

表8—18　　　　就敢壮山歌圩节来说，您是希望由政府组织，
还是希望民间自发组织？

组织方式	频次	有效百分比（%）
希望政府组织	55	57.29
希望民间自发组织	41	42.71
小计	96	100.0
缺失	1	
总计	97	

三　对国家和地方政府引导壮族民间
文化变迁实践的理论反思

建构论认为，国家不仅能够认识文化变迁的规律，还能够有计划地控制文化变迁。现代文化变迁是国家实施、自上而下发动和控制的过程。转型期，国家和地方政府引导壮族民间文化变迁的实践，在一定程度上支持了建构论的上述观点。如前所述，国家及地方政府所进行的非物质文化遗产保护立法、非遗代表性项目名录申报、壮族民间文化的传承、开发和研究等多种措施，不仅基本上构成了转型期壮族民间文化保护的主要内容，形成了壮族民间文化保护的基本模式，实际上也成为推动壮族民间文化变迁的重要动力，形塑了壮族民间文化变迁的基本过程和面貌，明确了壮族民间文化变迁的基本走向。同时，这一过程还具有明显的自上而下的强制

性和计划性特点。尽管如此，但并不意味着壮族民间文化现代化变迁的任务仅仅依靠国家和各级政府就可以独立完成。要构建壮族民间文化的现代性，实现壮族民间文化的现代化变迁，不但离不开壮族民间社会的参与，也离不开市场的参与。实际上，由于民间社会的缺位，国家在保护壮族民间文化和引导壮族民间文化变迁实践中，已遇到诸多困难和问题。例如，由于忽略民间社会的态度，在壮族民间文化保护实践中，民间社会缺乏积极性，导致壮族民间文化保护成本提高，民间文化保护效率低下。壮族民间文化保护和传承所需要的大量资金，除了政府财政支持，还需要市场的力量。不仅如此，市场在壮族民间文化产业化过程中还应大有可为。因此，在保护壮族民间文化、引导壮族民间文化变迁过程中，国家应该鼓励壮族民间社会和市场的参与，并在区分国家、市场、社会三者角色的基础上，建立三者之间的良性互动关系。主要内容应包括以下三点。第一，在壮族民间文化保护的研究与决策过程中，应避免民间文化实践主体的缺位，最大限度地听取和尊重民间社会的声音；第二，在壮族民间文化保护中，国家应该通过履行政策职能，按照城乡公正发展的原则，建立起保护民间文化的制度机制；第三，在壮族民间文化保护过程中，必须以激活社会保护民间文化的活力为基础，合理发挥市场作用。既要承认并充分满足民间社会客观而合理的利益要求，又要尊重民间文化事实和民间文化发展规律，特别是要尊重壮族社会的民间信仰、文化传统和文化情感，并确保在保护的前提下进行产业性开发。①

---

① 吴德群：《国家、市场、社会良性互动视角下的壮族民间文化保护》，《广西社会科学》2010 年第 12 期。

第 九 章

壮族民间文化保护面临的困境与对策

转型期，为保护壮族民间文化、引导壮族民间文化变迁，国家和地方政府付出了大量努力，采取了各种措施，也取得了一定的成效。但由于壮族民间文化内容十分丰富，挖掘、整理、保护工作任务较重，所需人财物等资源投入量较大，因此，在保护壮族民间文化和引导壮族民间文化变迁过程中，也遇到了一些困难，存在一些问题。本章将在分析这些困难和问题的基础上，提出对策。

一 壮族民间文化保护面临的困境

转型期，国家和地方政府在保护壮族民间文化，引导壮族民间文化变迁过程中主要存在以下五个方面的困难或问题：一是缺乏人才；二是缺乏资金；三是"非遗"保护组织机构不健全；四是在文化保护实践过程中重开发轻传承，文化传承在一定程度上流于形式；五是在壮族民间文化保护过程中，地方政府大包大揽，民间社会的主动性和积极性没能得到应有发挥。

（一）缺乏人才

这里的人才包括两大类，一是指具有与壮族民间文化相关的文化研究和文化创作人才；二是指具有壮族民间文化知识和实践能力的乡土人才。就第一类人才而言，改革开放初期，党和国家对"文化大革命"时期的文化政策进行了拨乱反正，大力恢复和发展包括壮族民间文化在内的各项文化事业，各种专业文化团体迅速发展。由于这些专业文化团体具有事业单位性质，得到了国家财政的全力支持，因而吸引和培养了一批在文化管理、研究和创作方面具有较强能力的专业人才。随着改革开放的深入，市场经济体制的建立和发展，尤其是全球化和现代大众传媒的发展和普及，现代多元流行文化迅速涌入，各种专业团体面临空前挑战，演出市场迅速缩减，各种专业人才也显著减少。为了激发各专业文化团体活力，改革开放以来，党和国家不断探索和推进文化体制改革。改革的突出方向，就是逐步取消各专业文化团体的事业单位身份，赋予其企业性质。主要做法就是压缩或逐渐取消各专业文化团体工作人员的事业编制。反映在工资分配上，各专业文化团体工作人员的工资由以前的财政全额支付逐渐改为财政部分支付或完全由企业自己支付。文化体制上的改革对提高文化团体的运行效率、激发文化创作和发展活力以及促进文化产业的发展，具有重要意义。但在专业文化团体向市场转向的过程中，也遇到了人才流失和人才培养的困难。

以柳州市彩调团为例，据柳州市艺术剧院某负责人介绍，柳州市彩调团原为柳州市事业单位，1959 年第一次排演了彩调《刘三姐》，获得成功。1979 年柳州彩调团复排《刘三姐》后，到全国各地演出。第一次到上海演出 2 个月；第二次从桂林到衡阳、株洲、长沙、武汉和湖北黄石等地巡演；第三次到贵阳、昆明巡演，获得巨大成功。改革开放以后，传统戏剧市场出现不景气，《刘三姐》基本上处于休眠状态。20 世纪 90 年代，为了抢救彩调《刘三姐》，柳州市彩调团在演员不够齐全，演出艺术水准不是很高的情况下，在电视台进行了一次彩调《刘三姐》的抢救式演出录像，旨在保存资料。2010 年，柳州市彩调团与柳州市桂剧团和柳州市越剧团合并成立了柳州市艺术剧院。在单位性质上，新成立的柳州市艺术剧院仍为事业单位，但原柳州市彩调团的人员编制却由以前的六十多个缩减到三十几个。在压缩事业编制的同时，艺术剧院的工资发放机制也发生了变化，在职人员的工资由原来的财政全额发放，改为现在的财政 70%发放，余下的 30%工资由剧院商业演出收入分配。而退休人员的退休金则全额发放。由于商业演出效益不好，演员通常只能获得 70%的工资；退休人员因能得到全额退休金而比其在职状态下的收入要高。因此，一批达到提前退休年龄的演员都提前退休。由于提前退休者多为原剧团的业务骨干，因此，他们的退休造成了大批人才流失。另一方面，由于人员编制减少和实际上的工资水平降低，彩调团既难以引进外来人才或年轻人才，又难以培养新的人才。人才的流失和缺乏限制了柳州彩调团的发展。目前,柳州彩调团既缺少专业的编剧、作曲和导演,又缺少伴奏,其中二胡只剩下两把,尤其是缺乏演员,目前整个剧院只有 6 个女演员,8 个男演员。因此,演出非常困难。

跟专业人才境况相似,与壮族民间文化相关的乡土人才也严重缺乏。乡土人才的缺乏主要有两个原因,一是民间艺人普遍老龄化,二是因很多民间文化传承中断,后继乏人。上述两个原因我们可以从壮族非物质文化遗产代表性项目传承人的年龄分布得到理解。表 9—1 和表 9—2 分别整理了部分国家级和广西壮族自治区级壮族非物质文化代表性项目传承人情况。从年龄情况来看,9 位国家级传承人中,年龄最小的 51 岁,年龄最大的 82 岁,平均年龄 71.33 岁,60 岁以上的老年人几乎占 90%。中年传承人极少,30 岁以下的青年人没有。再从广西壮族自治区非遗传承人的年龄情况来看,我们统计了第二批和第四批广西壮族自治区级壮族非物质文化遗产代表性项目传承人的年龄情况。在 67 名传承人中,年龄在 60 岁以上的有 37 人,占总数的 55.22%,其中年龄在 70 岁以上的有 17 人,占总数的 25.37%;30 岁以下的青年人同样没有。可见,无论是国家级壮族民间文化传承人,还是广西壮族自治区级壮族民间文化传承人,都明显地呈现老龄化;同时,年轻的乡土人才又严重缺乏。尽管仅从传承人的年龄状况不能得出壮族民间文化后继无人的结论,因为还有很多传承人存在,他们还在积极传承壮族民间文化,还在培养壮族民间文化的后继人才,但至少我们可以肯定的是,有关壮族民间文化的中青年人才明显缺乏。随着老艺人年龄的增高或辞世,壮族民间文化的老年人才将必然减少。若不能及时培养出青年人才,乡土人才的缺乏状况将会进一步加重。

表 9—1　　　　　　壮族民间文化国家级传承人的年龄结构

姓名	年龄（岁）	代表项目
LJC	72	那坡壮族民歌
ZQY	82	壮剧
BKJ	79	壮剧
LZC	80	壮剧

续表

姓名	年龄（岁）	代表性项目
LXZ	66	文山壮族铜鼓舞
HZW	70	文山壮族铜鼓舞
NFM	51	坡芽情歌
LGX（壮族）	73	桂剧
QMD（壮族）	69	彩调

注：本表根据第二批和第四批国家级非物质文化遗产代表性项目传承人整理。第三批传承人无年龄信息，第一批非遗代表性项目无相关传承人。

表9—2 第二批、第四批广西壮族自治区级壮族民间文化传承人年龄分布

序号	姓名	年龄	代表项目	序号	姓名	年龄	代表项目
1	MHM	59	壮族三声部民歌	35	PZA	66	田阳古美山歌
2	PBY	83	凌云壮族72巫调	36	NZF	50	田东仰岩歌圩
3	LFQ	73	壮族天琴艺术	37	CCM	47	田东壮族唐皇
4	LSW	60	壮族天琴艺术	38	HLP	54	德保壮族歌圩
5	LYQ	46	壮族哭嫁歌	39	LCL	49	壮族织锦技艺
6	LLZ	49	壮族哭嫁歌	40	LZW	69	南路壮剧
7	YJX	67	壮族民歌	41	LTG	60	靖西壮族舞蹈
8	LCH	67	壮族会鼓	42	LCJ	71	壮族夹砂陶艺
9	LQW	78	壮族嘹啰山歌	43	HXQ	70	壮族绣球制作
10	XBY	74	壮族蚂（虫另）舞	44	LDQ	45	壮医驳骨疗法
11	SWD	56	壮族蚂（虫另）舞	45	HFS	74	壮族民间小调
12	YTR	72	壮族春榔舞	46	LXK	66	靖西壮族八音
13	TXQ	85	壮族打扁担	47	HJH	47	隆林壮族山歌
14	QSF	63	壮族打扁担	48	LFM	51	北路壮剧
15	LSF	73	壮族春牛舞	49	LZC	54	壮族蚂（虫另）节
16	LSQ	52	壮族春牛舞	50	MXJ	52	壮族板鞋舞
17	LZR	92	壮族师公舞	51	TXX	60	南丹壮族服饰
18	NJM	76	壮剧	52	LXF	63	壮族蚂（虫另）节
19	HZY	59	壮剧	53	PJJ	53	合山壮师剧
20	CY	68	壮族织锦技艺	54	LGD	59	合山壮师剧
21	LCY	68	"三月三"歌圩	55	WJL	62	壮族甘王庙会

续表

序号	姓名	年龄	代表项目	序号	姓名	年龄	代表项目
22	PQF	57	壮族踩花灯	56	WSH	81	壮族师公舞
23	LRZ	66	壮族打榔舞	57	LJH	58	壮族布伢习俗
24	LB	63	隆安壮族排歌	58	LWM	48	壮族师公戏
25	LYW	69	北路壮族唢呐	59	LZP	46	壮族翡翠鸟舞
26	WSL	50	壮族祭瑶王	60	QSR	57	武宣壮欢调
27	LJX	35	北路壮剧	61	HGM	77	壮族霜降节
28	LHY	44	北路壮剧	62	YJL	58	左江壮族民歌
29	BZC	53	壮族吼喊歌圩	63	WZL	60	左江壮族民歌
30	HXS	62	乐业壮族龙灯舞	64	NRQ	63	左江壮族民歌
31	HCH	80	乐业壮族古歌	65	YW	52	扶绥壮族采茶剧
32	NJL	62	布洛陀	66	GGZ	83	扶绥壮族舞雀
33	LZW	37	壮族舞狮技艺	67	SGY	76	金龙壮族侬峝节
34	LMZ	53	田州壮族山歌				

注：本表数据根据第二批和第四批广西壮族自治区级非物质文化遗产代表性项目传承人整理。

（二）缺乏资金

壮族民间文化保护是一个系统工程，包括民间文化调查和整理、各级非物质文化遗产代表性项目的申报、文化传承基地及各种文化设施建设、人才培养与文化传承、民间文化活动的开展、文化作品的创作和出版、文化研讨等多项工作。这些工作的顺利开展不仅需要大量的人力和人才，而且需要大量的资金支持。在壮族民间文化保护实践过程中，由于国家和地方政府承担了主要责任，扮演了主要角色，因此，政府不仅承担了人力和人才的动员和组织任务，还承担了资金保障责任。

如前所述，转型期，壮族民间文化保护基本上在《非遗法》框架下展开，其中，较典型的做法就是申报各级非物质文化遗产代表性项目名录。经过多年的实践，壮族民间文化保护已基本上形成了国家、省（自治区）、市和县四级非遗名录体系。申报非遗代表性项目名录的重要意义之一就是为文化保护提供财政资金的支持。其中，被录入国家级非遗代表性项目名录的文化项目主要由中央财政提供保护专项资金，省（自治区）

级、市级和县级的非遗代表性项目保护资金则主要来源于相应级别的地方财政。同样，非遗代表性项目传承人的传承补助经费也主要根据代表性项目的级别由相应级别的财政提供。

尽管如此，除了列入国家级非物质文化遗产代表性项目名录的壮族民间文化项目，其他的壮族民间文化项目的保护都存在较大的资金困难。以 B 市为例。B 市属于壮族聚居区，壮族民间文化遗产丰富。截止到 2014 年，在该市壮族民间文化项目中，有国家级非物质文化遗产代表性名录项目 7 项，自治区级名录项目 49 项，市级名录 68 项，县级名录 90 多项。① 保护资金方面，据 B 市非遗中心某负责人介绍，国家级名录项目，每两年中央财政拨款一次，一次一个项目拨款 80 万—120 万元，这笔经费基本是专款专用，除了大规模的硬件建设，一般情况下，相关项目的保护经费基本充足。但是，有时由于部分县份截留或挪用这笔资金，国家级非遗项目保护因此有时也会出现资金紧缺的情况。就已被列入自治区级名录项目的壮族民间文化保护来说，就存在经费不足的问题。一是由于并非所有的区级名录项目每年都能得到保护资助经费；二是由于资助经费额度不高。按照广西的做法，每年有选择地资助每个市 10 个自治区级名录项目，每年资助的重点和方向不同。每个项目资助 5 万—10 万元不等。按照这种办法，B 市的 49 个自治区级名录项目，大约需要 5 年时间，才可能全部获得一轮资助。因此，很多自治区级名录项目，几年都得不到经费资助。同样，对 B 市市级非遗名录项目也是有选择地资助。例如，2015 年，全市选择资助了 24 个市级名录，每个项目资助了 1 万元。选择的标准一是项目传习基地位于公路沿线，交通方便；二是文化基础较好，容易建设。而对于县级名录保护而言，因地而异，除少数县份能够将文化保护经费纳入财政预算外，很多县基本上没有或很少有财政支持。以 L 县为例，L 县有县级非遗名录 28 项，其中壮族民间文化名录 8 项；市级名录 6 项，其中壮族民间文化名录 4 项；自治区级名录 4 项，其中壮族民间文化名录 2 项。但 L 县仅有少量的县级财政用于民间文化保护，且未列入年度财政预算，通常是开展活动急需经费的时候，由文化馆（也即非遗中心）向

① 相关数据根据 B 市各级非遗项目统计表整理。相关统计表由 B 市文化和新闻出版广电局提供。

县政府请示，获批的经费经常会被打折扣。截止到2014年，该县文化馆还因缺乏资金而连摄像机和录音笔都难以购置。①

资金缺乏同时还表现为部分非遗传承人的传承补助难以支付。以广西为例，就国家级和广西区级非遗传承人来说，都有一定的传承活动经费，即传承补助。其中，国家级传承人由国家财政支付。2008—2010年，每人每年的传承补助是8000元，2011—2015年增加为1万元，2016年又增加到2万元。广西壮族自治区级非遗代表性项目传承人传承补助2015年以前为每人每年2000元，从2015年开始，每人每年增至3000元。而市级和县级传承人，就没有稳定的传承补助。以B市为例，B市至今尚没有关于市级非遗传承人的固定补助标准，而是采用"以奖代补"的方式给予部分传承人补助。基本做法是，每年以县为单位，由县文化主管部门评比推荐5—8名传承工作比较积极的传承人，市里给予1000—1500元不等的奖励。其他的传承人，则没有补助。B市目前有市级传承人118人，下辖1区11县（1县撤县设市），每年得到奖励的有60—96人，尚有20—50人得不到奖励。县级传承人基本没有补助。实际上，并非只有B市没有非遗传承人的市级和县级财政补助，我们在调研中了解到，其他市也同样没有非遗传承人的市级和县级财政补助。

（三）"非遗"保护组织机构不健全

2005年开展的全国范围的非物质文化遗产普查，在很大程度上标志着中国非遗保护工作的全面启动。中国非遗保护的制度化、法制化建设进程也随之逐渐加快。如前所述，国务院、文化部和壮族地区地方各级政府相继出台了系列法规和文件，明确了包括壮族民间文化在内的非物质文化遗产保护的责任主体、保护内容、保护措施和要求，特别是对县级以上人民政府及其文化主管部门在文化保护中的责任进行了明确。对县级以上人民政府及其文化主管部门在非遗保护中的责任规定，一方面有利于非遗保护工作的统一领导，确保非遗保护工作的开展；另一方面也赋予了地方政府及其文化主管部门新的职能和任务——非遗保护。

非遗涉及的文化种类多，特别是少数民族聚居地区，文化种类丰富，

---

① L县非遗保护情况资料由L县文化馆提供。

分布范围广泛，文化的区域差异性大。非遗保护工作本身要求全面系统，包括调查、收集、整理、申报、研究、保护传承等众多环节。因此，开展非遗保护工作除了需要大量经费，还需要花费大量的人力，客观上要求有相对独立的从事非遗保护工作的专门机构和专职人员。但至今，很多市、县尚缺乏从事非遗保护的独立机构和从事非遗保护的专职人员。非遗保护机构和机制的不完善，这在一定程度上制约了壮族民间文化的保护。

以云南省文山州为例，截止到 2014 年，云南文山州及其所辖的 8 个县，只有广南县于 2013 年 8 月成立了非物质文化遗产保护中心，编制 15 人，其他 7 个县和文山州都没有正式独立的非遗保护中心，没有纳入编制的非遗保护专职工作人员。[①] 广西百色市和河池市及其下属县，虽然都成立了非物质文化遗产保护中心，但在单位性质上，有的非遗保护中心并非独立的、有人员编制的事业单位，而是在原来歌舞团或文化馆加挂了非物质文化遗产保护中心的牌子，实际的非遗保护工作，由原来歌舞团或文化馆的工作人员兼任。例如，百色市非遗保护和传承中心设在原百色市民族歌舞团，非遗保护工作主要由原歌舞团的工作人员承担。目前，百色市非遗保护中心有 6 名工作人员，但都没有事业单位人员编制。各县的非遗中心一般只有一人，也都没有独立编制，多是由县文化馆馆长兼任。河池市非遗中心也是设在原河池民族歌舞团，由歌舞团负责非遗保护的相关工作。各县的非遗保护机构设置情况与百色市基本相同。

缺乏独立的非遗保护机构，给壮族民间文化保护造成的困难至少有以下四个方面。一是非遗工作人员紧缺。由于没有正式和固定岗位编制，面对大量细致的非遗保护工作，经常出现人手不够的情况。二是缺乏专业管理人才。非遗保护中心多设在原歌舞团或文化馆，因歌舞团的专业性较强，且专业结构比较单一，而非遗保护往往需要多样化的专业人才，因此，在非遗保护过程中，通常因歌舞团或文化馆缺乏某些专业人才而难以胜任。三是缺乏必要的评价、激励机制。目前的非遗保护机构，不仅没有独立的岗位编制，也缺少相应的晋升机制。对艺术专业和群众文化领域来说，二者都有相应的职称评审机制，而非遗保护领域目前则没有建立起独

---

① 参见《关于成立文山州非物质文化遗产保护中心的提案》，文山壮族苗族自治州人民政府网站"参与互动"栏目的"提案办理"，2014 年第 184 号。

立的职称评审制度。四是艺术团体日益增加的企业性质与非遗保护的事业性要求不协调。如前所述，近年来，国家不断深化各专业艺术表演团体体制改革，逐渐压缩其事业编制，将其推向市场，要求其按照市场机制排练和经营。而非遗保护是一项公益性事业，投入多而回报少甚至没有回报。因此，对具有准企业性质的艺术团体来说，由于效益普遍不好，人员流失较多，专业经营压力较大，如果国家不能在经费和政策上给予大力扶持，他们很难有足够的能力和动力从事文化保护。

（四）在文化保护实践过程中重开发轻传承，某些文化传承在一定程度上流于形式

从转型期各地保护壮族民间文化的实践可以看出，壮族地区各级政府越来越重视对壮族民间文化的保护。但是在保护过程中，地方政府更关心的是对非遗项目的宣传和产业开发，在一定程度上忽略了对非遗的传承。如前所述，在传承基地建设和传承人补贴方面，存在经费不足、人员不足和机构不健全等问题。甚至县级的非遗保护中心至今都没有一部摄像机和录音笔。但是在非遗项目的宣传和开发方面，各地政府十分重视，几乎不遗余力，将宣传和旅游开发活动办得越来越多，规模越来越大，几乎形成了市市有旅游节、县县有旅游节的局面。以广西 W 县某文化旅游节为例，第一，W 县对这项活动高度重视。根据 W 县 2015 年文化旅游节活动方案显示，文化旅游节活动设有领导小组，其中组长 4 名，分别由县委书记、县长、县人大常委会主任和县政协主席担任；副组长 23 名，包括县委副书记、副县长、纪委书记、组织部部长、县委办主任、县直属机关工委书记、县委宣传部部长、统战部部长、政法委书记、县人大常委会副主任、县公安局局长、县政协副主席和某工业发展管委会常务副主任等。小组成员 54 名，基本上涵盖了全县几乎所有的行政单位和主要企业、事业单位的主要工作人员和各乡镇主要领导。第二，活动规模大。表现有三，一是活动动员的资源广泛。除了高规格的领导小组外，领导小组下设办公室，办公室下设 15 个工作组，依次为文体组、旅游组、经贸组、协调组、秘书组、广告赞助组、宣传组、安全保卫组、后勤接待组、市容整治组、供水供电组、通信网络保障组、医务组、食品卫生安全组和财务组，分别履行活动的相应职能。二是活动内容丰富，此次活动主要内容有召开新闻发布会、开幕式和文艺演出、文体活动、歌王大赛、街舞大赛、农村文艺会演、壮乡歌海、旅游推介等 23 项。三是人员众多。例如，此次旅游节有三个"千人"活动：千人竹竿舞、千人武术和千人广场舞。

除了投入了大量的人力，也投入了大量资金。我们并不知道此次活动的花费，但从其中的一项开支我们就能获得大概的了解。据我们的访谈了解，为了组织千人广场舞和乡村文艺会演，W 县每个行政村组织 20 名村民参加表演，支付每个村民 2 天误工费 150—200 元。全县 13 个镇，218 个村（社区），按此估算，仅此一项支出需要 60 万—80 万元。

必须肯定的是，宣传和开发壮族非物质文化遗产，是《非遗法》赋予地方政府的重要职责，是壮族民间文化保护的重要内容，地方政府对宣传、开发壮族非物质文化遗产的高度重视其实是在依法认真履行职责。但同时，我们也应该明确，壮族民间文化的传承不仅是壮族民间文化保护的重要内容，也是壮族民间文化保护的重要目的，因此，应该同样得到重视。然而，与壮族民间文化的开发相比，各地在壮族民间文化传承方面，无论是在重视程度，还是在人财物的投入规模上，都远不能及。

如前所述，为了促进非遗的传承，被录入省级以上非遗名录的壮族民间文化项目，多数都建立了非遗传承中心或传习所。例如，至 2015 年，百色市有 4 个自治区级非遗传习基地，投资建设了 48 个市级重点传习基地项目。为了规范传习基地和传承人开展非遗传承活动，百色市还制定了《百色市非物质文化遗产传承基地建设标准》（以下简称《标准》），该《标准》要求各传习基地要有活动计划，每年开展保护传承、展示展演活动不少于 4 次；有规范和完备的记载非物质文化遗产项目的形成情况、历史沿革或传承情况等档案；有管理制度、人员名单、物品清单，以及与传承活动相关的文字、图片、音像资料等。根据我们的观察和访谈，各传习基地或传习所基本都能达到上述《标准》要求。但是，当我们深入了解传承效果或实际的传承过程时，发现某些传承活动在某种程度上是流于形式，甚至有时候是为了应付上级管理部门的检查。以某县一自治区级壮族非遗传习所为例，该基地内墙上张贴有关于该非遗项目的历史沿革、实物模型、传承人名单、传承活动的照片和展板，有 2014 年的传承活动计划，有传承谱系和学员名单。当我们问及学员情况和实际的传承情况时，传承人告诉我们，很多学员都外出打工不在家，在家的也多是忙着做生意，所以平时很难开展传承活动。只有过年的时候，年轻人回来了，要搞比赛，才能进行传承。因此，除了春节比赛之外，平时的传承基本上都是开一下会，参加一下展演。云南某壮族非遗传习所也存在类似问题。在传习所所在地进行访谈时，一群孩子告诉我们："传习所的门平时不开，（只）有（上级）领导来（检查时）才开。"可见，从文化知识和技能的代际传授和学习角度来说，壮族某些非遗的传承在一定程度上是流于形式的。

之所以出现这种情况，有两个方面的原因。一是部分传承人缺乏积极性或责任心。非遗传承人制度，在很大程度上是自上而下形成的。传承人的选择和申报过程很多时候是由地方文化部门动员或代办的。所以并非所有的传承人都具有文化传承的主动性和积极性。对国家和省（区）级非遗传承人来说，尽管能获得一些传承补助，但数额并不高。而对市级和县级非遗传承人来说，由于没有的固定的传承经费补贴，甚至没有传承场所，所以部分传承人不能或不愿意开展传承活动。二是传承人的意见有时得不到地方政府或其文化部门的尊重。以广西某县的自治区级非遗项目壮族舞龙为例，据该项目传承人 HXS 介绍，作为传承人，他很想将舞龙文化好好传承下去。为了提高舞龙的吸引力，他曾想在活动形式上进行一些创新。为此，他经常在网上查阅和了解其他地方舞龙和舞狮活动，旨在借鉴和学习别人的优点。根据他本人的想法，一是继续保留春节期间村屯间舞龙比赛的传统；二是丰富比赛的内容和形式。例如，2014 年春节，他建议县里采取龙王争霸赛和群龙过海这两种形式开展舞龙活动，主张突出舞龙主题，举办舞龙专场比赛，不赞成把舞龙活动搞成歌舞大杂烩中的一个表演节目。但县里没采纳他的意见，坚持活动要有唱歌，有跳舞，目的是要全面展示和宣传该县特色文化。2014 年舞龙节活动那天，来了不少上级领导和区内外媒体，有很多游客，还有不少外国人。轮到舞龙节目时，演员们只是晃了几个动作就不表演了。结果让观众非常失望。根据 HXS 的解释，村民不表演的原因有二，一是不比赛村民们没有动力，因为村屯间有舞龙比赛的传统，大家都好胜，都想比个高低，另外，如果比赛，按往年的做法，冠军队会有 2000 元的奖金；二是村民嫌参加表演的报酬太低，每人只有 150 元误工费，所以才应付表演。

（五）在壮族民间文化保护过程中，地方政府大包大揽，民间社会的主动性和积极性没能得到应有发挥

抢救、保护、开发利用与传承壮族民间文化，是《非遗法》赋予国家和地方各级政府的责任。国家和地方政府在壮族民间文化保护中承担主要责任，是转型期和市场经济条件下壮族民间文化保护的客观需要，为壮族民间文化保护提供了人、财、物等必要保障，对引导壮族民间文化健康发展具有重要意义。但在保护实践过程中，在履行文化保护的职责时，地方政府在很大程度上忽略了壮族民间社会在壮族民间文化保护中的主体地位和作用，没能调动和发挥壮族民间社会参与壮族民间文化保护的主动性和积极性，而是几乎包揽了壮族民间文化活动的所有工作，甚至完全代替壮族民间社会而成为壮族民间文化保护的规划者，人、财、物等资源的动员者，各种活动的组织者甚至主要的参与者（很多民俗表演人员都是由政府从各单位抽调）。

地方政府的大包大揽，不仅造成了壮族民间社会与壮族民间文化的分离，而且造成了政府保护文化成本的不断提高。例如，近年来壮族各地都在举办壮族民俗文化旅游节，在节庆活动中，尽管有大量的民间社会成员参与，但地方政府要向这些民间参与者支付大量的劳务费。本来壮族民俗活动是壮族民间社会的生活方式，是自发的活动。但为了旅游开发，地方政府便对壮族民间文化活动进行包揽和设计，将之演绎成各种仪式和表演。从生活方式的民俗到表演仪式的民俗，实际上造成了民间社会与民间文化的分离。由于这种分离，壮族民间社会在壮族民间文化中的主体和载体地位也发生了变化，成了壮族民间文化表演的观众和可能的表演者。在此情况下，由于民间社会参与民间文化活动实际上变成了参与政府的文化活动，因此，按照市场逻辑，政府就应该支付参与者报酬。随着物价水平的上升，这种报酬标准在逐年提高。政府保护壮族民间文化的成本也越来越高，负担越来越重。如果降低报酬，就可能出现某县舞龙表演过程中的应付敷衍情况。

由于在壮族民间文化中的主体地位丧失，壮族民间社会保护和传承壮族民间文化的主动性和积极性因此降低，自发的文化实践减少。因此，地方政府以包揽和替代民间社会的方式保护壮族民间文化，很多时候是事与愿违。

二　转型期保护壮族民间文化，引导壮族民间文化变迁的对策

这里将针对国家和地方政府在保护壮族民间文化、引导壮族民间文化变迁实践中遇到的各种困难和问题，提出如下对策。

（一）以培育和发展壮族民间文化团体为抓手，促进专业人才和民间乡土人才的培养

第一，大力恢复和发展既有的专业性壮族民间文化演艺团体。在文化演艺团体的市场化改革过程中，应该区别对待，不应一刀切。对具有壮族非遗内容的壮族民间文化演艺团体应该实行政策倾斜。在恢复其事业单位性质和人员编制的基础上，鼓励商业性演出，以提高专业性文化团体的市场适应能力和文化传承的积极性，增加这些文化团体对人才的吸引力，促进专业人才的培养。例如，对原来具有事业编制的壮剧团、壮族歌舞团、彩调团等专业剧团，应恢复其事业单位性质，恢复其岗位和人员编制，依靠财政支持，恢复其结构和功能，并通过财政支持或鼓励市场演出等方式提高演员工资福利水平，提高其社会地位和社会声望，以彰显国家和社会的尊重及这些专业活动的社会价值。在人才培养上，可以借鉴这些专业团体传统的人才培养机制，保证人才的可持续发展。例如，可以借鉴壮剧团传统的跟班学习方式，在民间招录对壮族民间文化兴趣浓厚、文化表演天赋较高的壮族青少年跟班学习，学成后可以作为正式编制人员入团工作；也可以沿用剧团与专业艺术院校合作，采用剧团委托培养、毕业后回团工作的方式，培养专业人才。第二，加大对非专业的壮族民间文化团体的扶持，培养民间文化人才。有两种做法可以尝试。一是发挥专业剧团或专业人才的作用，对民间文化团体进行有重点的专业指导，帮助民间文化团体人才成长。二是发挥非遗传承人的作用，对各民间剧团进行有计划的专业指导。这里可以借鉴广西田林县的做法。田林县针对民间壮剧团缺乏编剧人才问题，充分发挥专业剧团和专业人才优势，举办编剧培训班，对全县范围内的民间壮剧团骨干和乡镇文化站的工作人员进行编剧培训。同时，田林县还充分发挥国家级非遗传承人 BKJ 的作用，专门为他配备一间房

子，用于对民间剧团成员的音乐、舞蹈、乐器、表演等培训。

（二）将市、县级非遗保护经费依法纳入政府年度财政预算，在确保县级以上壮族非遗保护经费逐年增加的同时，多渠道筹集壮族非遗保护资金

第一，必须严格执行《非遗法》，将壮族非遗保护专项资金列入县级以上特别是县级年度财政预算，并确保被录入县级以上的非遗代表性名录的壮族民间文化项目得到必要资助，以改变县级壮族非遗项目长期缺乏财政保障的局面。例如，自 2014 年以来，广西田林县就将支持民间组建壮剧团纳入县级财政预算，每年支付每个新成立的民间剧团 1 万元的发展专项资金，用于购买服装、乐器和音响设备。云南富宁县财政，每年给民间壮剧团 5 万元支持经费。第二，多渠道筹集壮族民间文化保护资金。根据目前各地的实践经验，筹集资金的主要渠道有四个。一是民间自发筹集。例如，田林县民间壮剧团一直以来就有从其所属村落农户筹集资金的传统：剧团所在的村屯，每年每户平均收取一定数额的资金，用于剧团购买服装、乐器、排练和节日演出，村民委员会每年也会从村里集体收入或公共资金中抽取一部分资金，用于剧团开支。二是民间捐款。对于热心民间壮剧事业的经济条件较好的农户、个人或商人，有时会为剧团捐款，支持民间剧团的发展。三是企业赞助。四是地方政府为民间剧团创造一些商业演出机会，增加剧团收入。例如百色市文化和旅游部门，通常利用节庆、庆典活动，为民间壮剧团提供、介绍或创造演出机会，通过商业演出或有酬演出，增加这些团体的收入。第三，可以将壮族民间文化与现代旅游、休闲和企业文化建设相结合，适度地进行产业开发，让壮族民间文化安全有序地进入市场，以缓解资金压力。

（三）建立独立的非遗保护机构，建立非遗系列专业技术职称评审制度，形成多部门分工合作的协同工作机制

在非遗框架下，在市级和县级文化主管部门，下设独立的非遗保护中心，作为事业单位，给予行政建制。按工作内容和工作需要，设定人员编制，由财政全额拨款，全面负责非遗保护工作。在人员编制数量上，应该考虑到壮族民间文化保护的特殊性和需要，适当增加编制。例如，在为壮剧团定编时，就要考虑到剧团的特点，无论市级还是县级壮剧团，在编制数量上都应该基本相同。而不能因为行政级别较低而减少县级壮剧团的编制。可以采取统一考试的办法招录非遗保护工作人员。在非遗保护工作人员报考条件上，应该结合文化遗产保护的实际需要，不拘一格录用人才。对壮族民间文化保护来说，在壮族非遗保护人才录用过程中，应综合考虑壮族民间文化变迁的现状，壮族民间文化特质的多样性，以及壮族民间文化整理、保护、传承、研究、创作等工作的需要，拟定报考条件。应该有选择地录用一批具备壮族非遗代表性项目传承人资格，在文化传承过程中责任心强，积极性高，德艺双馨的民间艺人。同时，制定统一的非遗工作的评价机制，以提高非遗保护能力和效能为导向，建立非遗保护系列的职称评审制度，根据非遗保护工作的内容和特点，明确各个级别职称的评审条件。

在建立机构和配备人员的同时，还应建立非遗保护中心与其他相关职能机构协同工作的非遗保护机制。例如，在壮族民间文化保护过程中，非遗保护中心可以与当地旅游局、民族局、统计局、环保局、文联、教育机构和科研院所、专业或民间剧团以及壮族民间文化组织（如壮族山歌协会）建立协同保护机制，协同开展壮族民间文化的宣传、教育、创作、研究、调查统计、开发和展演工作，全方位多途径地促进壮族民间文化保护。

（四）加强对壮族青少年的民族传统教育，创新壮族民间文化价值，改革和完善教育与就业体制，建立壮族民间文化传承保障机制

文化保护的落脚点和实质是保障文化得到传承。转型期，壮族民间文化保护的最大困难之一就是文化后继乏人，突出表现为青年人和少年儿童对壮族民间文化缺乏兴趣，民间文化活动减少或逐渐失传。换个角度理解，就是壮族民间文化对青少年人群的吸引力和行为影响力减弱。造成这种状况的重要原因在于在多元文化竞争氛围中，我们在很大程度上忽视了对壮族青少年的民族传统教育。传统教育的缺失，使得壮族青少年不熟悉本民族的文化，认识不到壮族民间文化的价值，因而缺乏学习和实践壮族民间文化的主动性和积极性。因此，要保证壮族民间文化得到有效传承，首要任务是加强对壮族青少年的民族传统教育。

民族语言是民族文化的载体和根基。加强壮族传统教育，首要的是加强壮语教育。在壮族地区义务教育阶段，关键是落实双语教学。要因地制宜，建设壮语特色教材，增加壮语教学课时。其次是加强对青少年的壮族历史教育。在壮族地区，义务教育阶段应增开壮族历史课，让青少年学生了解本民族的历史，认识本民族的文化成就和历史贡献，培养青少年的民族自豪感和自信心，培育壮族青少年的文化自觉。

要增强壮族民间文化的吸引力，保证壮族民间文化的有效传承，还要进行壮族民间文化的价值创新。壮族民间文化价值创新必须做好两个相关环节的"对接"。第一，必须根据壮族经济社会与文化发展的需要，创造性地阐发壮族民间文化的时代价值，实现民间文化与现实需要的理论对接。以壮族山歌文化为例，如上所述，传统社会，受教育与文化条件的限制，山歌的主要功能之一在于传递文化，即通过口口相传，实现文化的代际传承。此外，作为一种娱神乐神和人际交往方式，山歌还具有以宗教信仰的方式服务农业生产和选择配偶的功能。这些功能都是在传统社会条件下壮族山歌所具有的价值。转型期，由于山歌的上述价值逐渐降低或基本消失，因此，保护山歌文化必须进行价值创新。山歌文化的价值创新必须与壮族的经济社会和文化发展要求以及国家的发展大局需要相结合。例如，可以结合社会主义先进文化建设，阐发传统山歌内容中诚实守信、乐于助人、团结奉献、勤俭节约等时代价值；可以结合国家发展文化产业的需要，阐发山歌的产业开发或旅游开发价值；可以结合党和国家建设和谐社会的需要，阐发山歌文化的和谐价值；结合国家的生态环境保护，阐发山歌的和谐生态价值；结合党和国家维护民族团结的需要，阐发传统山歌对于促进民族团结所具有的政治价值；等等。

第二，必须创造条件实现民间文化与现实实践的对接，确保民间文化时代价值的实现。对民间文化时代价值的理论阐发，在很大程度上只是说明民间文化具有服务现实实践的可能，如果不能将民间文化与现实实践相结合，民间文化仍不能成为活的文化。要实现民间文化与实践的对接，必须将民间文化融入现实的社会生活或发展过程。最为重要的就是创新或完善现有的教育和就业体制，将壮族民间文化人才培养纳入现代教育体系和职业体系，彰显壮族民间文化及相关人才的价值，激励全社会参与壮族民间文化的实践和传承。转型期，壮族民间文化价值之所以下降，从根本上说，就是因为其生长的经济社会条件发生了变化，其文化土壤发生了变化，要彰显民间文化的时代价值，必须为其提供新的生长土壤，赋予新的营养。而现代学校教育体制和就业体制，就是其新的土壤所在。具体做法有二。一是在现代大学教育和职业教育体系中，在民族类高校设置壮族民间文化类专业。如，可以增设壮剧（师范或表演）、壮族舞蹈、壮族绘画、壮族织锦、壮族文学以及壮语等专业，将其纳入普通高等教育学科专业目录和招生计划，并给予学费减免或奖励等优惠政策。大学教育是现代教育的发动机，相关专业的开设，必然带动壮族地区基础教育和中等教育相关课程和教学实践的改革，带动壮族民间文化在学校教育中的开展。二是与现代教育体系相配套，进行就业体制改革。通过政府力量，在壮族地区政府机关、企事业单位，特别是各级文化管理和保护单位，增设与壮族民间文化专业教育相匹配的工作岗位，通过公开招考等方式，优先录用相关专业毕业生；鼓励发展壮族民间文化产业，为相关专业人才就业创造条件和机会。

（五）在壮族民间文化保护实践中，地方政府应改变大包大揽的做法，尊重和相信民间社会的主体地位和创造能力，充分保护和发挥民间社会的主动性、积极性和创造性

具体措施有三。一是加强宣传和舆论引导。加大宣传力度，利用网络和电视等现代传媒，大力宣传壮族民间文化，让社会了解和认识壮族民间文化。加强舆论引导，让社会认识壮族民间文化对人类文明所做的重要贡献；认识壮族民间文化在抵御外敌入侵，反抗民族压迫和阶级压迫，维护祖国统一等方面所做出的历史贡献；认识在新的历史时期，壮族民间文化对维护民族团结，维护民族地区社会和谐稳定，促进民族地区经济发展和文化繁荣等方面所具有的重要意义和价值。培育壮族民间社会对于壮族民间文化的认同感、自豪感、自信心，培养壮族民间社会实践和保护本民族文化的自觉性和积极性。二是在壮族民间文化保护过程中，加大资金支持和人才扶持力度。政府对壮族民间文化的支持和扶持，其本身就具有肯定和彰显壮族民间文化的价值，对激励壮族民间社会的积极性，培育壮族文化自觉，具有重要的示范作用。应加大对壮族民间文化保护所需的基础设施建设投资，例如，为民间表演团体购买服装、道具、乐器和音响设备等；为村屯建造戏台；为民间艺人的专业培训提供资助；给予民间艺人一定的资金奖励；落实并逐年提高各级壮族非遗传承人的传承补贴等。三是大力培育壮族民间文化保护的非营利性民间公益组织。文化保护是一项系统复杂的工程，仅靠国家和地方政府的力量远远不够，还需要全社会的共同参与。壮族民间文化保护同样离不开全社会的参与，归根结底，离不开壮族民间社会的参与。国家和地方政府在进行舆论引导和资源支持的同时，还应大力培育壮族民间文化保护的非营利性民间公益组织。这些公益组织可以通过募捐和招募志愿者，为壮族民间文化提供资金支持和人才支持，不仅可以减轻国家的负担，而且有利于调动民间社会的积极性和创造性。

参考文献

1. Theodor W. Adorno, *The Culture Industry*, the Taylor and Francis e-Library, 2005.

2. ［澳］贺大卫、蒙元耀：《壮语稻作词汇及其文化内涵试析》，《广西民族研究》2004 年第 3 期。

3. ［波］彼得·什托姆普卡：《社会变迁的社会学》，林聚任等译，北京大学出版社 2011 年版。

4. ［德］海德格尔：《存在与时间》，陈嘉映等译，生活·读书·新知三联书店 2006 年版。

5. ［德］马克斯·韦伯：《入世修行：马克斯·韦伯脱魔世界理性集》，王容芬等译，陕西师范大学出版社 2003 年版。

6. ［德］马克斯·韦伯：《社会学的基本概念》，顾忠华译，广西师范大学出版社 2005 年版。

7. ［德］诺贝特·埃利亚斯：《个体的社会》，翟二江等译，译林出版社 2003 年版。

8. ［德］诺贝特·埃利亚斯：《文明的进程》（第二卷），袁志英译，生活·读书·新知三联书店 1999 年版。

9. ［法］阿隆：《社会学主要思潮》，葛智强等译，华夏出版社 1999 年版。

10. ［法］奥古斯特·孔德：《论实证精神》，黄建华译，商务印书馆 1996 年版。

11. ［法］迪尔凯姆：《社会分工论》，渠东译，生活·读书·新知三联书店 2000 年版。

12. ［美］E. 希尔斯：《论传统》，傅铿等译，上海人民出版社 1991 年版。

13. ［美］戴维·哥伦斯基：《社会分层》，王俊等译，华夏出版社 2005 年版。

14. ［美］杰弗里·亚历山大：《社会学二十讲：二战以来的理论发展》，贾春增等译，华夏出版社 2000 年第 2 版。

15. ［美］克莱德·M. 伍兹：《文化变迁》，何瑞福译，河北人民出版社 1989 年版。

16. ［美］莱斯利·怀特：《文化科学》，浙江人民出版社 1988 年版。

17. ［美］林顿：《人格的文化背景》，于敏梅等译，广西师范大学出版社 2006 年版。

18. ［美］露丝·本尼迪克特：《文化模式》，何锡章等译，华夏出版社 1987 年版。

19. ［美］路易斯·亨利·摩尔根：《古代社会》（上），杨东莼等译，商务印书馆 1981 年版。

20. ［美］罗斯托：《经济成长的阶段》，国际关系研究所编译室译，商务印书馆 1962 年版。

21. ［美］马文·哈里斯：《文化人类学》，李培茱等译，东方出版社 1988 年版。

22. ［美］梅泰·卡利内斯库：《两种现代性》，《南京大学学报》（哲学·人文·社会科学版）1999 年第 3 期。

23. ［美］史蒂文·瓦戈：《社会变迁》，王晓黎等译，北京大学出版社 2007 年版。

24. ［美］史徒华：《文化变迁的理论》，张恭启译，远流出版社 1989 年版。

25. ［美］威廉·费尔丁·奥格本：《社会变迁——关于文化和先天的本质》，王晓毅等译，浙江人民出版社 1989 年版。

26. ［美］约翰·R. 霍尔、［美］玛丽·乔·尼兹：《文化：社会学的视野》，商务印书馆 2002 年版。

27. ［日］万成博、［日］杉成孝：《产业社会学》，杨杜等译，浙江人民出版社 1986 年版。

28. ［日］塚田诚之：《广西壮族瑶族与汉族政治及文化关系的比较研究》，马建钊等译，《广西民族研究》1991 年第 3 期。

29. ［匈］阿格尼丝·赫勒：《现代性理论》，李瑞华译，周宪、许钧主编，商务印书馆 2005 年版。

30. ［英］泰勒：《原始文化》，蔡江浓编译，浙江人民出版社 1988 年版。

31. （清）谢启昆修、（清）胡虔纂：《广西通志》，广西人民出版社 1988 年版。

32. 白雪：《乡土社会中的壮族原生态情歌透视——以广西右江流域大新县壮族民歌为个案》，《歌海》2011 年第 1 期。

33. 班弨：《壮语的村落差异》，《民族语文》1995 年第 4 期。

34. 蔡禾、张应祥：《城市社会学：理论与视野》，中山大学出版社 2003 年版。

35. 岑贤安：《壮族牛魂节考察》，《广西民族研究》2002 年第 1 期。

36. 陈家友：《从平果壮族歌圩的盛行看现代多元文化背景下民族传统音乐文化的传承》，《玉林师范学院学报》2007 年第 1 期。

37. 陈嘉明等：《现代性与后现代性》，人民出版社 2001 年版。

38. 陈洁莲：《壮族传统都老制的村民民主自治特征》，《学术论坛》2009 年第 10 期。

39. 陈金文：《浅析壮族民间故事中“莫一大王”的形象》，《社会科学战线》2007 年第 2 期。

40. 陈金文：《人与自然的捭阖——壮族神话〈布伯〉的文化解读》，《长江大学学报》（社会科学版）2008 年第 2 期。

41. 陈金源：《广西古代汉族文化对壮族的影响》，《中央民族学院学报》1985 年第 1 期。

42. 陈丽琴：《壮族服饰的审美意蕴论析》，《社会科学家》2008 年第 7 期。

43. 陈丽琴：《壮族服饰的演变及缘由探论》，《社会科学战线》2008 年第 3 期。

44. 陈泰锋：《后 WTO 过渡期我国文化产业化的内涵及其战略选择》，《世界贸易组织动态与研究》2005 年第 2 期。

45. 陈小波：《壮族牛崇拜出现时间的考古学考察》，《广西民族研究》1998 年第 4 期。

46. 陈永、孟宪辉：《中国民间音乐概论》，华中师范大学出版社 2004

年版。

47. 陈支越、宋跃然：《娱神与健身：壮族蚂虫另舞文化转型探析》，《广西民族大学学报》（哲学社会科学版）2012 年第 2 期。

48. 程言君：《社会经济形态和时代演进轨迹透视》，《甘肃社会科学》2005 年第 4 期。

49. 德保县志编纂委员会：《德保县志》，广西人民出版社 1998 年版。

50. 邓如金：《论壮族歌圩的生命力》，《中央民族学院学报》1992 年第 4 期。

51. 邓伟龙：《历史性别视角下的壮族青蛙图腾》，《文艺理论研究》2009 年第 4 期。

52. 邓彦：《广西巴马壮语濒危现象调查》，《湖南科技大学学报》（社会科学版）2012 年第 5 期。

53. 杜双奎、杨红丹等：《商品粳米、籼米、糯米品质特性和糊化特性比较研究》，《食品科学》2010 年第 5 期。

54. 范西姆：《壮族三声部民歌的审美价值》，《歌海》2005 年第 3 期。

55. 费孝通：《费孝通选集》，天津人民出版社 1988 年版。

56. 费孝通：《文化与文化自觉》，群言出版社 2010 年版。

57. 高丙中：《精英文化、大众文化、民间文化：中国文化的群体差异及其变迁》，《社会科学战线》1996 年第 2 期。

58. 广西文化大革命大事年表编写小组：《广西文革大事年表》，广西人民出版社 1990 年版。

59. 广西壮族自治区编辑组：《广西壮族社会历史调查（第二册）》，广西民族出版社 1985 年版。

60. 广西壮族自治区编辑组：《广西壮族社会历史调查（第六册）》，广西民族出版社 1985 年版。

61. 广西壮族自治区编辑组：《广西壮族社会历史调查（第五册）》，广西民族出版社 1985 年版。

62. 广西壮族自治区编辑组：《广西壮族社会历史调查（第一册）》，广西民族出版社 1984 年版。

63. 广西壮族自治区档案馆：《广西解放》，广西人民出版社 1999 年版。

64. 广西壮族自治区地方志编纂委员会：《广西通志·文化志》，广西人民出版社 1999 年版。

65. 广西壮族自治区民族研究所：《广西民族参考资料（第六辑）》，广西壮族自治区民族研究所 1986 年版。

66. 郭立新：《荣耀的背后：广西龙背壮族丧葬仪式分析》，《中南民族大学学报》（人文社会科学版）2005 年第 1 期。

67. 何成学、樊东方：《广西改革开放手册》，广西人民出版社 1998 年版。

68. 何建泽：《论牛头舞与句町古国》，http：//www. gxxilin. gov. cn。

69. 何听彝：《试论工业化及我国面临的战略选择》，《中国工业经济研究》1991 年第 6 期。

70. 贺剑武、陈炜、黄玲芳：《广西壮族非物质文化遗产保护性旅游开发研究——以百色布洛陀文化为例》，《广西社会科学》2009 年第 4 期。

71. 黄爱莲：《壮族风情旅游与壮族民间文化主体重建》，《学术论坛》2005 年第 7 期。

72. 黄桂秋：《壮族民间麽教与布洛陀文化》，《广西民族研究》2003 年第 3 期。

73. 黄庆印：《论孔子在壮族地区的影响及历史作用》，《广西民族学院学报》（哲学社会科学版）1996 年第 4 期。

74. 黄庆印：《论壮族哲学思想特点及其研究意义》，《广西民族学院学报》（哲学社会科学版）1995 年第 1 期。

75. 黄庆印：《壮族的宗教思想试探》，《广西民族学院学报》（哲学社会科学版）1984 年第 1 期。

76. 黄瑞玲：《亚文化的发展历程——从芝加哥学派到伯明翰学派》，《国外理论动态》2007 年第 11 期。

77. 黄润柏：《村落视野下壮族择偶标准的嬗变——壮族婚姻家庭研究之二》，《广西民族研究》2011 年第 4 期。

78. 黄润柏：《壮族"舞春牛"习俗初探》，《广西民族研究》1997 年第 4 期。

79. 黄润柏：《壮族发型和头饰演变》，《广西民族研究》1995 年第 4 期。

80. 黄润柏：《壮族乡村家庭消费结构的变迁——广西龙胜金竹寨壮族生活方式变迁研究之二》，《广西民族研究》2002 年第 2 期。

81. 黄现璠、黄增庆、张一民：《壮族通史》，广西民族出版社 1988 年版。

82. 黄勇刹：《壮族歌谣概论》，广西民族出版社 1983 年版。

83. 黄羽：《社会人文环境的变迁对歌圩的影响——从壮族歌圩的源流看其社会功能的转变》，《艺术探索》2006 年第 2 期（增刊）。

84. 黄中习、陆勇、韩家权：《英译〈麽经布洛陀〉的策略选择》，《广西民族研究》2008 年第 4 期。

85. 汲喆：《如何超越经典世俗化理论？——评宗教社会学的三种后世俗化论述》，《社会学研究》2008 年第 4 期。

86. 季羡林：《三十年河东三十年河西》，当代中国出版社 2006 年版。

87. 姜爱林：《工业化的涵义及中国工业化发展的特征》，《河南师范大学学报》（哲学社会科学版）2003 年第 2 期。

88. 蒋明伟：《壮族历史文化遗产保护与开发的困境与出路探微——以广西靖西县为例》，《广西民族研究》2012 年第 1 期。

89. 焦连志：《农民城市化进程中的文化冲突及其解决——图式理论的视角》，《宁夏社会科学》2009 年第 5 期。

90. 金北凤：《试论壮族民歌的"意"、"境"之美》，《艺术百家》2006 年第 5 期。

91. 金乾伟、杨树喆：《利见大人："龙"在壮族牛魂节仪式中的审美建构——多民族节日研究之三》，《宗教学研究》2013 年第 4 期。

92. 靖西县县志编纂委员会：《靖西县志》，广西人民出版社 2000 年版。

93. 蓝武：《元朝时期广西壮族土司统治区农业开发的主要成就探因》，《广西民族研究》2011 年第 2 期。

94. 蓝阳春：《〈嘹歌〉的特色及其在壮族传统文化中的地位与作用——壮族嘹歌文化研究之八》，《广西民族研究》2005 年第 4 期。

95. 雷坚：《广西建置沿革考录》，广西人民出版社 1996 年版。

96. 李富强、俸代瑜：《壮族的经济社会变迁——对靖西壮族经济、人口和家庭制度的研究》，《广西民族研究》1990 年第 1 期。

97. 李富强：《壮族的都老制及其蜕变》，《广西民族研究》1993 年第 1 期。

98. 李富强：《壮族婚姻文化的变迁——以田林那善屯为例》，《广西民族学院学报》（哲学社会科学版）2000 年第 3 期。

99. 李富强：《壮族家庭制度简论》，《广西民族研究》1995 年第 2 期。

100. 李海生：《壮族音乐艺术的价值特征研究》，《郑州大学学报》（哲学社会科学版）2008 年第 4 期。

101. 李虎：《论壮族乡村人口外流与传统农业耕作文化变迁——以壮乡伏台为例》，《广西民族研究》2015 年第 1 期。

102. 李克敬：《现代学校教育在现代化建设中的战略地位——读〈邓小平文选〉中有关教育论述的札记》，《中国社会科学》1983 年第 6 期。

103. 李莲芳：《论传统歌圩的现状及其衰亡》，《河池学院学报》2007 年第 4 期。

104. 李乃龙：《歌圩衰落的文化心理透视》，《南方文坛》1996 年第 6 期。

105. 李萍：《论百色市壮族歌圩的源流与价值》，《百色学院学报》2009 年第 2 期。

106. 李萍：《民歌文化资源开发视域下和谐歌圩的建构——以广西壮族为例》，《南方文坛》2009 年增刊。

107. 李伟山、孙大英：《论桂滇壮族文化旅游带的合作开发》，《社会科学家》2008 年第 9 期。

108. 李妍：《世俗神器的艺术灵光——壮族天琴文化研究之一》，《广西民族研究》2010 年第 4 期。

109. 李妍：《壮族天琴文化传承与保护现状调查——广西壮族天琴文化研究之三》，《广西民族研究》2012 年第 3 期。

110. 李妍：《壮族天琴源流探微——壮族天琴文化研究之二》，《广西民族研究》2012 年第 2 期。

111. 李志强：《城镇化背景下少数民族乡村文化的保持——以壮族布洛陀文化为例》，《广西民族研究》2010 年第 2 期。

112. 梁庭望、罗宾：《壮族伦理道德长诗传扬歌译注》，广西民族出版社2005 年版。

113. 梁庭望：《论壮族文化的断裂现象》，《广西民族研究》1988 年第 4 期。

114. 梁庭望：《水稻人工栽培的发明与稻作文化》，《广西民族研究》2004 年第 4 期。

115. 梁庭望：《水稻栽培——壮族祖先智慧的结晶》，《广西民族研究》1992 年第 1 期。

116. 梁庭望：《壮族风俗志》，中央民族学院出版社 1987 年版。

117. 梁庭望：《壮族教育的回顾与展望》，《中国民族教育》1998 年第 6 期。

118. 梁庭望：《壮族文化概论》，广西教育出版社 2000 年版。

119. 梁庭望：《壮族原生型民间宗教结构及其特点》，《广西民族研究》 2009 年第 1 期。

120. 廖明君：《性器崇拜与生殖崇拜——壮族生殖崇拜文化研究》（上）， 《广西民族学院学报》（哲学社会科学版）1995 年第 1 期。

121. 廖明君：《植物崇拜与生殖崇拜——壮族生殖崇拜文化研究》（中）， 《广西民族学院学报》（哲学社会科学版）1995 年第 2 期。

122. 廖明君：《动物崇拜与生殖崇拜——壮族生殖崇拜文化研究》（下）， 《广西民族学院学报》（哲学社会科学版）1995 年第 3 期。

123. 廖明君：《壮族火崇拜文化——壮族自然崇拜文化系列研究之三》， 《广西民族研究》1998 年第 1 期。

124. 廖明君：《壮族石崇拜文化——壮族自然崇拜文化系列研究之二》， 《广西民族研究》1997 年第 2 期。

125. 廖明君：《壮族水崇拜与生殖崇拜》，《民族文学研究》2001 年第 2 期。

126. 廖明君：《壮族土崇拜文化——壮族自然崇拜文化系列研究之一》， 《广西民族研究》1997 年第 1 期。

127. 廖新华、广西壮族自治区统计局等：《百年广西工业 1840—2002》， 广西人民出版社 2004 年版。

128. 廖杨、蒙丽：《人类学视野中的民族文化旅游资源开发——以壮族花 山文化为例》，《社会科学家》2009 年第 7 期。

129. 刘冰山、黄炳会：《坡芽歌书》，民族出版社 2008 年版。

130. 刘建平：《壮族"头人"制度研究》，《广西民族研究》1994 年第 1 期。

131. 刘洁泓：《城市化内涵综述》，《西北农林科技大学学报》（社会科学 版）2009 年第 4 期。

132. 刘琉、任仁：《云南壮剧的保护与传承研究报告》，《民族艺术研究》 2011 年第 2 期。

133. 刘锡蕃：《亚洲民族考古丛刊（第五辑）岭表纪蛮》，南天书局有限公司 1987 年版。

134. 隆林各族自治县概况编写组：《隆林各族自治县概况》，广西民族出版社 1984 年版。

135. 卢敏飞：《云南文山县壮族丧礼及其宗教观念》，《广西民族研究》1993 年第 3 期。

136. 卢敏飞：《壮族"牛魂节"祭祖节探因》，《广西民族研究》1998 年第 3 期。

137. 鲁奇、杨春悦、张超阳：《少数民族地区农村劳动力转移的调查研究——以广西壮族自治区为例》，《山西大学学报》（哲学社会科学版）2007 年第 4 期。

138. 陆晓芹：《壮族歌圩当代流变论》，《广西民族学院学报》（哲学社会科学版）2003 年第 4 期。

139. 陆学艺：《当代中国社会流动》，社会科学文献出版社 2004 年版。

140. 陆于波：《壮族歌圩文化延续原因初探》，《广西民族学院学报》1990 年第 1 期。

141. 吕乃基：《科学对文化的冲击与诱导效应》，《自然辩证法研究》1994 年第 5 期。

142. 罗国玲：《文山壮族哭丧调》，《民族艺术研究》2008 年第 4 期。

143. 罗生福：《略说百色壮族家庭生活的演变》，《广西地方志》2006 年第 5 期。

144. 罗远玲：《审美人类学主客位视野中壮族歌圩及其文化符号意义》，《广西民族研究》2003 年第 2 期。

145. 莫幼政：《壮族麽教与壮族师公教的比较研究》，《广西民族研究》2009 年第 2 期。

146. 莫幼政：《略论壮族师公教经书的价值——以广西马山县白山镇新汉村国兴屯师公教经书为例》，《广西师范学院学报》（哲学社会科学版）2010 年第 2 期。

147. 莫幼政：《壮族师公教开丧仪式及其文化思考》，《河池学院学报》2009 年第 1 期。

148. 莫幼政：《壮族师公教因果报应思想在当代社会中的意义》，《河池学院学报》2011 年第 1 期。

149. 那坡县志编纂委员会:《那坡县志》,广西人民出版社 2002 年版。

150. 农冠品:《壮族神话谱系及其内涵述论》,《广西右江民族师专学报》2001 年第 3 期。

151. 农祥亮:《广西壮族与云南傣族"干栏"民居比较研究》,《广西民族学院学报》(哲学社会科学版)2005 年第 2 期。

152. 农学冠:《壮族神话的美学意义》,《学术论坛》1983 年第 3 期。

153. 农学冠:《壮族歌圩的源流》,《广西民族学院学报》(哲学社会科学版)1981 年第 2 期。

154. 潘其旭:《以"那文化"研究为基础建立壮学体系的理论构架》,《广西民族研究》1998 年第 1 期。

155. 潘其旭:《壮族〈嘹歌〉的文化内涵——壮族"嘹歌"文化研究之五》,《广西民族研究》2005 年第 3 期。

156. 潘其旭:《壮族布洛陀神话破除中国无创世体系神话的旧说》,《广西民族研究》2011 年第 2 期。

157. 潘其旭:《壮族歌圩研究》,广西人民出版社 1991 年版。

158. 潘其旭:《〈麽经布洛陀〉与壮族观念文化体系》,《广西民族研究》2004 年第 1 期。

159. 潘其旭:《壮族〈麽经布洛陀〉的文化价值》,《广西民族研究》2003 年第 4 期。

160. 秦红增、万辅彬:《壮族铜鼓文化的复兴及其对保护民族民间文化的启示》,《中南民族大学学报》(人文社会科学版)2005 年第 6 期。

161. 丘振声:《壮族图腾考》,广西人民出版社 2006 年版。

162. 丘振声:《壮族鸟图腾考》,《民族艺术》1993 年第 4 期。

163. 邵继勇:《工业化浅析》,《生产力研究》1997 年第 6 期。

164. 邵志忠:《从人间走上神殿——壮族信仰节日起源探幽》,《广西民族研究》2000 年第 3 期。

165. 邵志忠:《壮族神话文化建构初探》,《广西民族研究》1994 年第 2 期。

166. 石文燕、汪开庆:《壮族民俗文化动态性保护与发展的基本方式》,《广西社会科学》2012 年第 9 期。

167. 时国轻：《壮族布洛陀信仰研究——以广西田阳县为个案》，宗教文化出版社 2008 年版。

168. 司马云杰：《文化社会学》，华夏出版社 2011 年版。

169. 苏国勋：《理性化及其限制——韦伯思想引论》，上海人民出版社 1988 年版。

170. 孙本文：《文化与社会》，上海东南书店 1930 年版。

171. 孙进：《文化适应问题研究：西方的理论与模型》，《北京师范大学学报》（社会科学版）2010 年第 5 期。

172. 孙美堂：《文化价值论》，云南人民出版社 2005 年版。

173. 覃彩銮：《广西来宾壮族盘古神话传说的文化内涵及价值述论》，《广西民族研究》2004 年第 3 期。

174. 覃彩銮：《论壮族〈嘹歌〉艺术的美学价值——壮族〈嘹歌〉文化研究之六》，《广西民族研究》2005 年第 3 期。

175. 覃彩銮：《试论壮族民居文化中的"风水"观（上）》，《广西民族研究》1996 年第 2 期。

176. 覃彩銮：《试论壮族民居文化中的"风水"观（下）》，《广西民族研究》1996 年第 3 期。

177. 覃彩銮：《壮族传统工艺美术述论》，《民族艺术》1996 年第 1 期。

178. 覃彩銮：《壮族传统文化多元一体格局及其成因》，《广西民族研究》1995 年第 2 期。

179. 覃彩銮：《壮族干栏文化》，广西民族出版社 1998 年版。

180. 覃彩銮：《壮族节日文化的创新与重构》，《广西民族研究》2012 年第 4 期。

181. 覃彩銮：《壮族神话学术价值初探》，《广西民族研究》1990 年第 2 期。

182. 覃德清：《论壮族传统文化的非整合性特征》，《贵州民族研究》（季刊）1992 年第 3 期。

183. 覃德清：《壮族神话谱系的构拟与神圣空间的生成》，《民间文学研究》2015 年第 4 期。

184. 覃德清：《壮族文化的传统特征与现代建构》，广西人民出版社 2006 年版。

185. 覃凤余：《壮语地名及其研究——壮语地名的语言文化研究之一》，《广西民族研究》2005 年第 4 期。

186. 覃九宏：《传统礼仪山歌》，广西民族出版社 2002 年版。

187. 覃录辉：《广西壮族"歌圩"情歌的分类》，《中央民族学院学报》1990 年第 3 期。

188. 覃乃昌：《布洛陀文化体系述论》，《广西民族研究》2003 年第 3 期。

189. 覃乃昌：《关于壮族经济史研究的几个理论问题》，《广西民族研究》2010 年第 2 期。

190. 覃乃昌：《岭南文化的起源与壮族经济史——壮族经济史研究的一个基本理论问题》，《广西民族研究》2010 年第 3 期。

191. 覃乃昌：《壮族稻作农业史》，广西民族出版社 1997 年版。

192. 覃乃昌：《〈嘹歌〉壮族歌谣文化的经典——壮族〈嘹歌〉文化研究之一》，《广西民族研究》2005 年第 1 期。

193. 覃小航：《"六鸟圣母"：壮族鸟神崇拜的原型》，《广西民族研究》1993 年第 3 期。

194. 覃主元：《壮族传统手工艺的有效保护与实践——以广西马海村造纸、雕刻工艺为例》，《中国科技史》2011 年第 3 期。

195. 覃主元：《壮族民间法的遗存与变迁——以广西龙胜县龙脊十三寨之马海村为例》，《民族研究》2009 年第 1 期。

196. 覃主元：《壮族习惯法及其特征与功能》，《贵州民族研究》2005 年第 3 期。

197. 谭洁：《论广西壮族习惯法与和谐广西的建构》，《广西社会科学》2012 年第 4 期。

198. 唐虹：《壮族干栏建筑"宜"态审美价值探析——以龙胜平安壮寨为例》，《广西民族大学学报》（哲学社会科学版）2012 年第 2 期。

199. 唐凯兴：《论壮族传统节日文化的伦理意蕴》，《学术论坛》2012 年第 12 期。

200. 滕光耀：《〈嘹歌〉的内容、形式和分类——壮族〈嘹歌〉文化研究之四》，《广西民族研究》2005 年第 2 期。

201. 汪民安、陈永国、张云鹏：《现代性基本读本》（上册），河南大学出版社 2005 年版。

202. 王芳：《壮族民间歌谣与歌圩的起源与发展现状》，《广西民族大学学报》（哲学社会科学版）2006 年第 6 期。

203. 王华琳：《论壮锦工艺在当代壮族服饰应用中的美学趋势》，《中央民族大学学报》（哲学社会科学版）2015 年第 3 期。

204. 王华琳：《论壮族民族服饰美学元素的核心诉求》，《美术观察》2015 年第 6 期。

205. 王晖：《凌云壮族七十二巫调与岑氏土司》，《广西民族研究》2008 年第 1 期。

206. 王均奇、施国庆：《工业化理论与实践研究综述及存在问题分析》，《生产力研究》2007 年第 14 期。

207. 王雅林：《"社会转型"理论的再构与创新发展》，江苏社会科学 2000 年第 2 期。

208. 王雅林：《生活方式研究评述》，《社会学研究》1995 年第 4 期。

209. 韦成球：《安定壮族婚姻制度研究》，《广西民族研究》1997 年第 1 期。

210. 韦达：《壮语地名的文化色彩——壮族语言文化系列研究之一》，《中南民族学院学报》（人文社会科学版）2001 年第 4 期。

211. 韦达：《壮族词语的文化色彩——壮族语言文化系列研究之二》，《中南民族大学学报》（人文社会科学版）2002 年第 3 期。

212. 韦庆稳、覃国生：《壮语简志》，民族出版社 1980 年版。

213. 韦苏文：《壮族神话与民族心理》，《中南民族学院学报》（哲学社会科学版）1990 年第 1 期。

214. 韦熙强、覃彩銮：《壮族民居文化中的宗教信仰》，《广西民族研究》2001 年第 2 期。

215. 文山壮族苗族自治州文化局、文山壮族苗族民族事务委员会编：《云南壮剧志》，文化艺术出版社 1995 年版。

216. 翁葵：《广西壮族音乐文化资源的保护与开发策略》，《广西社会科学》2012 年第 4 期。

217. 吴德群：《城市化对壮族民间文化变迁的影响》，《贵州民族研究》2014 年第 1 期。

218. 吴德群：《改革开放以来的壮族社会转型》，《文山学院学报》2013

年第 5 期。

219. 吴德群：《高度政治化、恢复发展与博弈中变迁——转型期壮族民间文化变迁的三个阶段》，《广西民族研究》2014 年第 4 期。

220. 吴德群：《工业化对壮族民间文化变迁的影响》，《广西社会科学》2014 年第 2 期。

221. 吴德群：《广西职业流动过程中社会排斥的表现形式》，《百色学院学报》2007 年第 4 期。

222. 吴德群：《广西职业流动过程中社会排斥问题研究》，硕士学位论文，广西师范大学，2006 年。

223. 吴德群：《国家、市场、社会良性互动视角下的壮族民间文化保护》，《广西社会科学》2010 年第 12 期。

224. 吴德群：《民族文化的认知、认同与保护——转型期壮族民间文化研究述评》，《广西社会科学》2015 年第 1 期。

225. 吴德群：《衰落与创新：转型期壮族传统民间文化变迁的辩证特征》，《广西社会科学》2013 年第 9 期。

226. 吴德群：《"去民间"：社会转型期壮族民间文化变迁的基本趋势》，《广西社会科学》2015 年第 5 期。

227. 吴德群：《文化变迁：理论与反思》，《百色学院学报》2015 年第 1 期。

228. 吴德群：《壮族山歌文化研究综述》，《广西社会科学》2011 年第 11 期。

229. 吴德群：《壮族山歌与人的社会化——以认知和情感为视角》，人民出版社 2015 年版。

230. 吴国阳、吴德群：《市场经济对壮族民间文化变迁的影响》，《广西民族研究》2013 年第 3 期。

231. 吴霜：《凌云壮族七十二巫调的阴阳传承》，《民族艺术》2011 年第 1 期。

232. 肖永孜：《壮族人口》，广西人民出版社 2008 年版。

233. 谢立中：《"现代性"及其相关概念词义辨析》，《北京大学学报》（哲学社会科学版）2001 年第 5 期。

234. 熊远明：《追求和谐宁静、向往安定和平——〈布洛陀〉价值观之三》,《广西民族研究》1994 年第 2 期。

235. 熊远明:《崇尚劳动创造的美德——〈布洛陀〉价值观之二》,《广西民族研究》1994 年第 1 期。

236. 徐昕、吕洁、杨小明:《从艺术特色到成因归宗——广西壮锦纹样解读》,《广西民族大学学报》(自然科学版)2014 年第 1 期。

237. 许菊:《文化适应模式理论述评》,《外语研究》2000 年第 3 期。

238. 杨昌雄:《论壮族审美文化特征》,《广西社会科学》1999 年第 6 期。

239. 杨桂桦:《论壮族山歌音调的审美特征》,《西南民族大学学报》(人文社会科学版)2003 年第 11 期。

240. 杨洁:《广西壮锦织造及应用》,《文艺争鸣》2010 年第 11 期。

241. 杨树苗:《壮族民间师公教的戒度仪式及其象征意义》,《东方丛刊》2001 年第 4 期。

242. 杨树喆:《壮族民间师公教仪式中所用之器物及其神圣化》,《广西师院学报》(哲学社会科学版)2001 年第 3 期。

243. 杨业兴、黄雄鹰:《右江流域壮族经济史稿》,广西人民出版社 1995 年版。

244. 杨筑慧:《糯:一个研究中国南方民族历史与文化的视角》,《广西民族研究》2013 年第 1 期。

245. 杨宗亮:《云南壮族的自然崇拜及其对生态保护的意义》,《云南民族大学学报》(哲学社会科学版)2005 年第 2 期。

246. 杨宗亮:《壮族文化史》,云南民族出版社 1999 年版。

247. 尹萌芽、刘郎:《科学技术对文化价值观念的影响》,《南京政治学院学报》1992 年第 5 期。

248. 玉时阶:《古代壮族的服饰制作》,《中南民族学院学报》(哲学社会科学版)1995 年第 3 期。

249. 玉时阶:《壮族民间宗教文化》,民族出版社 2004 年版。

250. 喻湘龙:《试论广西壮锦图形在现代设计中的再应用》,《南方文坛》2009 年第 4 期。

251. 袁丽红:《民国时期壮族地区农业现代化的启动》,《广西民族研究》2004 年第 3 期。

252. 袁丽红:《壮族与客家的文化互动与融合》,《广西民族研究》2012

年第 2 期。

253. 曾国安：《试论工业化的含义》，《当代经济研究》1998 年第 3 期。

254. 张岱年：《张岱年哲学文选》（下册），邓九平编，中国广播电视出版社 1999 年版。

255. 张铭远：《壮族歌圩的社会基础及观念基础》，《广西民族学院学报》1986 年第 3 期。

256. 张声震：《从壮语及壮语派生的文化遗产研究中探索壮族历史的悠久性——用马克思主义理论指导壮学研究（二）》，《广西民族研究》2012 年第 4 期。

257. 张声震：《壮族通史》（上、中、下），民族出版社 1997 年版。

258. 张显成、高魏：《论方块壮字文献的壮语辞书编纂价值——以〈壮族麽经布洛陀影印译注〉为例》，《中央民族大学学报》（哲学社会科学版）2015 年第 3 期。

259. 张志巧，唐凯兴：《壮族伦理思想的和谐意蕴及其当代价值》，《广西民族研究》2011 年第 4 期。

260. 赵毅：《壮族民歌的区域性特征》，《中央音乐学院学报》1999 年第 2 期。

261. 郑杭生：《改革开放三十年：社会发展理论和社会转型理论》，《中国社会科学》2009 年第 2 期。

262. 郑杭生：《社会转型论及其在中国的表现——中国特色社会学理论探索的梳理和回顾之二》，《广西民族学院学报》2003 年第 5 期。

263. 政协田林县委员会：《广西北路壮剧教程》，北京燕山出版社 2011 年版。

264. 郑雪松：《壮族丧葬习俗的教育人类学分析》，《广西师范大学学报》（哲学社会科学版）2009 年第 4 期。

265. 郑也夫：《城市社会学》，中国城市出版社 2002 年版。

266. 中共广西区委党史研究室：《广西壮族自治区 50 年纪事》，广西人民出版社 2008 年版。

267. 中共中央马克思恩格斯列宁斯大林著作编译局：《马克思恩格斯选集》（第一卷），人民出版社 1995 年版。

268. 钟健：《神性的山歌》，《民俗研究》2007 年第 4 期。

269. 钟敬文：《话说民间文化》，人民日报出版社1990年版。

270. 钟敬文：《民俗学概论》，上海文艺出版社2009年版。

271. 钟宁：《壮族师公舞及其文化特征研究》，《北京舞蹈学院学报》2013年第3期。

272. 钟启泉：《现代学校教育与课程结构》，《外国教育资料》1988年第6期。

273. 周晓虹：《现代社会心理学——多维视角中的社会行为研究》，上海人民出版社1997年版。

274. 朱汉民、肖永明：《杜维明：文明的冲突与对话》，湖南大学出版社2001年版。

附录 1：社会转型期壮族民间文化变迁调查问卷

尊敬的壮族朋友：

　　您好！

　　改革开放以来，壮族社会文化发生了巨大变化。为了全面了解这些变化，我们在广西和云南的壮族地区，开展了这次问卷调查。希望得到您的支持。请在您认为合适的答案序号前打"✓"或在"＿＿＿"上填写。本问卷不用填写姓名，答案也没有对错之分。您填答的问卷只用于统计分析，我们会尊重并妥善处理。

　　打扰您了，祝您身体健康，生活幸福！

此致

敬礼！

百色学院

《社会转型期壮族民间文化变迁研究》课题组

2015 年 9 月 10 日

一　基本情况

1. 您的性别？

（1）男　　　　（2）女

2. 您的年龄？　＿＿＿＿＿＿＿　岁

3. 您的文化程度？

（1）文盲　　　（2）小学　　　（3）初中　　　（4）高中以上

4. 您的家庭现在有几口人?

(1) 1 口　　　　(2) 2 口　　　　(3) 3 口　　　　(4) 4 口

(5) 5 口　　　　(6) 6 口及以上

5. 您的户口是?

(1) 农村户口　　(2) 城镇户口

6. 您现在的居住地属于?

(1) 农村　　　　(2) 小城镇　　　(3) 县城或城市

7. 您现在从事什么行业?

(1) 种植、林业、渔业等农牧业

(2) 纺织、服装、食品饮料生产、印刷、家具、制革类

(3) 建筑、冶金、煤炭、电力、石油、化工、机械类

(4) 电子、信息类

(5) 商业贸易、交通运输、银行、证券、保险、房地产类

(6) 其他_____ (请说明)

8. 您进城打工的全部时间加起来大概有多少年?

(1) 没有进城打工(2) 不到 1 年(3) 1—3 年

(4) 3—5 年　　　(5) 5—7 年　(6) 7—9 年

(7) 9 年以上

二　民间文化变迁

9. 在耕种田地时,您使用机器的情况是?

(1) 全部使用机器

(2) 主要用机器,也用牛、马等畜力

(3) 很少用或不用机器

(4) 现在已不耕种田地

10. 与改革开放以前相比,您是否觉得现在的农业生产工具更加先进?

(1) 是　　　　　　　　(2) 否

11. 与改革开放以前相比,您是否觉得现在的商品市场更加繁荣?

(1) 是　　　　　　　　(2) 否

12. 与改革开放以前相比,您是否觉得现在的交通更加便利?

(1) 是　　　　　　　　(2) 否

13. 日常出行的时候，您使用最多的是哪种交通工具？

（1）步行 （2）自行车

（3）摩托车或电动摩托车 （4）汽车

（5）其他

14. 与改革开放以前相比，您是否觉得现在的饮食条件有了很大改善？

（1）是 （2）否

15. 您现在穿的衣服属于壮族传统服装还是属于流行时装？

（1）壮族传统服装 （2）流行时装

16. 与改革开放以前相比，在衣服消费水平方面，您是否觉得比以前提高很多？

（1）是 （2）否

17. 您现在住的是木制房，还是砖制楼房？

（1）木制房（干栏） （2）砖制楼房

18. 与改革开放以前相比，您是否觉得现在的住房条件有很大改善？

（1）是 （2）否

19. 与改革开放以前相比，您所属的家族情况有哪些变化？（可多选）

（1）每年家族成员交往的机会比以前少

（2）每年由家族共同举行的集体活动比以前少

（3）家族成员之间的关系比以前疏远

（4）家族成员的矛盾比以前少

（5）每年找家族长老出面解决问题的次数比以前少

（6）家族之间的互帮互助以前不计工钱，现在需要工钱

（7）家族团结感比以前弱

（8）其他

20. 比较而言，您是喜欢改革开放以前的家族关系，还是喜欢现在的家族关系？

（1）喜欢以前的家族关系 （2）喜欢现在的家族关系

21. 与改革开放以前相比，现在老年人（指 60 岁以上）在家里的地位，您同意以下哪种说法？（可多选）

（1）家庭生产，以前总由老年人安排，现在多由年轻人安排

（2）家庭收入，以前多由老年人管理，现在多由年轻人管理

（3）子女婚姻，以前多由老年人做主，现在多由子女本人做主

（4）较大的经济支出，以前多由老人决定，现在多由年轻人决定

（5）家族祭祀，以前主要由老年人主持，现在主要由年轻人主持

（6）子女教育，以前主要由爷爷奶奶负责，现在主要由年轻父母负责

（7）老年人的威望，以前比较高，现在比较低

（8）没有发生变化

22. 与改革开放以前相比，现在的邻里关系有哪些不同？（可多选）

（1）以前建房子请邻居帮忙不需要工钱，现在需要工钱

（2）改革开放以前，邻居互相都熟悉，现在有的邻居互相不认识

（3）以前经常去邻居家串门，现在很少去邻居家串门

（4）以前经常跟邻居聊天，现在很少跟邻居聊天

（5）没有什么不同

23. 您觉得是改革开放以前的邻里关系好，还是现在的邻里关系好？

（1）改革开放以前的邻里关系好 （2）现在的邻里关系好

24. 与改革开放以前相比，现在过春节有哪些变化？（可多选）

（1）现在吃的东西比改革开放以前丰富

（2）改革开放以前过春节都是全家团圆，现在很多人不回家过春节

（3）以前过春节都在家里，现在经常外出旅游

（4）以前过春节经常有舞龙、唱歌等娱乐活动，现在越来越少了

（5）以前的粑耙和粽子都是自己做，现在多是买来的

（6）以前走亲戚拜年时主要是带礼品，现在主要是给钱

（7）现在过年没有以前的年味浓

25. 总的看来，您是喜欢改革开放以前的春节，还是喜欢现在的春节？

（1）喜欢改革开放以前的春节 （2）喜欢现在的春节

26. 与改革开放以前相比，现在过三月三有哪些变化？（可多选）

（1）以前拿去拜山的祭品少，现在拿去拜山的祭品多

（2）以前大家一起做饭、拜山、吃饭，现在淡化了

（3）以前三月三会有很多人唱山歌，现在很少唱歌

（4）以前经常做五色糯米饭，现在很少做

（5）以前比较热闹，现在比较冷清

（6）其他

（7）不过三月三

27. 总的来说，您是喜欢改革开放以前的三月三，还是喜欢现在的三月三？

（1）喜欢以前的　　　　　　　（2）喜欢现在的

28. 与改革开放以前相比，现在过中元节（七月十四）有哪些变化？（可多选）

（1）吃得比以前好了

（2）祭品比以前好了

（3）以前必须全家团聚，现在有的人不能回家过节

（4）以前过好几天，现在就过七月十四一天

（5）现在没有以前热闹

（6）其他

29. 总的来说，您是喜欢现在的中元节，还是喜欢改革开放以前的中元节？

（1）喜欢现在的　　　　　　　（2）喜欢改革开放以前的

30. 就结婚后向花婆求子来说，与改革开放以前相比，现在有哪些不同？（可多选）

（1）现在求子的人比以前少　　　（2）现在求子的人比以前多

（3）现在求子花钱比以前多　　　（4）现在求子花钱比以前少

（5）现在求子仪式没有以前隆重　（6）现在求子仪式比以前隆重

（7）以前是请花婆到自己家，现在是自己到花婆家

（8）以前给花婆的主要是礼品，现在给花婆的主要是钱

（9）没有什么不同

31. 就求子而言，您是喜欢过去的求子方式，还是喜欢现在的求子方式？

（1）喜欢过去的　　　　　　（2）喜欢现在的

（3）都喜欢　　　　　　　　（4）都不喜欢

32. 跟改革开放以前相比，您觉得现在的年轻人结婚有哪些变化？

（可多选）

(1) 以前多由媒婆介绍，现在多是自己谈

(2) 以前由父母老人做主，现在是自己做主

(3) 以前普遍是通过对山歌谈恋爱，现在很少对歌恋爱

(4) 以前订婚要请道公看双方的生辰八字，现在不看

(5) 以前程序复杂，现在程序简单

(6) 以前结婚彩礼少，现在彩礼多

(7) 以前结婚不穿婚纱，现在穿婚纱

(8) 以前很少离婚，现在离婚的越来越多

(9) 没有什么变化

33. 现在离婚的人越来越多，有的人觉得正常，有的人觉得不正常，您觉得呢？

(1) 正常　　　　　　　　(2) 不正常

34. 在葬礼方面，跟改革开放以前相比，您觉得现在有哪些不同？（可多选）

(1) 以前的葬礼复杂，现在的简单

(2) 以前花钱少，现在花钱多

(3) 以前忌讳多，现在忌讳少

(4) 以前是土葬，现在多是火葬

(5) 没有什么变化

35. 人死后，有的人说土葬好，有的人说火葬好，您的意见是？

(1) 土葬好　　　(2) 火葬好　　　(3) 土葬与火葬都一样

36. 在唱壮戏方面，与改革开放以前相比，现在有什么不同？（可多选）

(1) 以前经常唱壮戏，现在很少唱

(2) 以前唱戏的年轻人多，现在唱戏的年轻人少

(3) 以前学唱戏的人多，现在学唱戏的人少

(4) 以前看戏的人多，现在看戏的人少

(5) 没有什么变化

37. 您喜欢看壮戏吗？

(1) 喜欢　　　　　　　　(2) 不喜欢

38. 您认为在求神保佑方面,与改革开放以前相比,现在有哪些变化?(可多选)

(1) 以前的人会经常求神,现在的人偶尔求神

(2) 以前人人都求神,现在多是老人求神

(3) 以前求神讲诚意,现在求神多是走形式

(4) 跟以前一样,没有变化

39. 对求神有两种看法,第一种看法认为神是不存在的,不应该求神;第二种看法认为神是存在的,求神能够得到神的保佑,应该求神。您赞同哪种看法?

(1) 赞同第一种看法　　　(2) 赞同第二种看法

40. 大年初一那天,您觉得下面的哪些事情可以做?(可多选)

(1) 理发　　　　　(2) 洗澡　　　　　　(3) 倒垃圾

(4) 上山砍柴　　　(5) 去外婆家给外婆送好吃的

(6) 淘米煮饭　　　(7) 有条件的话去外地旅游

(8) 到菜地里摘菜　(9) 睡懒觉

(10) 修剪指甲　　(11) 吃粽子

(12) 以上都不可以做

41. 进新房的时候,您觉得以下哪些行为可以接受?(可多选)

(1) 要挑选吉日

(2) 孕妇先进新房

(3) 守孝期里的人进新房

(4) 坐月子的人先进新房

(5) 残疾人先进新房

(6) 死了配偶的人先进新房

(7) 进新房后半年去拜庙

(8) 进新房后半年内去参加小孩的满月酒

(9) 进新房后半年内参加别人的白事

(10) 进新房后半年内借钱给亲戚

(11) 以上行为都不能接受

42. 生小孩的时候,您觉得以下哪些行为可以接受?(可多选)

(1) 没有请道公给产妇洗身,产妇就从家里的香火前面经过

（2）坐月子的人经过庙门

（3）坐月子人的家里人从庙门前经过

（4）没满月的人去别人家串门

（5）没满月的人祭祖

（6）没满月的人参加白事

（7）以上行为都不可以接受

43. 结婚的时候，您觉得以下哪些行为可以接受？（可多选）

（1）结婚那天，新娘随意躺在床上

（2）结婚那天，新娘出门的时候，回头看

（3）结婚四个月内，参加白事

（4）结婚的时候，新娘穿白色的衣服

（5）姑姑和嫂嫂送新娘出门

（6）六月结婚

（7）结婚那天，参加婚礼的人扇扇子

（8）结婚出门那天，新娘穿有口袋的衣服

（9）以上行为都不可以接受

44. 有人去世的时候，您觉得以下哪些行为可以接受？（可多选）

（1）灵柩下葬前，儿女吃肉

（2）儿女穿鲜艳的衣服

（3）唱歌，喧哗

（4）死者不满三七，家人外出串门

（5）死者的亲人刷牙、洗脸

（6）死者的家人说别人家的家畜

（7）四个月内，子女剪头发

（8）以上行为都不可以接受

45. 请问在最近一次生病吃药的时候，您吃的是西药还是中药？

（1）西药　　　　　　（2）中药

46. 您现在会说哪种语言？（可多选）

（1）汉语普通话　　　（2）壮语

（3）英语或其他外语　（4）其他语言

47. 与改革开放以前相比，现在小孩子玩的游戏有什么不同？（可多

选）

（1）以前在一起玩游戏的孩子多，现在在一起玩的孩子少

（2）以前的玩具多是自己制作的，现在的玩具多是买来的

（3）以前的孩子经常玩游戏，现在的孩子经常看电视或上网

（4）以前多是孩子跟孩子一起玩游戏，现在多是用玩具或手机玩游戏

（5）以前玩游戏孩子多会跑动，现在的孩子游戏多是坐着玩

（6）其他

48. 总体上，您觉得是以前的孩子游戏方式好，还是现在的孩子游戏方式好？

（1）以前的好　　　　（2）现在的好

49. 与改革开放以前相比，现在成年人的娱乐活动有什么变化？（可多选）

（1）以前的娱乐活动少，现在的娱乐活动多

（2）以前最经常的娱乐方式是对唱山歌，现在最经常的娱乐是看电视

（3）以前用于娱乐的时间多，现在用于娱乐的时间少

（4）以前一起娱乐的人多，现在一起娱乐的人少

（5）其他

50. 就现在而言，如果唱山歌不能挣钱的话，您觉得是唱山歌重要，还是挣钱重要？

（1）唱山歌重要　　　　（2）挣钱重要

51. 就现在而言，您觉得是种田好，还是做生意好？

（1）种田好　　　　（2）做生意好

52. 在您居住的地方，由政府组织的壮族传统节日文化活动，您参加了吗？

（1）参加了　　　　（2）没参加

53. 您觉得，当地政府组织的节日文化活动，对保护这些文化来说效果明显吗？

（1）明显　　　　（2）不明显

54. 对政府如何有效地保护壮族传统文化，您有哪些好的建议？（请

写在下面的横线上）

_____

_____

_____

我们的调查结束了，非常感谢您的参与！

调查员签名：

调查地点：

附录2：社会转型期壮族民间文化变迁访谈提纲

附录2—1：社会转型期壮族民间文化变迁访谈提纲（一至二）

访谈要求：1. 访谈对象必须是50岁以上的壮族个体；

2. 必须写上访谈者的姓名、访谈的时间和地点；

3. 必须写上被访者的姓名、性别、年龄和职业；

4. 访谈提纲中的每一个问题都需要询问；

5. 用被访者的原话认真做好笔录。

一 物质生产变迁

1—1. 在犁田和收割方面，现在与改革开放以前相比有什么不同？您觉得变化最大的地方在哪里？

1—2. 在下种秧苗、插秧方面，现在与改革开放以前相比有哪些不一样的地方？您觉得变化最大的地方在哪里？

1—3. 现在的圩市（集市）跟改革开放以前的圩市有什么不同？（圩市里以前有而现在没有的事情有哪些？现在圩市里有而以前没有的事情有哪些？）您觉得变化大吗？

1—4. 改革开放以前道路交通情况怎样？主要用哪些交通和运输工具？现在与过去有哪些不同？您觉得变化大吗？

1—5. 现在的二月二社节与改革开放以前相比有哪些不一样的地方？

您觉得变化最大的地方在哪里？

1—6. 现在还有人打制银首饰吗？在打制银首饰方面，现在与改革开放以前相比有哪些不一样的地方？您觉得变化最大的地方在哪里？

1—7. 现在还有人纺线织布吗？请问现在与改革开放以前相比有什么不同？

1—8. 现在有人编制竹筐或藤筐吗？在这方面现在与改革开放以前相比有什么不同？

1—9. 现在有人刺绣吗？在刺绣方面现在与改革开放以前相比有哪些不一样的地方？

1—10. 现在有人制作砖瓦吗？在这方面过去与现在有哪些不一样的地方？

1—11. 在做木工方面，现在与改革开放以前相比有哪些不一样的地方？

1—12. 现在还有石匠吗？在使用石做工具方面，现在与改革开放以前有哪些不同？

1—13. 在榨糖方面，现在与改革开放以前相比有哪些不一样？您觉得变化大吗？

二　物质生活变迁

2—1. 在饮食方面，现在与改革开放以前相比有哪些不同的地方？您觉得变化最大的地方在哪里？

2—2. 在穿衣服上，现在与改革开放以前相比有哪些不一样的地方？您觉得变化最大的地方在哪里？

2—3. 在住房方面，现在与改革开放以前相比有哪些不一样？您觉得变化最大的地方在哪里？

2—4. 过什么节日的时候要吃五色糯米饭？吃五色饭有什么含义？在五色饭的做法上，现在跟以前有哪些不一样的地方？跟过去相比，现在人在重视五色饭的程度上有什么变化？

2—5. 改革开放以前，除夕晚饭，一般要吃哪几样食物？为什么要吃这些食物（有什么象征意义）？一般不能吃哪些食物？为什么？现在与过去相比，有哪些变化？

2—6. 大年初一，在吃东西方面，现在与改革开放以前有哪些不同？您觉得变化大吗？

2—7. 春节包粽子的时候，除了糯米之外，里面一般会包哪些配料？是什么意思？现在包粽子跟以前相比有哪些不一样的地方？

2—8. 改革开放以前，女孩子是否穿裙子？如果穿，跟现在的裙子有什么区别？在穿衣服上，过去的女孩跟现在女孩还有哪些区别？

2—9. 在起新房的时候，现在的规矩跟以前的规矩有哪些不同（如择日子，各种仪式、禁忌等）？

附录 2—2：社会转型期壮族民间文化变迁访谈提纲（三至六）

访谈要求： 1. 访谈对象必须是 50 岁以上的壮族个体；

2. 必须写上访谈者的姓名、访谈的时间和地点；

3. 必须写上被访者的姓名、性别、年龄和职业；

4. 访谈提纲中的每一个问题都需要询问；

5. 用被访者的原话认真做好笔录。

三　社会组织变迁

3—1. 在家庭人口数量上，您觉得现在与过去有哪些变化？

3—2. 与过去相比，您觉得现在的婆媳关系有哪些变化？

3—3. 与过去相比，老年人在家里的地位有哪些变化？

3—4. 新中国成立前，村里有哪些同姓的家族，这些家族一般会在一起举行哪些活动？现在有什么变化？

3—5. 新中国成立前，村里或村子之间有什么村民组织或团体？这些组织或团体主要活动是做什么？这些组织现在是否还有？现在又有哪些新的村民组织或团体？

3—6. 过去，当家庭或家族内部矛盾难以解决时，一般会通过什么途径解决？现在一般会怎么解决？

3—7. 过去，当邻里纠纷难以解决时，一般会通过什么途径解决？现在会怎样解决？

四 节日变迁

4—1. 与改革开放以前相比，现在过春节有哪些相同和不同的地方？

4—2. 与改革开放以前相比，现在过三月三有哪些变化？

4—3. 与改革开放以前相比，现在过中元节（七月十四）有哪些变化？

4—4. 有哪些以前过的节日现在不过了？为什么？

五 人生礼仪变迁

5—1. 现在的求子（向花婆请求赐子）仪式跟过去有什么不同？

5—2. 跟改革开放以前相比，现在的年轻人结婚仪式有哪些变化？

5—3. 在葬礼方面，现在跟过去相比有哪些不一样的地方？

六 民间艺术变迁

6—1. 改革开放以前，是否经常唱壮戏？主要唱哪些剧目（或剧本）？现在的壮戏与以前有什么不同？

6—2. 在壮族铜鼓的制作和表演方面，现在与过去有哪些变化？

附录2—3：社会转型期壮族民间文化变迁访谈提纲（七至十）

访谈要求：1. 访谈对象必须是50岁以上的壮族个体；

2. 必须写上访谈者的姓名、访谈的时间和地点；

3. 必须写上被访者的姓名、性别、年龄和职业；

4. 访谈提纲中的每一个问题都需要询问；

5. 用被访者的原话认真做好笔录。

七 民间信仰变迁

7—1. 请问村里的人在一年中的哪些日子，会求神保佑？他们一般会求哪些神？

7—2. 在求神方面，现在跟过去相比，您觉得有什么变化？

7—3. 大年初一那天，过去有哪些事情不能做？为什么？现在有哪些变化？

7—4. 进新房的时候，过去有哪些事情不能做（或禁忌）？为什么？现在有哪些变化？

7—5. 有人生小孩的时候，过去有哪些事情不能做（或禁忌）？为什么？现在有哪些变化？

7—6. 结婚或出嫁的时候，过去有哪些事情不能做（或禁忌）？为什么？现在有哪些变化？

7—7. 老人过生日的时候，过去有哪些事情不能做？为什么？现在有哪些变化？

7—8. 有人生病的时候，过去有哪些事情不能做？为什么？现在有哪些变化？

7—9. 有人去世的时候，过去有哪些事情不能做（或禁忌）？为什么？现在有哪些变化？

八　民间科学技术变迁

8—1. 在过去，常常会用哪些偏方来治病（例如发烧、咳嗽、头疼、止血、风湿等）？

8—2. 与以前相比，您觉得现在人治病与以前有什么不同？

8—3. 在孔明灯的制作方法上，您觉得现在与过去有哪些不同？

九　民间语言变迁

9—1. 对现在的年轻人和小孩来说，在讲壮话和说普通话方面，与改革开放以前的年轻人和小孩相比，有哪些不同？

9—2. 您觉得在唱山歌方面，现在与改革开放以前相比，有哪些变化？

十　民间游戏娱乐变迁

10—1. 改革开放以前，小孩子一般都玩哪些游戏？与现在有什么不同？

10—2. 改革开放以前，大人们一般都有哪些娱乐活动？与现在相比有什么不同?

　　10—3. 改革开放以前，除了山歌比赛之外，还有哪些比赛活动？现在有什么变化?